현대자동차

KB210831

사 원

 HYUNDAI

사일 동안
이것만 풀면
다 합격!

현대자동차 모빌리티

생산직/기술인력

시대에듀

시대에듀 사이다 모의고사 현대자동차 모빌리티 생산직/기술인력

Always **with you**

사람의 인연은 길에서 우연하게 만나거나 함께 살아가는 것만을 의미하지는 않습니다.
책을 펴내는 출판사와 그 책을 읽는 독자의 만남도 소중한 인연입니다.
시대에듀는 항상 독자의 마음을 헤아리기 위해 노력하고 있습니다. 늘 독자와 함께하겠습니다.

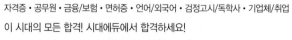

머리말 PREFACE

현대자동차그룹은 창의적 사고와 끝없는 도전을 통해 새로운 미래를 창조함으로써 인류 사회의 꿈을 실현한다는 경영철학을 바탕으로 발전해 왔다. 현대자동차그룹은 고객의 삶의 동반자가 되어 만족과 감동을 주는 브랜드로 성장하기 위해 브랜드 슬로건 'New Thinking, New Possibilities'를 신조로 브랜드 방향성 'Modern Premium'을 고객에게 전달하고자 한다.

현대자동차그룹은 이러한 그룹의 비전에 적합한 인재를 창출하기 위해 최근 수시 채용으로 전환하였으며, 채용 과정에서 필기시험을 시행하고 있다.

이에 시대에듀에서는 현대자동차 모빌리티 생산직/기술인력 필기시험에 대한 철저한 준비가 가능하도록 다음과 같은 특징의 본서를 출간하게 되었다.

도서의 특징

❶ 언어/수리/추리/공간지각/기초영어/기초과학/기계기능이해력/자동차구조학 총 8개의 출제영역으로 구성된 모의고사 8회분을 수록하여 매일 2회씩 풀며 시험 전 4일 동안 자신의 실력을 최종적으로 점검할 수 있도록 하였다.

❷ 전 회차에 모바일 OMR 답안채점/성적분석 서비스를 제공하여 한눈에 정답률을 확인해 볼 수 있도록 하였다.

❸ 온라인 모의고사 1회분을 더해 부족한 부분을 추가적으로 학습할 수 있도록 하였다.

끝으로 본서를 통해 현대자동차 모빌리티 생산직/기술인력 채용을 준비하는 여러분 모두에게 합격의 기쁨이 있기를 진심으로 기원한다.

SDC(Sidae Data Center) 씀

◇ **비전**

휴머니티를 향한 진보
Progress for Humanity

현대자동차그룹은 진보가 인류에 대한 깊은 배려와 맞닿아 있을 때 비로소 의미를 가진다고 믿는다. 휴머니티는 현대자동차그룹을 하나로 만들고, 관계를 더욱 단단하게 한다. 그리고 무엇에 힘을 쏟아야 할지 알려주며, 혁신으로 나아갈 지향점을 제시한다. 이러한 원칙으로 현대자동차그룹은 인류의 관계를 더욱 강하게 하고, 서로를 공감하게 하여 가치 있는 삶을 제공한다. 현대자동차그룹은 인류를 위해 옳은 일을 하고자 존재한다.

◇ **경영철학**

Management Philosophy

창의적 사고와 끝없는 도전을 통해
새로운 미래를 창조함으로써 인류 사회의 꿈을 실현한다.

Vision

자동차에서 삶의 동반자로

Core Values

고객 최우선 · 도전적 실행 · 소통과 협력 · 인재 존중 · 글로벌 지향

◇ 핵심가치

현대자동차는 그룹 핵심가치를 바탕으로 일하는 방식 Hyundai Way를 정립했다. 현대차의 모든 글로벌 임직원은 Hyundai Way로 일한다. Global One Team의 구심점 역할을 수행하는 현대차만의 일하는 방식이다.

고객 최우선(CUSTOMER)

[01] 최고 수준의 안전과 품질 : 안전과 품질에 있어 절대 타협하지 않는다.
[02] 집요함 : 본질을 꿰뚫는 몰입을 통해 반드시 문제를 해결한다.

도전적 실행(CHALLENGE)

[03] 시도와 발전 : 수만 번의 시도와 도전이 혁신을 만든다.
[04] 민첩한 실행 : 타이밍을 놓치기보다는 실행 속에서 변화에 빠르게 대응한다.

소통과 협력(COLLABORATION)

[05] 협업 : 자동차의 타이어를 한 방향으로 조절하는 것처럼 한 방향을 바라보며 일한다.
[06] 회복탄력성 : 도전에 시련은 있어도 실패는 없다.

인재 존중(PEOPLE)

[07] 다양성 포용 : 다양성이 높을수록 조직의 역량이 높아지고, 새로운 아이디어와 혁신을 이끄는 원동력이 된다.
[08] 전문성 : 기술을 모르는 비즈니스, 비즈니스를 모르는 기술은 고객을 감동시킬 수 없다.

글로벌 지향(GLOBALITY)

[09] 윤리준수 : 사람들의 안전하고 자유로운 이동을 도와주는 일을 하며 자부심을 갖고, 정직하고 투명하게 일한다.
[10] 데이터 기반 사고 : 데이터 기반 사고는 미래를 선제적으로 준비하고 성공 확률을 높일 수 있는 가장 강력한 무기이다.

현대자동차그룹 채용안내

◇ **모집시기**

시기가 정해져 있지는 않으며, 연중 수시로 진행

◇ **지원방법**

현대자동차그룹 채용 홈페이지(talent.hyundai.com)를 통한 온라인 지원

◇ **필수요건**

❶ 고등학교 이상의 학력을 보유하신 분
❷ 해외여행에 결격 사유가 없는 분
❸ 남성의 경우, 지원서 접수 마감일까지 병역을 마쳤거나 면제되신 분
❹ 회사가 지정하는 입사일에 입사 가능하신 분

◇ **우대요건**

[한국산업인력공단]에서 주관하는 국가기술자격 항목 중 자동차생산 직무와 관련된 자격증에 한해 우대
※ 발행처 기준, 한국산업인력공단 외 자격증은 입력하지 않아도 됨

◇ **채용절차**

지원서 접수 ── 서류전형 ── 인적성검사 ── 1차면접 ── 2차면접(+채용검진) ── 최종합격

2025년 상반기 기출분석 ANALYSIS

총평

2025년 상반기 현대자동차 생산직/기술인력 적성검사는 전반적으로 어렵지 않은 시험이었다. 시중 문제집보다 쉬웠다는 평이 대부분이었으며, 40문항을 30분 안에 풀어야 하기 때문에 시간 분배가 중요했다는 후기가 주를 이뤘다. 기초적인 능력 평가를 위해 다양한 영역의 문제가 출제된 만큼, 평소 유형을 가리지 않고 꾸준히 학습하는 태도와 기본기를 다지는 노력이 중요했으리라 본다.

◇ 영역별 출제비중

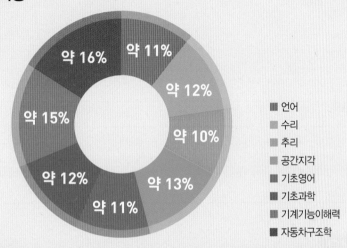

약 16%
약 11%
약 12%
약 15%
약 10%
약 12%
약 13%
약 11%

- ■ 언어
- ■ 수리
- ■ 추리
- ■ 공간지각
- ■ 기초영어
- ■ 기초과학
- ■ 기계기능이해력
- ■ 자동차구조학

◇ 영역별 출제특징

구분	영역	출제특징
적성검사	언어	• 제시된 단락을 논리적 순서에 맞춰 배열하는 문제 • 지문을 읽고 주제와 중심 내용을 파악하는 문제
	수리	• 할인율을 구하는 문제 • 생산과 관련된 자료해석을 통해 값의 차를 구하는 문제
	추리	• 수열의 규칙을 찾아 빈칸의 값을 구하는 문제 • 평면 도형을 회전했을 때 같은 모양을 찾는 문제
	공간지각	• 보이지 않는 부분의 블록의 개수를 구하는 문제 • 도형을 순서에 맞춰 배열하는 문제
	기초영어	• 영단어를 제시하고 철자가 다른 것의 개수를 구하는 문제 • 설명서를 읽고 일치하지 않는 내용을 찾는 문제
	기초과학	• 용수철의 처짐을 계산하여 가장 많이 늘어난 것을 구하는 문제 • 전구에 불이 들어오는 최소의 배선을 구하는 문제
	기계기능이해력	• 기어비를 구하는 문제 • 기어의 회전 방향을 구하는 문제
	자동차구조학	• 속도 변화에 따른 자동차 브레이크 마찰력 크기를 비교하는 문제

주요 생산직 적중 문제 TEST CHECK

현대자동차그룹 생산직

2024년 적중

08

| 7.2 | 6.1 | 7.3 | 6.2 | ( ) | 6.3 | 7.5 | 6.4 |

① 6.4
② 6.8
③ 7.1
④ 7.4
⑤ 7.8

09

| 7 | 8 | 58 | −2 | 11 | −20 | 5 | ( ) | −33 |

① −5
② −6
③ −7
④ −8
⑤ −9

삼성그룹 4급

지각능력검사 ▶ 사무지각

2024년 적중

20 다음 제시된 문자를 오름차순으로 나열하였을 때 4번째에 오는 문자는?

| Q | ㅇ | T | ㄴ | R | ㅎ |

① T
② ㅎ
③ Q
④ ㄴ

21 다음 제시된 문자를 오름차순으로 나열하였을 때 2번째에 오는 문자는?

| ㅇ | ㅁ | ㅂ | ㅅ | ㄴ | ㅊ |

① ㅁ
② ㅅ
③ ㅇ
④ ㅂ

포스코그룹 생산직

문제해결 ▶ 대안탐색 및 선택

2024년 적중

※ 서울시는 S ~ T구간에 수도관을 매설하려고 한다. 다음 그림에서 각 마디(Node)는 지점을, 가지(Link)는 지점 간의 연결 가능한 구간을, 가지 위의 숫자는 두 지점 간의 거리(m)를 나타낸다. 이어지는 질문에 답하시오. [3~5]

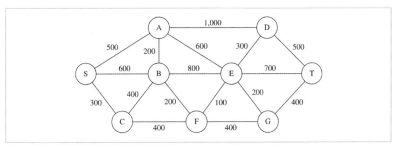

03 수도관 매설 공사를 총 지휘하고 있는 서울시 P소장은 S ~ T지점까지 최소 거리로 수도관 파이프라인을 설치하여 수도관 재료비용을 절감하려고 한다. 수도관 재료 비용이 1m당 1만 원일 때, 최소 수도관 재료비용은?

① 1,200만 원 ② 1,300만 원

SK그룹 생산직

패턴이해 ▶ 도형추리

2024년 적중

※ 다음 중 제시된 도형과 같은 것을 고르시오(단, 도형은 회전이 가능하다). [16~22]

16

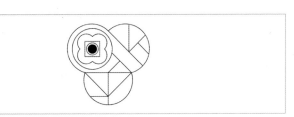

①   ②

③   ④

학습플랜 STUDY PLAN

1일 차 학습플랜	1일 차 기출응용 모의고사
_____월 _____일	
제1회	제2회

2일 차 학습플랜	2일 차 기출응용 모의고사
_____월 _____일	
제1회	제2회

3일 차 학습플랜   3일 차 기출응용 모의고사

_____월 _____일

제1회	제2회

4일 차 학습플랜   4일 차 기출응용 모의고사

_____월 _____일

제1회	제2회

취약영역 분석 WEAK POINT

1일 차 취약영역 분석

시작 시간	:		종료 시간	:	
풀이 개수		개	못 푼 개수		개
맞힌 개수		개	틀린 개수		개
취약영역 / 유형					
2일 차 대비 개선점					

2일 차 취약영역 분석

시작 시간	:		종료 시간	:	
풀이 개수		개	못 푼 개수		개
맞힌 개수		개	틀린 개수		개
취약영역 / 유형					
3일 차 대비 개선점					

3일 차 취약영역 분석

시작 시간	:	종료 시간	:
풀이 개수	개	못 푼 개수	개
맞힌 개수	개	틀린 개수	개
취약영역 / 유형			
4일 차 대비 개선점			

4일 차 취약영역 분석

시작 시간	:	종료 시간	:
풀이 개수	개	못 푼 개수	개
맞힌 개수	개	틀린 개수	개
취약영역 / 유형			
시험일 대비 개선점			

이 책의 차례 CONTENTS

1일 차
기출응용 모의고사

〈문항 수 및 시험시간〉

현대자동차 모빌리티 생산직 / 기술인력			
영역	문항 수	시험시간	모바일 OMR 서비스
언어			제1회
수리			
추리			
공간지각	40문항	30분	
기초영어			제2회
기초과학			
기계기능이해력			
자동차구조학			

※ 해당 모의고사는 수험생의 후기를 기반으로 구성한 것으로, 실제 시험과 다소 차이가 있을 수 있습니다.

1일 차 기출응용 모의고사

문항 수 : 40문항
시험시간 : 30분

제1회

※ 일정한 규칙으로 수나 문자를 나열할 때, 빈칸에 들어갈 알맞은 것을 고르시오. [1~2]

01

| −81 | −30 | −27 | −21 | −9 | −12 | ( ) |

① −3
② −1
③ 0
④ 1
⑤ 2

02

| ㄱ | B | ㄹ | H | ㄴ | ( ) |

① C
② D
③ E
④ F
⑤ Y

03 서로 맞물려 회전하는 두 개의 톱니바퀴 A, B가 있다. A톱니바퀴의 톱니 수는 18개, B톱니바퀴의 톱니 수는 15개일 때, 두 톱니바퀴가 같은 톱니에서 다시 맞물리기 위한 B톱니바퀴의 최소 회전수는?

① 3바퀴
② 4바퀴
③ 5바퀴
④ 6바퀴
⑤ 7바퀴

04 잇수가 60개인 A기어가 24바퀴 회전할 때, B기어는 10바퀴 회전한다고 한다. B기어의 잇수는?

① 144개   ② 168개

③ 192개   ④ 216개

⑤ 240개

05 다음 중 〈보기〉에 제시된 자동차 부품의 명칭을 영어로 바르게 옮긴 것은?

보기
보닛

① Bonnet   ② Bonet

③ Bonit   ④ Vonit

⑤ Vonnet

06 화물 출발지와 도착지 간 거리가 A기업은 100km, B기업은 200km이며, 운송량은 각각 5톤, 1톤이다. 국내 운송 시 수단별 요금 비용 체계가 다음과 같을 때, 최소 운송비용 측면에서 A기업과 B기업에 유리한 운송수단에 대한 설명으로 옳은 것은(단, 다른 조건은 같다)

〈수단별 국내 운송비용〉

구분		화물자동차	철도	연안해송
운임	기본운임	200,000원	150,000원	100,000원
	추가운임	1,000원	900원	800원
부대비용		100원	300원	500원

※ 추가운임 및 부대비용은 거리(km)와 무게(톤)를 곱하여 산정함

① A, B기업 모두 화물자동차 운송이 가장 저렴하다.

② A기업은 화물자동차가 가장 저렴하고, B기업은 모든 수단이 동일하다.

③ A기업은 모든 수단이 동일하고, B기업은 연안해송이 가장 저렴하다.

④ A, B기업 모두 철도운송이 가장 저렴하다.

⑤ A기업은 연안해송, B기업은 철도운송이 가장 저렴하다.

07 다음 글의 빈칸에 들어갈 내용으로 가장 적절한 것은?

> 사회가 변하면 사람들은 그때까지의 생활을 그대로 수긍하지 못한다. 새로운 생활에 맞는 새로운 언어를 필요로 하게 된다. 그 언어가 자연스럽게 육성되기를 기다릴 수도 있지만, 사람들은 대개 외국으로부터 그러한 개념의 언어를 빌려오려고 한다. 돈이나 기술을 빌리는 것에 비하면 언어는 대가 없이 빌려 쓸 수 있으므로 대개는 제한 없이 외래어를 빌린다. 특히 _____ 광복 이후 우리 사회에서 외래어가 넘쳐나는 것은 그간 우리나라의 고도성장과 절대 무관하지 않다.

① 외래어의 증가는 사회의 팽창과 함께 진행된다.
② 새로운 언어는 사회의 변화를 선도하기도 한다.
③ 외래어가 증가하면 범람한다는 비판을 받게 된다.
④ 새로운 언어는 인간의 욕망을 적절히 표현해 준다.
⑤ 새로운 언어는 필연적으로 외국의 개념을 빌릴 수밖에 없다.

08 H동아리의 다섯 학생은 주말을 포함한 일주일 동안 각자 하루를 골라 봉사활동을 간다. 항상 참이 아닌 것은?

> • A ~ E 다섯 학생은 일주일 동안 정해진 요일에 혼자서 봉사활동을 간다.
> • A는 B보다 빠른 요일에 봉사활동을 간다.
> • E는 C가 봉사활동을 다녀오고 이틀 후에 봉사활동을 간다.
> • B와 D는 평일에 봉사활동을 간다.
> • C는 목요일에 봉사활동을 가지 않는다.
> • A는 월요일, 화요일 중에 봉사활동을 간다.

① B가 화요일에 봉사활동을 간다면 토요일에 봉사활동을 가는 사람은 없다.
② D가 금요일에 봉사활동을 간다면 다섯 명은 모두 평일에 봉사활동을 간다.
③ D가 A보다 빨리 봉사활동을 간다면 B는 금요일에 봉사활동을 가지 않는다.
④ E가 수요일에 봉사활동을 간다면 토요일에 봉사활동을 가는 사람이 있다.
⑤ C가 A보다 빨리 봉사활동을 간다면 D는 목요일에 봉사활동을 갈 수 있다.

09 다음 블록의 개수는?(단, 보이지 않는 곳의 블록은 있다고 가정한다)

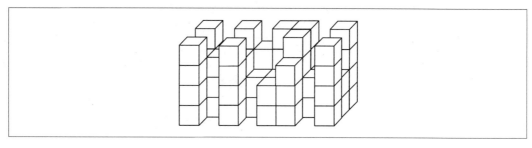

① 65개   ② 66개

③ 67개   ④ 68개

⑤ 69개

10 다음 전기 회로에서 스위치 S를 열면 전류계는 2.0A를 가리킨다고 할 때, 스위치 S를 닫으면 전류계에 나타나는 전류의 세기는?

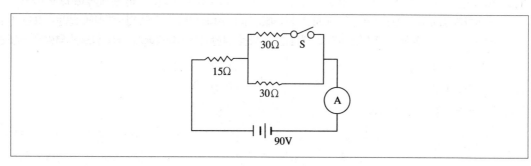

① 1A   ② 2A

③ 3A   ④ 4A

⑤ 5A

11 다음 중 타이어의 구조에 해당되지 않는 것은?

① 트레드   ② 브레이커

③ 카커스   ④ 압력판

⑤ 튜브

12 다음과 같이 추를 실로 묶어 천장에 매달았을 때, 지구가 추를 당기는 힘에 대한 반작용은?

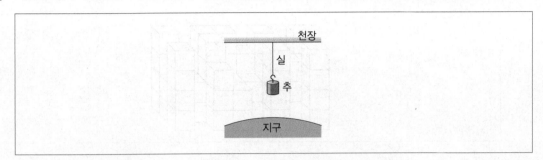

① 실이 추를 당기는 힘   ② 실이 천장을 당기는 힘

③ 추가 실을 당기는 힘   ④ 추가 지구를 당기는 힘

⑤ 천장이 추를 당기는 힘

13 A대리는 같은 부서의 B사원 때문에 스트레스를 받고 있다. 빠르게 처리해야 할 업무에 대해 B사원은 항상 꼼꼼하게 검토하고 A대리에게 늦게 보고하기 때문이다. A대리가 B사원의 업무방식에 불만을 표현하자 B사원은 자신의 소심한 성격 때문이라고 대답한다. 다음 상황에서 A대리에게 가장 필요한 역량은 무엇인가?

① 통제적 리더십   ② 감사한 마음

③ 상호 인정   ④ 헌신의 자세

⑤ 신속한 업무 처리 속도

14 소율이 엄마는 소율이에게 2시간 뒤에 돌아올 때까지 180L 들이의 항아리에 물을 가득 채워놓으라고 하였다. 소율이는 1분에 1.5L의 물을 부으면 항아리가 2시간 안에 가득 채워지는 것을 알고, 엄마가 돌아오기 전에 일을 끝내려고 1분에 1.5L의 물을 붓기 시작했다. 그런데 30분이 지난 후, 항아리 안을 살펴보니 바닥에 금이 가 있어서 물이 항아리의 $\frac{1}{12}$ 밖에 차지 않았다. 엄마가 돌아왔을 때 항아리에 물이 가득 차 있으려면 남은 시간 동안에는 1분에 최소 몇 L 이상의 물을 부어야 하는가?

① 2.6L   ② 2.7L

③ 2.8L   ④ 2.9L

⑤ 3L

15 다음 중 〈보기〉의 뜻과 같은 영어 단어는?

구조물

① Coast
② Cage
③ Portrait
④ Space
⑤ Structure

16 다음은 버니어 캘리퍼스를 이용하여 나사의 직경을 측정한 결과이다. 이 나사의 직경은?(단, 화살표는 아들자와 어미자의 눈금이 일치하는 곳이다)

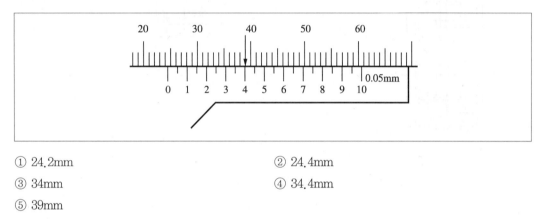

① 24.2mm
② 24.4mm
③ 34mm
④ 34.4mm
⑤ 39mm

17 다음은 버니어 캘리퍼스를 이용하여 실린더 내경을 측정한 결과이다. 이 실린더의 내경은?(단, 화살표는 아들자와 어미자의 눈금이 일치하는 곳이다)

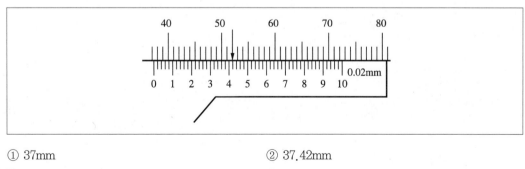

① 37mm
② 37.42mm
③ 42mm
④ 50.42mm
⑤ 52mm

18 다음 중 제시된 도형과 같은 것은?

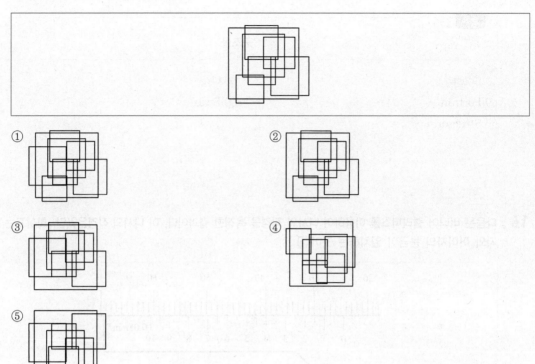

19 다음 중 나머지 도형과 다른 것은?

①

②

③

④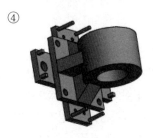

⑤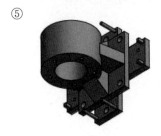

20 다음 글에 대한 반박으로 가장 적절한 것은?

투표는 주요 쟁점에 대해 견해를 표현하고 정치권력을 통제할 수 있는 행위로, 일반 유권자가 할 수 있는 가장 보편적인 정치 참여 방식이다. 그래서 정치학자와 선거 전문가들은 선거와 관련하여 유권자들의 투표 행위에 대해 연구해 왔다. 이 연구는 일반적으로 유권자들의 투표 성향, 즉 투표 참여 태도나 동기 등을 조사하여, 이것이 투표 결과와 어떤 상관관계가 있는가를 밝힌다. 투표 행위를 설명하는 이론 역시 다양하다. 합리적 선택 모델은 유권자 개인의 이익을 가장 중요한 요소로 보고 이를 바탕으로 투표 행위를 설명한다. 이 모델에서는 인간을 자신의 이익을 극대화하기 위해 행동하는 존재로 보기 때문에 투표 행위를 개인의 목적을 위한 수단으로 간주한다. 따라서 유권자는 자신의 이해와 요구에 부합하는 정책을 제시하는 후보자를 선택한다고 본다.

① 사람들은 자신에게 유리한 결과를 도출하기 위해 투표를 한다.
② 유권자들은 정치 권력을 통제하기 위한 수단으로 투표를 활용한다.
③ 사람들은 자신의 이익이 커지는 쪽으로 투표를 한다.
④ 유권자들의 투표 성향은 투표 결과에 영향을 끼친다.
⑤ 유권자들은 개인이지만 결국 사회적인 배경에서 완전히 자유로울 수 없다.

21 다음 명제가 모두 참일 때, 빈칸에 들어갈 명제로 가장 적절한 것은?

• 오존층이 파괴되지 않으면 프레온 가스가 나오지 않는다.
• _____
• 지구 온난화가 진행되지 않았다면 오존층이 파괴되지 않는다.
• 지구 온난화가 진행되지 않았다면 에어컨을 과도하게 사용하지 않았다.

① 에어컨을 잘 사용하지 않으면 프레온 가스가 나오지 않는다.
② 프레온 가스가 나온다고 해도 오존층은 파괴되지 않는다.
③ 오존층을 파괴하면 지구 온난화가 진행된다.
④ 에어컨을 과도하게 사용하면 프레온 가스가 나온다.
⑤ 에어컨을 적게 사용해도 지구 온난화는 진행된다.

22 질량이 다른 물체 A, B가 다음과 같이 수평면 위에 정지해 있다. 두 물체에 힘(F)을 일정하게 작용할 때, A, B의 가속도를 각각 a_A, a_B라 하면 $a_A : a_B$는?(단, 마찰은 무시한다)

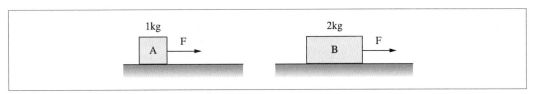

① 1 : 1　　　　　　　　　　② 2 : 1
③ 3 : 1　　　　　　　　　　④ 5 : 1
⑤ 1 : 2

23 다음 중 디젤기관과 비교한 가솔린기관의 장점으로 옳은 것은?

① 기관의 단위 출력당 중량이 가볍다.
② 열효율이 높다.
③ 대형화할 수 있다.
④ 연료 소비량이 적다.
⑤ 연소효율이 높다.

24 서진이, 민진이를 포함한 5명이 일렬로 놓인 영화관의 좌석에 앉으려고 한다. 서진이와 민진이 사이에 적어도 1명이 앉게 될 확률은?

① $\dfrac{1}{5}$　　　　　　　　　② $\dfrac{3}{5}$

③ $\dfrac{7}{15}$　　　　　　　　④ $\dfrac{8}{15}$

⑤ $\dfrac{13}{17}$

25 질량이 다른 물체 A~C를 다음과 같이 진공 상태에서 가만히 놓았다. 높이가 h로 같을 때, A~C가 지면에 도달하는 순간까지 걸리는 시간에 대한 설명으로 옳은 것은?

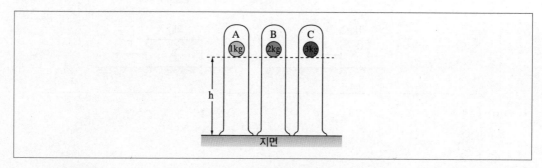

① A가 가장 짧다.　　　　　　　② B가 가장 짧다.

③ C가 가장 짧다.　　　　　　　④ 모두 같다.

⑤ 알 수 없다.

26 저항이 서로 다른 4개의 전구가 다음과 같이 연결되어 있을 때, 이 회로의 전체 저항은?

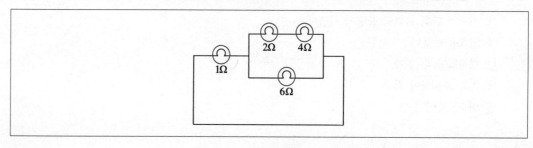

① 4Ω　　　　　　　　　　② 5Ω

③ 6Ω　　　　　　　　　　④ 7Ω

⑤ 8Ω

27 다음 중 디스크 브레이크와 비교한 드럼 브레이크의 특성으로 옳은 것은?

① 페이드 현상이 잘 일어나지 않는다.

② 구조가 간단하다.

③ 브레이크의 편제동 현상이 적다.

④ 라이닝 슈의 수명이 짧다.

⑤ 자기작동 효과가 크다.

28 전자제어 점화장치에서 점화시기를 제어하는 순서는?

① 각종 센서 – ECU – 파워 트랜지스터 – 점화코일

② 각종 센서 – ECU – 점화코일 – 파워 트랜지스터

③ 각종 센서 – 파워 트랜지스터 – ECU – 점화코일

④ 파워 트랜지스터 – 점화코일 – ECU – 각종센서

⑤ 파워 트랜지스터 – ECU – 각종센서 – 점화코일

29 클러치 마찰면에 작용하는 압력이 300N, 클러치판의 지름이 80cm, 마찰계수 0.3일 때 기관의 전달회전력은 약 몇 N·m인가?

① 36N·m   ② 46N·m

③ 56N·m   ④ 62N·m

⑤ 72N·m

30 A와 B는 제품을 포장하는 아르바이트를 하고 있다. A는 8일마다 남은 물품의 $\frac{1}{2}$씩 포장하고, B는 2일마다 남은 물품의 $\frac{1}{2}$씩 포장한다. A가 처음 512개의 물품을 받아 포장을 시작했는데 24일 후 A와 B의 남은 물품의 수가 같았다. B가 처음에 받은 물품의 개수는?

① 2^{16}개   ② 2^{17}개

③ 2^{18}개   ④ 2^{19}개

⑤ 2^{20}개

31 다음과 같이 병따개를 사용할 때 그 원리에 대한 설명으로 옳은 것은?(단, a의 길이는 변화가 없고, 병따개의 무게는 무시한다)

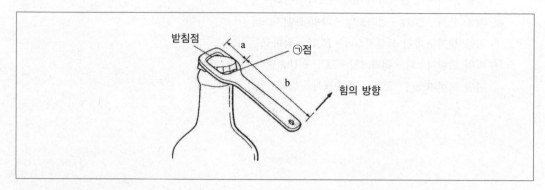

① ㉠점은 힘점이다.
② b가 길어질수록 힘이 더 든다.
③ b가 길어질수록 한 일의 양은 작아진다.
④ b가 짧아져도 한 일의 양에는 변함이 없다.
⑤ a가 b의 길이보다 작으면 ㉠점이 받침점이 된다.

32 다음 중 〈보기〉에 제시된 단어의 뜻으로 옳은 것은?

> **보기**
>
> Engine

① 바퀴   ② 경적
③ 엔진   ④ 시동
⑤ 주행

33 다음 중 내연기관 피스톤의 구비 조건으로 옳지 않은 것은?

① 가벼울 것   ② 열팽창이 적을 것
③ 열전도율이 낮을 것   ④ 높은 온도와 폭발력에 견딜 것
⑤ 블로 바이 현상이 적을 것

34 다음 글에서 〈보기〉의 문장이 들어갈 위치로 가장 적절한 곳은?

그럼 이제부터 제형에 따른 특징과 복용 시 주의점을 알아보겠습니다. 먼저 산제나 액제는 복용해야 하는 용량에 맞게 미세하게 조절이 가능합니다. 그리고 정제나 캡슐제에 비해 노인이나 소아가 약을 삼키기 쉽고 약효도 빠르게 나타납니다. (가) 캡슐제는 캡슐로 약물을 감싸서 자극이 강한 약물을 복용할 때 생기는 불편을 줄일 수 있고, 정제로 만들면 약효가 떨어질 수 있는 경우에 사용되어 약효를 유지할 수 있습니다. (나) 하지만 캡슐제는 캡슐이 목구멍이나 식도에 달라붙을 수 있기 때문에 충분한 양의 물과 함께 복용해야 합니다. (다)

그리고 정제는 일정한 형태로 압축되어 있어 산제나 액제에 비해 보관이 간편하고 정량을 복용하기 쉽습니다. 이러한 정제는 약물의 성분이 빠르게 방출되는 속방정과 서서히 지속적으로 방출되는 서방정으로 구분할 수 있습니다. (라) 서방정은 오랜 시간 일정하게 약의 효과를 유지할 수 있어 복용 횟수를 줄일 수 있습니다. 그런데 서방정은 함부로 쪼개거나 씹어서 먹으면 안 됩니다. 왜냐하면 약물의 방출 속도가 달라져 부작용의 위험이 커질 수 있기 때문입니다.

오늘 강연 내용은 유익하셨나요? 이번 강연이 약에 대한 이해를 높일 수 있는 계기가 되었으면 합니다. 또한 약과 관련해 더 궁금한 내용이 있다면 '의약품안전나라'를 통해 찾아보실 수 있습니다. (마) 마지막으로 상세한 복약 정보는 꼭 의사나 약사에게 확인하시기 바랍니다. 경청해 주셔서 감사합니다.

보기

하지만 이 둘은 정제에 비해 변질되기 쉬우므로 특히 보관에 주의해야 하고 복용 전 변질 여부를 잘 확인해야 합니다.

① (가)　　　　　　　　　　　　② (나)
③ (다)　　　　　　　　　　　　④ (라)
⑤ (마)

35 열차가 50m의 터널을 통과하는 데 10초, 200m의 터널을 통과하는 데 25초가 걸린다고 할 때, 열차의 길이는?

① 35m　　　　　　　　　　　　② 40m
③ 45m　　　　　　　　　　　　④ 50m
⑤ 55m

36 새로운 프로젝트를 위해 TF팀에 들어가게 된 A사원은 H팀장으로부터 업무를 받았다. 그러나 모두에게 나눠진 업무량이 공평하지 않고 몇몇 사람에게 편중되어 있어 TF팀 내 분쟁이 일어났다. 다음 〈보기〉 중 A사원이 사용할 갈등해결방법으로 옳은 것을 모두 고르면?

> **보기**
> ㉠ 나와 다른 입장을 가진 사람들을 되도록 피한다.
> ㉡ 사람들과 눈을 자주 마주친다.
> ㉢ 어려운 문제는 피하지 말고 맞선다.
> ㉣ 논쟁을 통해 해결한다.
> ㉤ 어느 한쪽으로 치우치지 않는다.

① ㉠, ㉡, ㉣
② ㉠, ㉢, ㉤
③ ㉡, ㉢, ㉣
④ ㉡, ㉢, ㉤
⑤ ㉢, ㉣, ㉤

37 다음은 H제철소에서 생산한 철강 출하량을 분야별로 기록한 자료이다. 2024년에 세 번째로 많은 생산을 했던 분야에서 2022년 대비 2023년의 변화율은?(단, 소수점 첫째 자리에서 반올림한다)

〈H제철소 분야별 철강 출하량〉

(단위 : 천 톤)

구분	자동차	선박	토목 / 건설	일반기계	기타
2022년	5,230	3,210	6,720	4,370	3,280
2023년	6,140	2,390	5,370	4,020	4,590
2024년	7,570	2,450	6,350	5,730	4,650

① 10% 증가하였다.
② 10% 감소하였다.
③ 8% 증가하였다.
④ 8% 감소하였다.
⑤ 변동 없다.

38 다음 중 자동차 부품의 한글 명칭과 영어 명칭이 바르게 연결된 것은?

① 중립기어 – Normal Gear

② 클러치 – Clatch

③ 와이퍼 – Wifer

④ 타이어 – Tire

⑤ 패들 시프트 – Pedal Shift

39 일정한 속력으로 운동하던 물체가 다음과 같이 곡면을 따라 이동하였을 때, 〈보기〉 중 옳은 것을 모두 고르면?(단, 물체와 접촉면의 마찰은 무시한다)

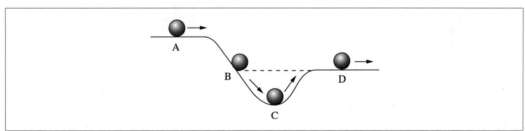

> **보기**
>
> ㉠ A점에서의 역학적 에너지가 가장 크다.
> ㉡ B점과 D점에서 위치 에너지는 같다.
> ㉢ C점에서의 운동 에너지가 가장 크다.

① ㉠

② ㉡

③ ㉢

④ ㉡, ㉢

⑤ ㉠, ㉡, ㉢

40 다음은 2023년과 2024년의 품목별 수송량 구성비에 대한 자료이다. 이에 대한 설명으로 옳지 않은 것은?

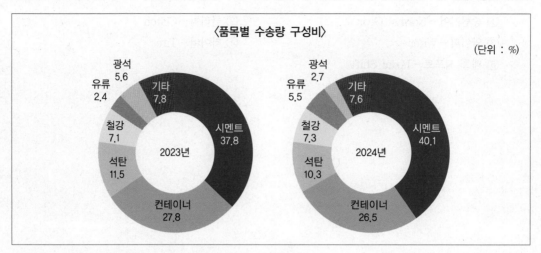

① 2023년 대비 2024년에 구성비가 증가한 품목은 3개이다.
② 컨테이너 수송량은 2023년에 비해 2024년에 감소하였다.
③ 구성비가 가장 크게 변화한 품목은 유류이다.
④ 2023년과 2024년에 가장 큰 비율을 차지하는 품목은 같다.
⑤ 2023년엔 유류가, 2024년엔 광석이 단일 품목 중 가장 작은 비율을 차지한다.

01 다음 글의 제목으로 가장 적절한 것은?

> 사회 방언은 지역 방언과 함께 2대 방언의 하나를 이룬다. 그러나 사회 방언은 지역 방언만큼 일찍부터 방언 학자의 주목을 받지는 못하였다. 어느 사회에나 사회 방언이 없지는 않았으나, 일반적으로 사회 방언 간의 차이는 지역 방언들 사이의 그것만큼 그렇게 뚜렷하지 않기 때문이었다. 가령 20대와 60대 사이에는 분명히 방언차가 있지만 그 차이가 전라도 방언과 경상도 방언 사이의 그것만큼 현저하지는 않은 것이 일반적이며, 남자와 여자 사이의 방언차 역시 마찬가지다. 사회 계층 간의 방언차는 사회에 따라서는 상당히 현격한 차이 를 보여 일찍부터 논의의 대상이 되어 왔었다. 인도에서의 카스트에 의해 분화된 방언, 미국에서의 흑인 영어 의 특이성, 우리나라 일부 지역에서 발견되는 양반 계층과 일반 계층 사이의 방언차 등이 그 대표적인 예들이 다. 이러한 사회 계층 간의 방언 분화는 최근 사회 언어학의 대두에 따라 점차 큰 관심의 대상이 되어 가고 있다.

① 2대 방언 – 지역 방언과 사회 방언
② 최근 두드러진 사회 방언에 대한 관심
③ 부각되는 계층 간의 방언 분화
④ 사회 언어학의 대두와 사회 방언
⑤ 사회 방언의 특징

02 다음은 시기별 1인당 스팸 문자의 내용별 수신 수를 나타낸 자료이다. 이에 대한 설명으로 옳지 않은 것은?

〈1인당 스팸 문자의 내용별 수신 수〉

(단위 : 통)

구분	2023년 하반기	2024년 상반기	2024년 하반기
대출	0.03	0.06	0.08
성인	0.00	0.01	0.01
일반	0.12	0.05	0.08
합계	0.15	0.12	0.17

① 성인 관련 스팸 문자는 2024년부터 수신되기 시작했다.
② 가장 높은 비중을 차지하는 스팸 문자의 내용은 해당 기간 동안 변화했다.
③ 내용별 스팸 문자 수에서 감소한 종류는 없다.
④ 해당 기간 동안 가장 큰 폭으로 증가한 것은 대출 관련 스팸 문자이다.
⑤ 전년 동분기 대비 2024년 하반기의 1인당 스팸 문자의 내용별 수신 수의 증가율은 약 13%이다.

※ 일정한 규칙으로 수나 문자를 나열할 때, 빈칸에 들어갈 알맞은 것을 고르시오. [3~4]

03

| 4 | 2 | 6 | −2 | 14 | −18 | ( ) |

① −52   ② −46
③ 22   ④ 46
⑤ 52

04

| A | ㄴ | B | 三 | ㄷ | C | iv | 四 | ( ) | D |

① ㄹ   ② 7
③ ㅈ   ④ 9
⑤ 六

05 다음 중 영어 단어와 그 뜻이 바르게 연결되지 않은 것은?

① Airplane – 비행기   ② Motorcycle – 오토바이
③ Subway – 지하철   ④ Oil Tanker – 유조차
⑤ Van – 배

06 전기 회로에서 저항이 5Ω인 2개의 전구를 직렬로 연결하고, 전압이 6V인 건전지를 연결하였다. 이 회로에서 흐르는 전체 전류의 세기는?

① 0.2A   ② 0.3A
③ 0.4A   ④ 0.5A
⑤ 0.6A

07 다음은 버니어 캘리퍼스를 이용하여 실린더의 두께를 측정한 결과이다. 이 실린더의 두께는?(단, 화살표는 아들자와 어미자의 눈금이 일치하는 곳이다)

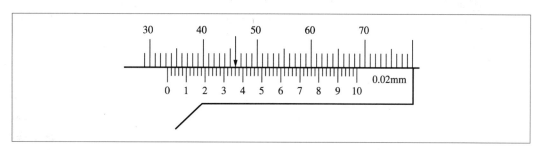

① 30mm

② 30.36mm

③ 33mm

④ 33.36mm

⑤ 36mm

08 다음은 버니어 캘리퍼스를 이용하여 어떤 회전축의 직경을 측정한 결과이다. 이 회전축의 직경은?(단, 화살표는 아들자와 어미자의 눈금이 일치하는 곳이다)

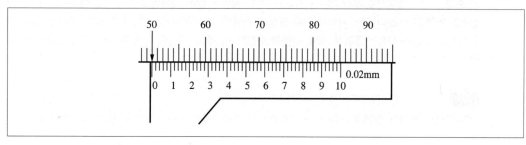

① 50mm

② 51mm

③ 52mm

④ 53mm

⑤ 55mm

09 다음 중 〈보기〉에 제시된 자동차 부품의 명칭을 영어로 바르게 옮긴 것은?

주차 브레이크

① Hold Brake
② Stop Brake
③ Stop Break
④ Parking Break
⑤ Parking Brake

10 다음 글에서 〈보기〉의 문장이 들어갈 위치로 가장 적절한 곳은?

(가) 알렉산더 그레이엄 벨은 전화를 처음 발명한 사람으로 알려져 있다. 1876년 2월 14일 벨은 설계도와 설명서를 바탕으로 전화에 대한 특허를 신청했고, 같은 날 그레이도 전화에 대한 특허 신청서를 제출했다. 1876년 3월 7일 미국 특허청은 벨에게 전화에 대한 특허를 부여했다. (나) 하지만 벨이 특허를 받은 이후 누가 먼저 전화를 발명했는지에 대해 치열한 소송전이 이어졌다. 여기에는 그레이를 비롯하여 안토니오 무치 등 많은 사람이 관련돼 있었다. 특히 무치는 1871년 전화에 대한 임시 특허를 신청하였지만, 돈이 없어 정식 특허로 신청하지 못했다. 2002년 미국 하원 의회에서는 무치가 10달러의 돈만 있었다면 벨에게 특허가 부여되지 않았을 것이라며 무치의 업적을 인정하기도 했다. (다) 그레이와 벨의 특허 소송에서도 벨은 모두 무혐의 처분을 받았고, 1887년 재판에서 전화의 최초 발명자는 벨이라는 판결이 났다. 그레이가 전화의 가능성을 처음 인지한 것은 사실이지만, 전화를 완성하기 위한 후속 조치를 취하지 않았다는 것이었다. (라) 사실 19세기 중엽은 전화 발명으로 무르익은 시기였고, 전화 발명에 많은 사람이 도전했다고 볼 수 있다. 한 개인이 전화를 발명했다기보다 여러 사람이 전화 탄생에 기여했다는 이야기로 이어질 수 있다. 하지만 결국 최초의 공식 특허를 받은 사람은 벨이며, 벨이 만들어낸 전화 시스템은 지금도 세계 통신망에 단단히 뿌리를 내리고 있다. (마)

그러나 벨의 특허와 관련된 수많은 소송은 무치의 죽음, 벨의 특허권 만료와 함께 종료되었다.

① (가)
② (나)
③ (다)
④ (라)
⑤ (마)

※ 다음 명제를 통해 얻을 수 있는 결론으로 가장 적절한 것을 고르시오. [11~12]

11

> • 모든 1과 사원은 가장 실적이 많은 2과 사원보다 실적이 많다.
> • 가장 실적이 많은 4과 사원은 모든 3과 사원보다 실적이 적다.
> • 3과 사원 중 일부는 가장 실적이 많은 2과 사원보다 실적이 적다.

① 1과 사원 중 가장 적은 실적을 올린 사원과 같은 실적을 올린 사원이 4과에 있다.
② 3과 사원 중 가장 적은 실적을 올린 사원과 같은 실적을 올린 사원이 4과에 있다.
③ 모든 2과 사원은 4과 사원 중 일부보다 실적이 적다.
④ 어떤 1과 사원은 가장 실적이 많은 3과 사원보다 실적이 적다.
⑤ 어떤 3과 사원은 가장 실적이 적은 1과 사원보다 실적이 적다.

12

> • 연필을 좋아하는 사람은 지우개를 좋아한다.
> • 볼펜을 좋아하는 사람은 수정테이프를 좋아한다.
> • 지우개를 좋아하는 사람은 샤프를 좋아한다.
> • A는 볼펜을 좋아한다.

① 볼펜을 좋아하는 사람은 연필을 좋아한다.
② 지우개를 좋아하는 사람은 볼펜을 좋아한다.
③ A는 수정테이프를 좋아한다.
④ 연필을 좋아하는 사람은 수정테이프를 좋아한다.
⑤ 샤프를 좋아하는 사람은 볼펜을 좋아한다.

13 서로 맞물려 회전하는 두 개의 톱니바퀴 A, B가 있다. A톱니바퀴의 톱니 수가 25개, B톱니바퀴의 톱니 수가 35개라면 지금 맞물려 있는 톱니가 다시 만나기 위해서는 A톱니바퀴가 최소 몇 바퀴 회전해야 하는가?

① 5바퀴 ② 6바퀴
③ 7바퀴 ④ 8바퀴
⑤ 9바퀴

14 다음 중 제시된 도형과 같은 것은?

①

②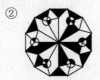

③

④

⑤

15 다음은 H사 사원들의 대화이다. 이들 중 가장 잘못된 듣기 태도를 보이는 사람은?

A사원 : 상대방이 말하는 것을 나랑 연관시켜 가면서 들어보면 이해가 더 잘되는 것 같아요.
B사원 : 대화가 너무 심각한 경우에는 유머를 사용해 부드럽게 대화를 이끄는 것이 좋아요.
C사원 : 대화 도중에 주기적으로 대화의 내용을 요약하면 상대방이 전달하려는 메시지를 이해하는 데 도움이 돼요.
D사원 : 상대방의 문제를 해결하는 데 직접적인 도움이 되도록 조언에 좀 더 신경 써야겠어요.
E사원 : 나와 의견이 다르더라도 일단 수용하는 것도 대화에 도움이 되더라고요.

① A사원
② B사원
③ C사원
④ D사원
⑤ E사원

16 민우, 현호, 용재, 경섭, 진수가 일렬로 줄을 설 때 양 끝에 현호와 진수가 서게 될 확률은 $\dfrac{b}{a}$ 이다. $a+b$ 는?(단, a와 b는 서로소이다)

① 9   ② 10

③ 11   ④ 12

⑤ 13

17 다음 블록의 개수는?(단, 보이지 않는 곳의 블록은 있다고 가정한다)

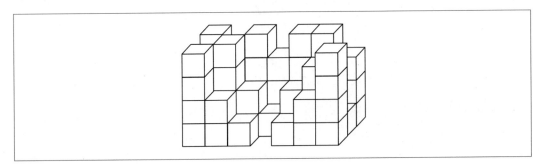

① 55개   ② 54개

③ 53개   ④ 52개

⑤ 51개

18 다음 중 〈보기〉에 제시된 단어의 뜻으로 옳은 것은?

보기
Subject

① 지역   ② 과목

③ 점검   ④ 결과

⑤ 과거

19 도르래의 두 물체가 다음과 같이 운동하고 있을 때, 두 물체의 가속도는?(단, 중력가속도는 10m/s^2이고, 모든 마찰 및 공기 저항은 무시한다)

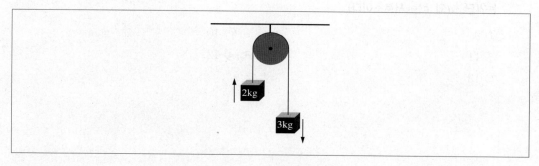

① 1m/s^2

② 2m/s^2

③ 3m/s^2

④ 4m/s^2

⑤ 5m/s^2

20 저항을 다음과 같이 연결하였을 때, 〈보기〉 중 이에 대한 설명으로 옳은 것을 모두 고르면?

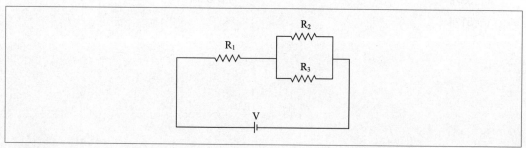

가. R_1을 증가시키면 전체 합성 저항은 증가한다.

나. R_2를 증가시키면 R_3에 흐르는 전류는 증가한다.

다. R_3를 증가시키면 R_1에 걸리는 전압은 감소한다.

① 가

② 나

③ 가, 나

④ 가, 다

⑤ 가, 나, 다

21 다음 글의 내용으로 가장 적절한 것은?

> 만우절의 탄생과 관련해서 많은 이야기가 있지만, 가장 많이 알려진 것은 16세기 프랑스 기원설이다. 16세기 이전부터 프랑스 사람들은 3월 25일부터 일주일 동안 축제를 벌였고, 축제의 마지막 날인 4월 1일에는 모두 함께 모여 축제를 즐겼다. 그러나 16세기 말 프랑스가 그레고리력을 받아들이면서 달력을 새롭게 개정했고, 이에 따라 이전의 3월 25일을 새해 첫날(New Year's Day)인 1월 1일로 맞추어야 했다. 결국 기존의 축제는 달력이 개정됨에 따라 사라지게 되었다. 그러나 몇몇 사람들은 이 사실을 잘 알지 못하거나 기억하지 못했다. 사람들은 그들을 가짜 파티에 초대하거나, 그들에게 조롱 섞인 선물을 하면서 놀리기 시작했다. 프랑스에서는 이렇게 놀림감이 된 사람들을 '4월의 물고기'라는 의미의 '푸아송 다브릴(Poisson d'Avril)'이라 불렀다. 갓 태어난 물고기처럼 쉽게 낚였기 때문이다. 18세기에 이르러 프랑스의 관습이 영국으로 전해지면서 영국에서는 이날을 '오래된 바보의 날(All Fool's Day*)'이라고 불렀다.
> * 'All'은 'Old'를 뜻하는 'Auld'의 변형 형태(스코틀랜드)이다.

① 만우절은 프랑스에서 기원했다.
② 프랑스는 16세기 이전부터 그레고리력을 사용하였다.
③ 16세기 말 이전 프랑스에서는 3월 25일 ~ 4월 1일까지 축제가 열렸다.
④ 프랑스에서는 만우절을 '4월의 물고기'라고 불렀다.
⑤ 영국의 만우절은 18세기 이전 프랑스에서 전해졌다.

22 다음 그림에서 수평이 되기 위한 막대의 무게는?

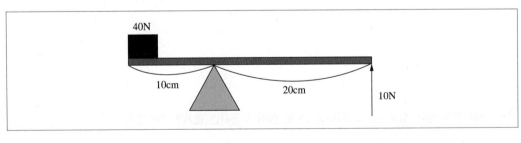

① 20N   ② 30N
③ 40N   ④ 50N
⑤ 60N

23 A와 B가 같이 일을 하면 12일, B와 C가 같이 일을 하면 6일, C와 A가 같이 일을 하면 18일이 걸리는 일이 있다. 만약 A~C 모두 함께 72일 동안 일을 하면 기존에 했던 일의 몇 배의 일을 할 수 있는가?

① 9배

② 10배

③ 11배

④ 12배

⑤ 13배

24 다음 중 수랭식 냉각장치의 장단점에 대한 설명으로 옳지 않은 것은?

① 공랭식보다 소음이 크다.

② 공랭식보다 보수 및 취급이 복잡하다.

③ 공랭식보다 체적이 간소화된다.

④ 실린더 주위를 균일하게 냉각시켜 공랭식보다 냉각효과가 좋다.

⑤ 실린더 주위를 저온으로 유지시키므로 공랭식보다 체적효율이 좋다.

25 조향장치에서 조향 기어비를 나타낸 것으로 옳은 것은?

① (조향 휠 회전각도)÷(피트먼 암 선회각도)

② (조향 휠 회전각도)×(피트먼 암 선회각도)

③ (조향 휠 회전각도)+(피트먼 암 선회각도)

④ (피트먼 암 선회각도)−(조향 휠 회전각도)

⑤ (피트먼 암 선회각도)×(조향 휠 회전각도)

26 정지하고 있는 질량 2kg의 물체에 1N의 힘이 작용하면 물체의 가속도는?

① $0.2m/s^2$

② $0.5m/s^2$

③ $1m/s^2$

④ $2m/s^2$

⑤ $5m/s^2$

27 다음 중 조직에서 갈등을 증폭시키는 행위로 적절하지 않은 것은?

① 다른 팀원이 중요한 프로젝트를 맡은 경우에 그 프로젝트에 대해 자신이 알고 있는 노하우를 알려주지 않는다.

② 팀원 간에 서로 상대보다 더 높은 인사고과를 얻기 위해 경쟁한다.

③ 팀의 공동목표 달성보다는 본인의 승진이 더 중요하다고 생각한다.

④ 혼자 돋보이려고 지시받은 업무를 다른 팀원에게 전달하지 않는다.

⑤ 갈등이 발견되면 바로 갈등 문제를 즉각적으로 다루려고 한다.

28 다음 문단을 논리적 순서대로 바르게 나열한 것은?

(가) 그중에서도 우리나라의 나전칠기는 중국이나 일본보다 단조한 편이지만, 옻칠의 질이 좋고 자개 솜씨가 뛰어나 우리나라 칠공예만의 두드러진 개성을 가진다. 전래 초기에는 주로 백색의 야광패를 사용하였으나 후대에는 청록 빛깔을 띤 복잡한 색상의 전복껍데기를 많이 사용하였다. 우리나라의 나전칠기는 일반적으로 목제품의 표면에 옻칠을 하고 그것에다 한층 치레 삼아 첨가한다.

(나) 이러한 나전칠기는 특히 통영의 것이 유명하다. 이는 예로부터 통영에는 나전의 원료가 되는 전복이 많이 생산되었으며, 인근 내륙 및 함안지역의 질 좋은 옻이 나전칠기가 발달하는 주요 원인이 되었기 때문이다. 이에 통영시는 지역 명물 나전칠기를 널리 알리기 위해 매년 10월 통영 나전칠기축제를 개최하여 400년을 이어온 통영지방의 우수하고 독창적인 공예법을 소개하고 작품도 전시한다.

(다) 제작방식은 우선 전복껍데기를 얇게 하여 무늬를 만들고 백골에 모시 천을 바른 뒤, 칠과 호분을 섞어 표면을 고른다. 그 후 칠죽 바르기, 삼베 붙이기, 탄회 칠하기, 토회 칠하기를 통해 제조 과정을 끝마친다. 또한 문양을 내기 위해 나전을 잘라내는 방법에는 주름질(자개를 문양 형태로 오려낸 것), 이음질(문양 구도에 따라 주름대로 문양을 이어가는 것), 끊음질(자개를 실같이 가늘게 썰어서 문양 부분에 모자이크 방법으로 붙이는 것)이 있다.

(라) 나전칠기는 기물에다 무늬를 나타내는 대표적인 칠공예의 장식기법 중 하나로 얇게 깐 조개껍데기를 여러 가지 형태로 오려내어 기물의 표면에 감입하여 꾸미는 것을 통칭한다. 우리나라는 목기와 더불어 칠기가 발달했는데, 이러한 나전기법은 중국 주대(周代)부터 이미 유행했고 당대(唐代)에 성행하여 한국과 일본에 전해진 것으로 보인다. 나전기법은 여러 나라를 포함한 아시아 일원에 널리 보급되었고 지역에 따라 독특한 성격을 가진다.

① (라) – (가) – (나) – (다)

② (라) – (가) – (다) – (나)

③ (라) – (나) – (가) – (다)

④ (라) – (나) – (다) – (가)

⑤ (라) – (다) – (가) – (나)

29 다음 그림을 좌우 반전한 후, 시계 방향으로 90° 회전한 모양은?

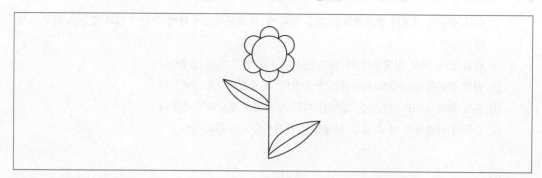

①

②

③

④

⑤

30 테니스 동아리에서 테니스장 사용료를 내려고 한다. 모두 같은 금액으로 한 명당 5,500원씩 내면 3,000원이 남고 5,200원씩 내면 300원이 부족하다고 할 때, 테니스장 사용료는?

① 37,500원
② 47,500원
③ 57,500원
④ 67,500원
⑤ 77,500원

31 다음 중 〈보기〉의 단어와 가장 비슷한 영어 단어는?

> **보기**
>
> criticize

① praise
② donate
③ consume
④ preserve
⑤ condemn

32 다음과 같이 지레에 무게가 10N인 물체를 놓고 지렛대를 수평으로 하기 위하여 필요한 힘 F의 크기는?

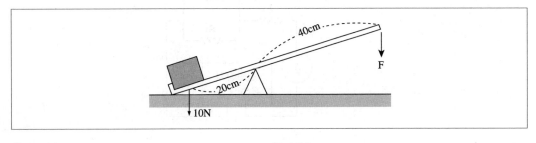

① 5N
② 10N
③ 15N
④ 20N
⑤ 25N

33 쇠구슬이 그림과 같이 A에서 D로 레일을 따라 굴러갔다. A ~ D 중, 중력에 의한 쇠구슬의 위치 에너지가 가장 작은 지점은?(단, 지면을 기준으로 한다)

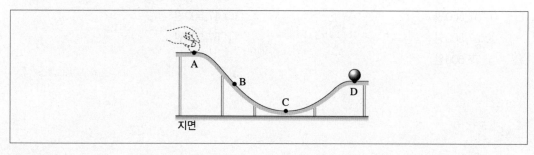

① A   ② B
③ C   ④ D
⑤ 모두 같다.

34 저항이 $4\,\Omega$ 인 세 저항 R_1, R_2, R_3를 전압이 12V인 전원장치에 연결하였다. 현재 전류계에 흐르는 전류의 세기는?

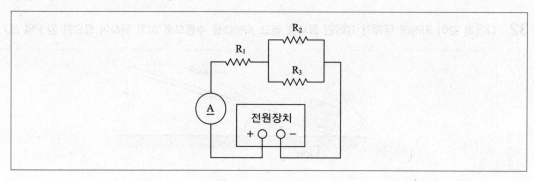

① 1A   ② 2A
③ 3A   ④ 4A
⑤ 5A

35 다음 중 여지 반사식 매연측정기의 시료 채취관을 배기관에 삽입할 때 깊이로 옳은 것은?

① 20cm
② 30cm
③ 40cm
④ 50cm
⑤ 60cm

36 다음 중 모터(기동전동기)의 분류로 옳은 것은?

① 직렬형, 병렬형, 복합형
② 직렬형, 복렬형, 병렬형
③ 직권형, 복권형, 복합형
④ 직권형, 분권형, 복권형
⑤ 직권형, 분권형, 복합형

37 A ~ E 다섯 명의 사원이 강남, 여의도, 상암, 잠실, 광화문 다섯 지역에 각각 출장을 간다. 이들 중 한 명은 거짓말을 하고 나머지 네 명은 진실을 말한다고 할 때, 항상 거짓인 것은?

- B는 상암으로 출장을 가지 않는다.
- D는 강남으로 출장을 간다.
- B는 진실을 말하고 있다.
- C는 거짓말을 하고 있다.
- C는 여의도, A는 잠실로 출장을 간다.

① A는 광화문으로 출장을 가지 않는다.
② B는 여의도로 출장을 가지 않는다.
③ C는 강남으로 출장을 가지 않는다.
④ D는 잠실로 출장을 가지 않는다.
⑤ E는 상암으로 출장을 가지 않는다.

38 다음은 자석이 움직이면서 생긴 자기장 변화로 코일에 전류가 발생하는 실험을 나타낸 것이다. 이와 같은 원리를 이용하는 센서는?

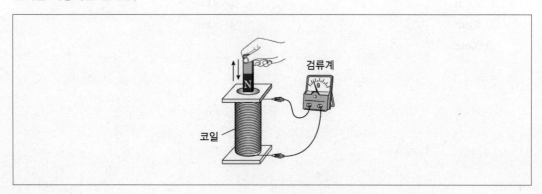

① 광센서   ② 가스 센서
③ 이온 센서   ④ 전자기 센서
⑤ 온도 센서

39 다음 중 자동차 부품의 한글 명칭과 영어 명칭이 바르게 연결된 것은?

① 윈드실드 – Windsheild
② 바퀴 – Wheel
③ 루프 – Loof
④ 연료탱크 – Full Tank
⑤ 조수석 – Fassenger Seat

40 다음 중 현가장치의 판 스프링 구조에 해당하는 것이 아닌 것은?

① 스팬(Span)   ② 너클(Knuckle)
③ 스프링 아이(Spring Eye)   ④ U – 볼트(U – bolt)
⑤ 닙(Nip)

2일 차
기출응용 모의고사

〈문항 수 및 시험시간〉

현대자동차 모빌리티 생산직 / 기술인력			
영역	문항 수	시험시간	모바일 OMR 서비스
언어			제1회
수리			
추리			
공간지각	40문항	30분	
기초영어			제2회
기초과학			
기계기능이해력			
자동차구조학			

※ 해당 모의고사는 수험생의 후기를 기반으로 구성한 것으로, 실제 시험과 다소 차이가 있을 수 있습니다.

2일 차 기출응용 모의고사

문항 수 : 40문항
시험시간 : 30분

제1회

01 다음과 같이 쌓여 있는 블록에 최소한 몇 개의 블록을 더 쌓아야 정육면체 모양의 블록이 되겠는가?(단, 보이지 않는 곳의 블록은 있다고 가정한다)

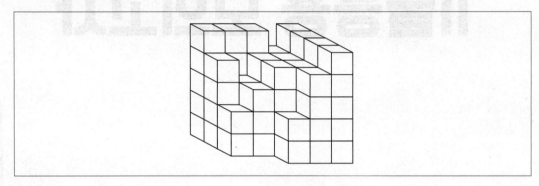

① 50개   ② 52개
③ 54개   ④ 56개
⑤ 58개

02 홍보부서 사원들이 긴 의자에 나눠 앉으려고 한다. 한 의자에 4명씩 앉으면 하나의 의자에는 1명이 앉고, 마지막 의자 하나가 남는다. 또한 한 의자에 3명씩 앉으면 2명이 앉지 못할 때, 홍보부서 사원의 총인원은?

① 23명   ② 25명
③ 29명   ④ 33명
⑤ 36명

03 운동선수인 A ~ D 4명은 각자 하는 운동이 다르다. 농구선수는 진실을, 축구선수는 거짓을 말하며, 야구선수와 배구선수는 진실과 거짓을 한 개씩 말한다. 다음 내용을 바탕으로 선수와 운동이 바르게 짝지어진 것은?

> • C는 농구를 하고, B는 야구를 한다.
> • C는 야구, D는 배구를 한다.
> • A는 농구, D는 배구를 한다.
> • B는 야구, A는 축구를 한다.

① A - 야구   ② A - 배구

③ B - 축구   ④ C - 농구

⑤ D - 배구

04 다음은 2019년부터 2024년 1분기까지의 경제활동 참가율에 대한 자료이다. 이에 대한 설명으로 옳지 않은 것은?

〈경제활동 참가율〉

(단위 : %)

구분	2019년	2020년	2021년	2022년	2023년					2024년
					연간	1분기	2분기	3분기	4분기	1분기
경제활동 참가율	61.8	61.5	60.8	61.0	61.1	59.9	62.0	61.5	61.1	60.1
남성	74.0	73.5	73.1	73.0	73.1	72.2	73.8	73.3	73.2	72.3
여성	50.2	50.0	49.2	49.4	49.7	48.1	50.8	50.1	49.6	48.5

① 2024년 1분기 경제활동 참가율은 60.1%로 지난해 같은 기간보다 0.2%p 상승했다.

② 2024년 1분기 여성 경제활동 참가율은 남성에 비해 낮은 수준이나, 지난해 같은 기간보다 0.4%p 상승했다.

③ 남녀 경제활동 참가율의 합이 가장 높았던 때는 2023년 2분기이다.

④ 조사 기간 중 경제활동 참가율이 가장 낮았을 때는 여성 경제활동 참가율이 가장 낮았을 때이다.

⑤ 남녀 모두 경제활동 참가율이 가장 높았던 때와 가장 낮았던 때의 차이는 2%p 이하이다.

05 다음 중 〈보기〉에 제시된 단어가 뜻하는 것은?

> 보기
>
> Passenger Seat

① 운전석
② 조수석
③ 뒷좌석
④ 안전벨트
⑤ 동승자

06 벽에 용수철을 매달고 손으로 잡아당겨 보았다. 4N의 힘으로 용수철을 당겼을 때, 5cm만큼 늘어났다고 한다. 용수철이 8cm가 늘어났을 때 용수철에 가해진 힘은?

① 1.6N
② 2.4N
③ 3.2N
④ 4.8N
⑤ 6.4N

07 다음은 버니어 캘리퍼스를 이용하여 나사의 길이를 측정한 결과이다. 이 나사의 길이는?(단, 화살표는 아들 자와 어미자의 눈금이 일치하는 곳이다)

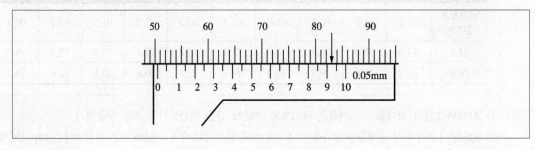

① 50.45mm
② 50.5mm
③ 50.9mm
④ 51mm
⑤ 51.5mm

08 다음 중 조직 내 갈등에 대한 설명으로 옳지 않은 것은?

① 갈등 상황을 형성하는 구성요소로는 조직의 목표, 구성원의 특성, 조직의 규모, 분화, 의사전달, 권력구조, 의사결정 참여의 정도, 보상제도 등이 있다.

② 갈등은 직무의 명확한 규정, 직위 간 관계의 구체적 규정, 직위에 적합한 인원의 선발 및 훈련 등을 통해서 제거할 수 있다.

③ 회피는 갈등을 일으킬 수 있는 의사결정을 보류하거나 갈등 상황에 처한 당사자들이 접촉을 피하도록 하는 것이나 갈등행동을 억압하는 것이다.

④ 조직 내 갈등은 타협을 통해서도 제거할 수 있다.

⑤ 갈등은 순기능이 될 수 없으므로, 갈등이 없는 상태가 가장 이상적이다.

09 다음 글에 대한 반박으로 가장 적절한 것은?

현대인은 타인의 고통을 주로 뉴스나 영화 등의 매체를 통해 경험한다. 타인의 고통을 직접 대면하는 경우와 비교할 때 그와 같은 간접 경험으로부터 연민을 갖기는 쉽지 않다. 더구나 현대 사회는 사적 영역을 침범하지 않도록 주문한다. 이런 존중의 문화는 타인의 고통에 대한 지나친 무관심으로 변질될 수 있다. 그래서인지 현대 사회는 소박한 연민조차 느끼지 못하는 불감증 환자들의 안락하지만 황량한 요양소가 되어가고 있는 듯하다.

연민에 대한 정의는 시대와 문화, 지역에 따라 가지각색이지만, 다수의 학자들에 따르면 연민은 두 가지 조건이 충족될 때 생긴다. 먼저 타인의 고통이 그 자신의 잘못에서 비롯된 것이 아니라 우연히 닥친 비극이어야 한다. 다음으로 그 비극이 언제든 나를 엄습할 수도 있다고 생각해야 한다. 이런 조건에 비추어 볼 때 현대 사회에서 연민의 감정은 무뎌질 가능성이 높다. 현대인은 타인의 고통을 대부분 그 사람의 잘못된 행위에서 비롯된 필연적 결과로 보며, 자신은 그러한 불행을 예방할 수 있다고 생각하기 때문이다.

① 교통과 통신이 발달하면서 현대인들은 이전에 몰랐던 사람들의 불행까지도 의식할 수 있게 되었다.

② 직접적인 경험이 간접적인 경험보다 연민의 감정이 쉽게 생긴다.

③ 현대인들은 자신의 사적 영역을 존중받길 원한다.

④ 연민이 충족되기 위해선 타인의 고통이 자신의 잘못에서 비롯된 것이어야 한다.

⑤ 사람들은 비극이 나에게도 일어날 수 있다고 생각할 때 연민을 느낀다.

10 다음 중 〈보기〉에 제시된 자동차 부품의 명칭을 영어로 바르게 옮긴 것은?

루프

① Louf   ② Ruff

③ Rupe   ④ Roof

⑤ Loof

11 다음과 같이 직렬과 병렬이 모두 있는 회로에서 (A)의 저항은?

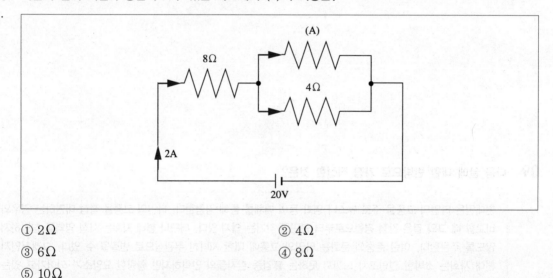

① 2Ω   ② 4Ω

③ 6Ω   ④ 8Ω

⑤ 10Ω

12 다음 중 일반적인 브레이크 오일의 주성분으로 옳은 것은?

① 프로필렌글리콜과 경유   ② 에틸렌글리콜과 피마자유

③ 에틸렌글리콜과 니트로글리콜   ④ 경유와 피마자유

⑤ 휘발유와 피마자유

13 다음 중 나머지 도형과 다른 것은?

①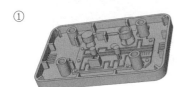

②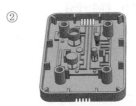

③

④

⑤

※ 일정한 규칙으로 수나 문자를 나열할 때, 빈칸에 들어갈 알맞은 것을 고르시오(단, 모음은 일반모음 10개만 세는 것을 기준으로 한다). **[14~15]**

14

3 −10 −4 −7 10 −1 ( ) 8

① −18
② −12
③ 4
④ 8
⑤ 10

15

ㅜ ㄷ ( ) ㅅ ㅓ ㅋ

① ㅗ
② ㅂ
③ ㅅ
④ ㅠ
⑤ ㅎ

16 A사원은 퇴근 후 취미생활로 목재 공방에서 직육면체 모양의 정리함을 만드는 수업을 수강한다. 완성될 정리함의 크기는 가로 28cm이고, 세로 길이와 높이의 합은 27cm이다. 부피가 5,040cm^3일 때, 정리함의 세로 길이는?(단, 높이가 세로 길이보다 길다)

① 12cm
② 13cm
③ 14cm
④ 15cm
⑤ 16cm

17 다음 열기관 1회 순환 과정에서 두 열기관 (가)와 (나)의 열효율이 같을 때, ㉠에 들어갈 내용으로 적절한 것은?

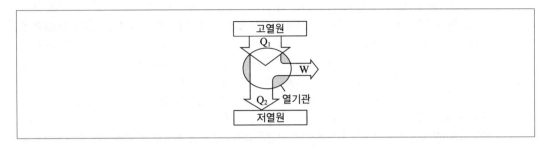

구분	(가)열기관	(나)열기관
흡수한 열(Q_1)	100J	50J
방출한 열(Q_2)	80J	40J
한 일(W)	20J	㉠

① 5J   ② 10J
③ 20J   ④ 25J
⑤ 30J

18 다음 중 전자제어 제동장치(ABS)에서 바퀴의 고정(잠김)을 검출하는 것은?

① 브레이크 드럼   ② 하이드롤릭 유닛
③ 휠 스피드센서   ④ ABS - E.C.U
⑤ 크랭크 각속도 센서

19 다음 중 계기판 충전 경고등의 점등 시기는?

① 배터리 전압이 10.5V 이하일 때
② 알터네이터에서 충전이 안 될 때
③ 알터네이터에서 충전되는 전압이 높을 때
④ 배터리 전압이 14.7V 이상일 때
⑤ 배터리 전압의 변동이 지속될 때

20 다음 글의 빈칸에 들어갈 내용으로 가장 적절한 것은?

우리의 생각과 판단은 언어에 의해 결정되는가 아니면 경험에 의해 결정되는가? 언어결정론자들은 우리의 생각과 판단이 언어를 반영하고 있고 실제로 언어에 의해 결정된다고 주장한다. 언어결정론자들의 주장에 따르면 에스키모인들은 눈에 대한 다양한 언어 표현을 갖고 있어서 눈이 올 때 우리가 미처 파악하지 못한 미묘한 차이점들을 찾아낼 수 있다. 또 언어결정론자들은 '노랗다', '샛노랗다', '누르스름하다' 등 노랑에 대한 다양한 우리말 표현들이 있어서 노란색들의 미묘한 차이가 구분되고 그 덕분에 색에 대한 우리의 인지 능력이 다른 언어 사용자들보다 뛰어나다고 본다. 이렇듯 언어결정론자들은 사용하는 언어에 의해서 우리의 사고 능력이 결정된다고 본다.

정말 그럴까? 모든 색은 명도와 채도에 따라 구성된 스펙트럼 속에 놓이고, 각각의 색은 여러 언어로 표현될 수 있다. 이러한 사실에 비추어보면 우리말이 다른 언어에 비해 보다 풍부한 표현을 갖고 있다고 볼 수 없다. 나아가 _____ 따라서 우리의 생각과 판단은 언어가 아닌 경험에 의해 결정된다고 보는 쪽이 더 설득력이 있다.

① 개개인의 언어습득능력과 속도는 모두 다르기 때문에 인지능력에 대한 언어의 영향도 제각기 다르다.
② 경험이 언어에 미치는 영향과 경험이 언어에 미치는 영향을 계량화하여 비교하기는 곤란한 일이다.
③ 어떤 것을 가리키는 단어가 있을 때에만 우리는 그 단어에 대하여 사고할 수 있다.
④ 더 풍부한 표현을 가진 언어를 사용함에도 불구하고 인지능력이 뛰어나지 못한 경우들도 있다.
⑤ 언어나 경험 말고도 우리의 인지능력을 결정하는 요인들이 더 존재할 가능성이 있다.

21 다음과 같이 크기는 같고 질량이 다른 물체 A ~ C를 같은 높이 h에서 가만히 놓았을 때, 바닥에 도달하는 순간 운동 에너지가 가장 큰 것은?(단, 모든 저항은 무시한다)

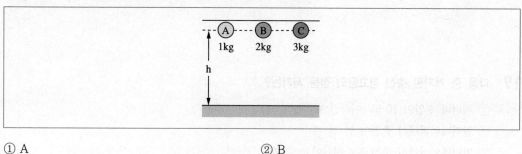

① A   ② B
③ C   ④ A, B
⑤ 모두 같다.

22 연소실체적이 40cc이고, 총배기량이 1,280cc인 4기통 기관의 압축비는?

① 6 : 1
② 9 : 1
③ 18 : 1
④ 24 : 1
⑤ 33 : 1

23 다음 중 어떤 기준 전압 이상이 되면 역방향으로 큰 전류가 흐르게 되는 반도체는?

① PNP형 트랜지스터
② NPN형 트랜지스터
③ 포토 다이오드
④ 제너 다이오드
⑤ 서미스터

24 다음 중 자동차 부품의 한글 명칭과 영어 명칭이 바르게 연결된 것은?

① 머플러 – Muppler
② 좌석 – Seat
③ 펜더 – Fander
④ 후사경 – Back Mirror
⑤ 변속기 – Speed Shift

25 할아버지와 할머니, 아버지와 어머니 그리고 3명의 자녀로 이루어진 가족이 있다. 이 가족이 일렬로 서서 가족사진을 찍으려고 한다. 할아버지가 맨 앞, 할머니가 맨 뒤에 위치할 때, 가능한 경우의 수는?

① 120가지
② 125가지
③ 130가지
④ 135가지
⑤ 140가지

26 직장 내에서 개개인이 저마다의 문제를 다르게 인식하거나 정보가 부족한 경우 또한 편견 때문에 발생한 의견 불일치로 적대적 감정이 생길 때 구성원 간 '불필요한 갈등'이 발생할 수 있다. 이에 대한 설명으로 옳지 않은 것은?

① 근심, 걱정, 스트레스, 분노 등의 부정적인 감정으로 나타날 수 있다.

② 두 사람의 정반대되는 욕구나 목표, 가치, 이해를 통해 발생할 수 있다.

③ 잘못 이해하거나 부족한 정보 등 전달이 불분명한 커뮤니케이션으로 나타날 수 있다.

④ 변화에 대한 저항, 항상 해오던 방식에 대한 거부감 등에서 나오는 의견 불일치가 원인이 될 수 있다.

⑤ 관리자의 신중하지 못한 태도로 인해 불필요한 갈등은 더 심각해질 수 있다.

27 다음 명제가 모두 참일 때, 반드시 참인 것은?

- 테니스를 좋아하는 사람은 가족여행을 싫어한다.
- 가족여행을 좋아하는 사람은 독서를 좋아한다.
- 독서를 좋아하는 사람은 쇼핑을 싫어한다.
- 쇼핑을 좋아하는 사람은 그림 그리기를 좋아한다.
- 그림 그리기를 좋아하는 사람은 테니스를 좋아한다.

① 그림 그리기를 좋아하는 사람은 가족여행을 좋아한다.

② 쇼핑을 싫어하는 사람은 그림 그리기를 좋아한다.

③ 테니스를 좋아하는 사람은 독서를 좋아한다.

④ 쇼핑을 좋아하는 사람은 가족여행을 싫어한다.

⑤ 쇼핑을 싫어하는 사람은 테니스를 좋아한다.

28 다음과 같은 전기 회로에서 저항 30Ω에 4A의 전류가 흐를 때, 저항 20Ω에 흐르는 전류의 세기는?

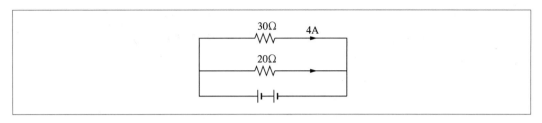

① 3A   ② 4A

③ 6A   ④ 12A

⑤ 15A

29 다음과 같이 직렬과 병렬이 모두 있는 회로에서 (A)의 저항은?

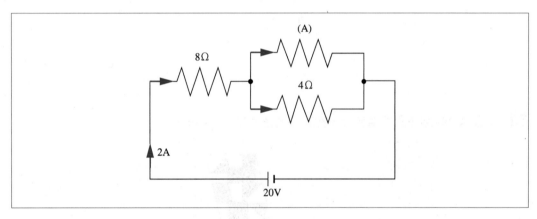

① 2Ω   ② 4Ω

③ 6Ω   ④ 8Ω

⑤ 10Ω

30 1PS로 1시간 동안 하는 일량을 열량 단위로 변환한 것은?

① 약 432.71kcal   ② 약 532.58kcal

③ 약 635.04kcal   ④ 약 732.22kcal

⑤ 약 768.29kcal

31 다음 중 동력 조향장치 고장 시 핸들을 수동으로 조작할 수 있도록 하는 것은?

① 오일펌프   ② 파워 실린더
③ 안전 체크 밸브   ④ 시프트 레버
⑤ 토션바

32 세 개의 분수 $\dfrac{35}{51}$, $\dfrac{7}{34}$, $\dfrac{91}{17}$ 중 어느 것을 택하여 곱해도 자연수가 되게 하는 분수 $\dfrac{b}{a}$가 있다. $\dfrac{b}{a}$가 가장 작은 수일 때, $a+b$의 값은?

① 107   ② 109
③ 115   ④ 116
⑤ 120

33 다음 중 제시된 도형과 같은 것은?(단, 도형은 회전이 가능하다)

①   ②

③   ④

⑤

34 다음 글을 바탕으로 한 추론으로 가장 적절한 것을 〈보기〉에서 모두 고르면?

우리는 사람의 인상에 대해서 "선하게 생겼다." 또는 "독하게 생겼다."라는 판단할 뿐만 아니라 사람의 인상을 중요시한다. 오래전부터 얼굴을 보고 그 사람의 길흉을 판단하는 관상의 원리가 있었다. 이러한 관상의 원리를 어떻게 받아들여야 할까?

관상의 원리가 받아들일 만하다면, 얼굴이 검붉은 사람은 육체적 고생을 하기 마련이다. 그런데 우리는 주위에서 얼굴이 검붉지만 육체적 고생을 하지 않고 편하게 살아가는 사람을 얼마든지 볼 수 있다. 관상의 원리가 받아들일 만하다면, 우리가 사람의 얼굴에 대해서 갖는 인상이란 한갓 선입견에 불과한 것이 아니다. 사람의 인상이 평생에 걸쳐 고정되어 있다고 할 수 있는 경우에만 관상의 원리는 받아들일 만하다. 또한 관상의 원리가 받아들일 만하지 않다면, 관상의 원리에 대한 과학적 근거를 찾으려는 노력은 헛된 것이다. 실제로 많은 사람들이 관상의 원리가 과학적 근거를 가질 것이라고 기대한다. 그런데 우리는 자주 관상가의 판단이 받아들일 만하다고 느끼고, 그런 느낌 때문에 관상의 원리가 과학적 근거를 가질 것이라고 기대하는 것이다. 관상의 원리가 실제로 과학적 근거를 갖는지의 여부는 논외로 하더라도, 관상의 원리에 대하여 과학적 근거가 있을 것이라고 기대하는 사람은 관상의 원리에 의존하는 것이 우리의 삶에 위안을 주는 필요조건 중의 하나라고 믿는다.

보기

ㄱ. 관상의 원리는 받아들일 만한 것이 아니다.
ㄴ. 우리가 사람의 얼굴에 대해서 갖는 인상이란 선입견에 불과하다.
ㄷ. 관상의 원리에 대한 과학적 근거를 찾으려는 노력은 헛된 것이다.

① ㄱ
② ㄴ
③ ㄱ, ㄴ
④ ㄱ, ㄷ
⑤ ㄴ, ㄷ

35 다음 중 〈보기〉의 뜻과 같은 영어 단어는?

보기

교체하다

① Complain
② Recognize
③ Replace
④ Determine
⑤ Repeat

36 매일의 날씨 자료를 수집 및 분석한 결과, 전날의 날씨를 기준으로 그 다음 날의 날씨가 변할 확률은 다음과 같았다. 만약 내일 날씨가 화창하다면, 사흘 뒤에 비가 올 확률은?

〈매일의 날씨 자료 수집 및 분석 결과〉

전날 날씨	다음 날 날씨	확률
화창	화창	25%
화창	비	30%
비	화창	40%
비	비	15%

※ 날씨는 '화창'과 '비'로만 구분하여 분석함

① 12%   ② 14%

③ 15%   ④ 11%

⑤ 10%

37 다음은 마찰이 없는 수평면에서 세 물체 A ~ C에 같은 크기의 힘을 가할 때, 시간에 따른 속도 변화를 나타낸 것이다. 이때, 질량이 가장 큰 것은?

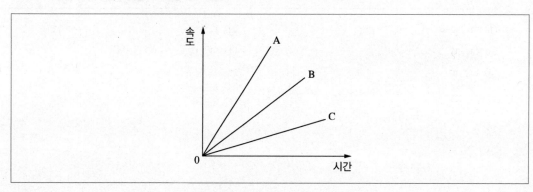

① A   ② B

③ C   ④ 모두 같다.

⑤ 알 수 없다.

38 100PS의 엔진이 적합한 기구를 통하여 $2,500kg_f$의 무게를 3m 들어 올릴 때 걸리는 시간은?(단, 마찰은 무시한다)

① 1초   ② 5초

③ 10초   ④ 15초

⑤ 20초

39 다음 글의 주제로 가장 적절한 것은?

> 보건복지부에 따르면 현재 등록 장애인만 250만 명이 넘는다. 여기에 비등록 장애인까지 포함시킨다면 실제 장애인 수는 400만 명에 다다를 것으로 예상된다.
>
> 이들 가정은 경제적·사회적 어려움에 봉착해 있을 뿐만 아니라 많은 장애인 자녀들이 부모의 돌봄 없이는 일상생활 유지가 어려운 상황인데, 특히 법적인 부분에서 훨씬 더 문제가 된다. 부모 사망 이후, 장애인 자녀가 상속인으로서 제대로 된 권리를 행사하기 어려울 뿐만 아니라 본인도 모르게 유산 상속 포기 절차가 진행되는 경우가 이에 해당한다.
>
> 따라서 장애인 자녀의 부모들은 상속 과정에서 자녀들이 부딪힐 문제들에 대해 더 꼼꼼하게 대비해야 할 필요성이 있는데, 이에 해당하는 내용을 크게 두 가지로 살펴볼 수 있다. 자녀의 생활 안정 및 유지를 위한 '장애인 신탁'과 상속 시의 세금혜택인 '장애인 보험금 비과세'가 그것이다.
>
> 먼저 장애인 신탁은 직계존비속이나 일정 범위 내 친족으로부터 재산을 증여받은 장애인이 증여세 신고 기한 이내에 신탁회사에 증여받은 재산을 신탁하고, 그 신탁의 이익 전부에 대해 장애인이 수익자가 되면 재산가액 5억 원까지 증여세를 면제해 주는 제도로 이를 통해 장애인은 생계유지와 안정적인 자산 이전을 받을 수 있다.
>
> 다음으로 수익자가 장애인 자녀인 보험에 가입한 경우 보험금의 4,000만 원까지는 상속세 및 증여세법에 의해 과세하지 않는다. 이는 후견인 등이 보험금을 가로챌 수 있는 여지를 차단하기 위해 중도 해지가 불가능하고 평생 동안 매월 연금으로 수령할 수 있는 종신형 연금보험을 선택하는 것이 장애인 자녀의 생활 안정에 유리할 것이다.

① 부모 사망 시 장애인 자녀의 유산 상속 과정
② 부모 사망 시 장애인 자녀가 받을 수 있는 혜택
③ 부모 사망 시 장애인 자녀가 직면한 사회적 문제
④ 부모 사망 시 장애인 자녀의 보험 및 증여세 혜택
⑤ 부모 사망 시 장애인 자녀의 생활안정 및 세금 혜택

40 어떤 전조등 광원의 광도가 20,000cd일 때, 광원으로부터 20m 떨어진 곳에서의 조도는?

① 50lx
② 100lx
③ 150lx
④ 200lx
⑤ 250lx

01 다음은 성별 국민연금 가입자 현황에 대한 자료이다. 이에 대한 설명으로 옳은 것은?

〈성별 국민연금 가입자 수〉

(단위 : 명)

구분	사업장 가입자	지역 가입자	임의 가입자	임의계속 가입자	합계
남성	8,059,994	3,861,478	50,353	166,499	12,138,324
여성	5,775,011	3,448,700	284,127	296,644	9,804,482
합계	13,835,005	7,310,178	334,480	463,143	21,942,806

① 남성 사업장 가입자 수는 남성 지역 가입자 수의 2배 미만이다.

② 여성 사업장 가입자 수는 나머지 여성 가입자 수를 모두 합친 것보다 적다.

③ 전체 지역 가입자 수는 전체 사업장 가입자 수의 50% 미만이다.

④ 전체 가입자 중 여성 가입자 수의 비율은 40% 이상이다.

⑤ 가입자 수가 많은 순서대로 나열하면 '사업장 가입자 – 지역 가입자 – 임의 가입자 – 임의계속 가입자' 순서이다.

02 다음 〈보기〉는 수동변속 자동차의 운전석 페달을 나타낸 그림이다. (A)의 정확한 영어 명칭은?

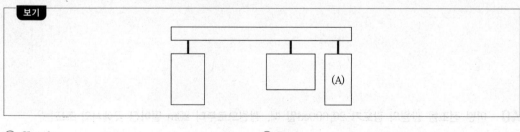

① Clutch

② Brake

③ Break

④ Accelator

⑤ Accelerator

03 다음 도형을 시계 방향으로 270° 회전한 후, 시계 반대 방향으로 45° 회전한 모양은?

①

②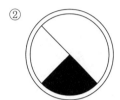

③

④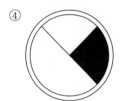

⑤

04 세 개의 톱니바퀴 A ~ C가 서로 맞물려 회전하고 있다. A톱니바퀴가 1분에 5회전할 때, C톱니바퀴가 1분에 회전하는 수는?(단, 각 톱니바퀴의 반지름은 A = 14cm, B = 9cm, C = 7cm이다)

① 7회전

② 8회전

③ 9회전

④ 10회전

⑤ 11회전

※ 일정한 규칙으로 수나 문자를 나열할 때, 빈칸에 들어갈 알맞은 것을 고르시오. [5~6]

05

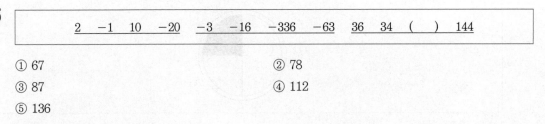

| 2 | −1 | 10 | −20 | −3 | −16 | −336 | −63 | 36 | 34 | ( ) | 144 |

① 67
② 78
③ 87
④ 112
⑤ 136

06

| E | ㄹ | ( ) | ㅇ | I | ㄴ |

① A
② C
③ G
④ I
⑤ Y

07 다음 글의 주제로 가장 적절한 것은?

> 높은 휘발유세는 자동차를 사용함으로써 발생하는 다음과 같은 문제들을 줄이는 교정적 역할을 수행한다. 첫째, 휘발유세는 사람들의 대중교통수단 이용을 유도하고, 자가용 사용을 억제함으로써 교통 혼잡을 줄여준다. 둘째, 교통사고 발생 시 대형 차량이나 승합차가 중소형 차량에 비해 보다 치명적인 피해를 줄 가능성이 높다. 이와 관련해서 휘발유세는 휘발유를 많이 소비하는 대형 차량을 운행하는 사람에게 보다 높은 비용을 치르게 함으로써 교통사고 위험에 대한 간접적인 비용을 징수하는 효과를 가진다. 마지막으로 휘발유세는 휘발유 소비를 억제함으로써 대기오염을 줄이는 데 기여한다.

① 휘발유세의 용도
② 높은 휘발유세의 정당성
③ 휘발유세의 지속적 인상
④ 에너지 소비 절약
⑤ 휘발유세의 감소 원인

08 사이드 슬립 테스터의 지시값이 4m/km일 때, 1km 주행에 대한 앞바퀴의 슬립량은?

① 4mm   ② 4cm

③ 40cm   ④ 4m

⑤ 40m

09 다음 중 가솔린 연료분사기관의 인젝터 (−)단자에서 측정한 인젝터 분사파형이 파워트랜지스터가 Off 되는 순간 솔레노이드 코일에 급격하게 전류가 차단되어 큰 역기전력이 발생하는 현상은?

① 평균전압   ② 전압강하

③ 평균유효전압   ④ 서지전압

⑤ 최소전압

10 다음은 고열원에서 100J의 열을 흡수하여 일(W)을 하고, 저열원으로 80J의 열기관을 나타낸 것이다. 이 열기관의 열효율은?

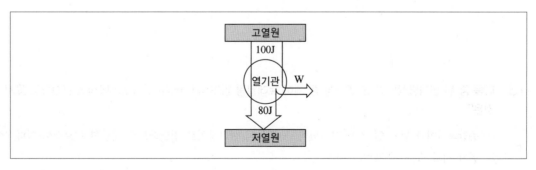

① 20%   ② 30%

③ 40%   ④ 50%

⑤ 80%

11 갈등은 일반적으로 조직을 구성하는 개인과 집단, 조직 간의 잠재적 또는 현재적으로 대립하고 마찰하는 사회적·심리적 상태를 의미한다. 다음 중 갈등에 대한 설명으로 옳은 것은?

① 의사소통의 폭을 줄이면서, 서로 접촉하는 것을 꺼리게 된다.

② 갈등이 없으면 항상 의욕이 상승하고, 조직성과가 높아진다.

③ 승리하기보다는 문제를 해결하는 것을 중시한다.

④ 목표 달성을 위해 노력하는 팀은 갈등이 없다.

⑤ 갈등은 부정적인 요소만 만든다.

12 H사에서는 산악회를 운영하고 있다. A~D 4명 중 최소 1명 이상이 산악회 회원이라고 할 때, 다음을 바탕으로 항상 참인 것은?

- C가 산악회 회원이면 D도 산악회 회원이다.
- A가 산악회 회원이면 D는 산악회 회원이 아니다.
- D가 산악회 회원이 아니면 B가 산악회 회원이 아니거나 C가 산악회 회원이다.
- D가 산악회 회원이면 B는 산악회 회원이고 C도 산악회 회원이다.

---

① A는 산악회 회원이다.

② B는 산악회 회원이 아니다.

③ C는 산악회 회원이 아니다.

④ B와 D의 산악회 회원 여부는 같다.

⑤ A~D 중 산악회 회원은 2명이다.

13 다음 중 뒤 현가방식의 독립 현가식 중 세미 트레일링 암(Semi-trailing Arm) 방식의 단점으로 옳지 않은 것은?

① 종감속기어가 현가 암 위에 고정되어 그 진동이 현가장치로 전달되므로 차단할 필요성이 있다.

② 공차 시와 승차 시 캠버가 변한다.

③ 구조가 복잡하다.

④ 가격이 비싸다.

⑤ 차실 바닥이 낮아진다.

14 다음은 자동변속 자동차의 변속기와 변속기 레버를 표현한 그림이다. 현재 연결된 기어의 영문 명칭으로 옳은 것은?

```
P
R    ●
N
D
L
```

① Posting　　　　　　　　　② Parking
③ Pausing　　　　　　　　　④ Plating
⑤ Putting

15 어떤 물건의 정가에서 20%를 할인한 후 3,000원을 뺀 가격과 정가에서 50%를 할인한 가격이 같았다면, 이 물건의 정가는?

① 10,000원　　　　　　　　② 15,000원
③ 20,000원　　　　　　　　④ 25,000원
⑤ 30,000원

16 우측으로 조향을 하고자 할 때 앞바퀴의 내측 조향각이 45°, 외측 조향각이 42°이고 축간거리는 1.5m, 킹핀과 바퀴 접지면까지 거리가 0.3m일 경우 최소회전반경은?(단, $\sin 30° = 0.5$, $\sin 42° = 0.67$, $\sin 45° = 0.71$)

① 약 2.41m　　　　　　　　② 약 2.54m
③ 약 3.30m　　　　　　　　④ 약 5.21m
⑤ 약 6.12m

17 다음 블록의 개수는?(단, 보이지 않는 곳의 블록은 있다고 가정한다)

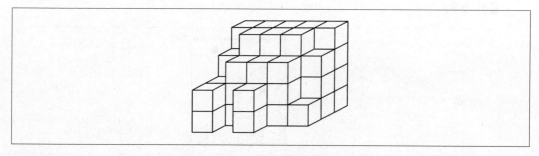

① 50개   ② 52개

③ 54개   ④ 56개

⑤ 58개

18 다음 글에서 〈보기〉의 문장이 들어갈 위치로 가장 적절한 곳은?

> 밥상에 오르는 곡물이나 채소가 국내산이라고 하면 보통 그 종자도 우리나라의 것으로 생각하기 쉽다. (가) 하지만 실상은 벼, 보리, 배추 등을 제외한 많은 작물의 종자를 수입하고 있어 그 자급률이 매우 낮다. (나) 또한 청양고추 종자는 우리나라에서 개발했음에도 현재는 외국 기업이 그 소유권을 가지고 있다. (다) 국내 채소 종자 시장의 경우 종자 매출액의 50%가량을 외국 기업이 차지하고 있다는 조사 결과도 있다. (라) 이런 상황이 지속될 경우, 우리 종자를 심고 키우기 어려워질 것이고 종자를 수입하거나 로열티를 지급하는 데 지금보다 훨씬 많은 비용이 들어가는 상황도 발생할 수 있다. (마) 또한 전문가들은 세계 인구의 지속적인 증가와 기상 이변 등으로 곡물 수급이 불안정하고, 국제 곡물 가격이 상승하는 상황을 고려할 때, 결국에는 종자 문제가 식량 안보에 위협 요인으로 작용할 수 있다고 지적한다.

> **보기**
>
> 양파, 토마토, 배 등의 종자 자급률은 약 16%, 포도는 약 1%에 불과하다.

① (가)   ② (나)

③ (다)   ④ (라)

⑤ (마)

19 다음은 마찰이 없는 수평면에서 크기가 다른 두 힘이 한 물체에 작용하고 있는 것을 나타낸 것이다. 이 물체의 가속도 크기는?

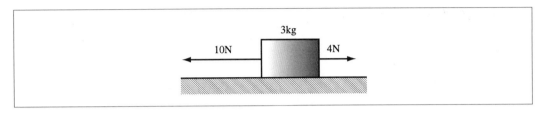

① $1m/s^2$

② $2m/s^2$

③ $3m/s^2$

④ $4m/s^2$

⑤ $5m/s^2$

20 다음 중 주로 정전압 다이오드로 사용되는 것은?

① 터널 다이오드

② 제너 다이오드

③ 쇼트키 베리어 다이오드

④ 바렉터 다이오드

⑤ 감압 다이오드

21 다음 중 자기장을 변화시켜 전류가 유도되는 원리를 이용하지 않는 것은?

① 발전기

② 고정 도르래

③ 금속 탐지기

④ 도난 경보기

⑤ 변압기

22 다음 중 현가장치가 갖추어야 할 조건으로 옳지 않은 것은?

① 승차감의 향상을 위해 상하 움직임에 적당한 유연성이 있어야 한다.

② 원심력이 발생되어야 한다.

③ 주행 안정성이 있어야 한다.

④ 구동력 및 제동력 발생 시 적당한 강성이 있어야 한다.

⑤ 차체에 발생하는 진동이 운전자에게 전달되지 않아야 한다.

23 컴퓨터 조립을 A가 혼자 하면 2시간, B가 혼자 하면 3시간이 걸린다. A가 혼자 컴퓨터를 조립하다가 중간에 일이 생겨 나머지를 B가 완성했을 때 걸린 시간이 총 2시간 15분이었다면, A 혼자 일한 시간은?

① 1시간 25분 ② 1시간 30분
③ 1시간 35분 ④ 1시간 40분
⑤ 1시간 45분

24 다음 중 〈보기〉의 단어와 가장 관련이 적은 영어 단어는?

> **보기**
>
> Restaurant

① Cashier ② Waiter
③ Reservation ④ Chef
⑤ Station

25 다음 〈보기〉 중 광통신에 대한 설명으로 옳은 것을 모두 고르면?

> **보기**
>
> ㄱ. 무선 통신이다.
> ㄴ. 광섬유를 사용한다.
> ㄷ. 전반사의 원리를 이용한다.

① ㄱ ② ㄷ
③ ㄱ, ㄴ ④ ㄴ, ㄷ
⑤ ㄱ, ㄴ, ㄷ

26 H대학교 D건물 앞에는 의자 6개가 나란히 설치되어 있다. 여학생 2명과 남학생 3명이 모두 의자에 앉을 때, 여학생이 이웃하지 않게 앉는 경우의 수는?(단, 두 학생 사이에 빈 의자가 있는 경우는 이웃하지 않는 것으로 한다)

① 120가지   ② 240가지

③ 360가지   ④ 480가지

⑤ 600가지

27 기관 작동 중 냉각수의 온도가 83℃를 나타낼 때, 절대온도는?

① 약 563K   ② 약 456K

③ 약 432K   ④ 약 380K

⑤ 약 356K

28 다음 명제가 모두 참일 때, 반드시 참인 명제는?

- 갑과 을 앞에 감자칩, 쿠키, 비스킷이 놓여 있다.
- 세 가지의 과자 중에는 각자 좋아하는 과자가 반드시 있다.
- 갑은 감자칩과 쿠키를 싫어한다.
- 을이 좋아하는 과자는 갑이 싫어하는 과자이다.

① 갑은 좋아하는 과자가 없다.
② 갑은 비스킷을 싫어한다.
③ 을은 비스킷을 싫어한다.
④ 갑과 을이 같이 좋아하는 과자가 있다.
⑤ 갑과 을이 같이 싫어하는 과자가 있다.

29 20km/h로 주행하는 차가 급가속하여 10초 후에 56km/h가 되었을 때, 가속도는?

① $1m/s^2$ ② $2m/s^2$

③ $5m/s^2$ ④ $8m/s^2$

⑤ $10m/s^2$

30 다음 문장을 논리적 순서대로 바르게 나열한 것은?

> (가) 예후가 좋지 못한 암으로 여겨져 왔던 식도암도 정기적 내시경검사로 조기에 발견하여 수술 등 적절한 치료를 받을 경우 치료 성공률을 높일 수 있는 것으로 밝혀졌다.
>
> (나) 이처럼 조기에 발견해 수술을 받을수록 치료 효과가 높음에도 불구하고 실제로 H병원에서 식도암 수술을 받은 환자 중 초기에 수술을 받은 환자는 25%에 불과했으며, 어느 정도 식도암이 진행된 경우 60%가 수술을 받은 것으로 조사됐다.
>
> (다) 식도암을 치료하기 위해서는 50세 이상의 남자라면 매년 정기적으로 내시경검사, 식도조영술, CT 촬영 등 검사를 통해 식도암을 조기에 발견하는 것이 중요하다.
>
> (라) 서구화된 식습관으로 인해 식도암은 남성 중 6번째로 많이 발생하고 있으며, 전체 인구 10만 명당 3명이 사망하는 것으로 나타났다.
>
> (마) H병원 교수팀이 식도암 진단 후 수술을 받은 808명을 대상으로 추적 조사한 결과, 발견 당시 초기에 치료할 경우 생존율이 높았지만, 반대로 말기에 치료할 경우 치료 성공률과 생존율 모두 크게 떨어지는 것으로 나타났다고 밝혔다.

① (가) - (나) - (다) - (라) - (마)

② (다) - (나) - (라) - (마) - (가)

③ (다) - (라) - (나) - (마) - (가)

④ (라) - (가) - (마) - (나) - (다)

⑤ (라) - (다) - (마) - (나) - (가)

31 A팀장은 급하게 해외 출장을 떠나면서 B대리에게 다음과 같은 메모를 남겨두었다. B대리가 가장 먼저 처리해야 할 일로 가장 적절한 것은?

> B대리, 지금 급하게 해외 출장을 가야 해서 오늘 처리해야 하는 것들 메모 남겨요.
> 오후 2시에 거래처와 미팅 있는 거 알고 있죠? 오전 내로 거래처에 전화해서 다음 주 중으로 다시 미팅날짜 잡아줘요. 그리고 오늘 신입사원들과 점심 식사하기로 한 거 난 참석하지 못하니까 다른 직원들이 참석해서 신입사원들 고충도 좀 들어주고 해요. 식당은 지난번 갔던 한정식집이 좋겠네요. 점심 시간에 많이 붐비니까 오전 10시까지 예약전화하는 것도 잊지 말아요. 식비는 법인카드로 처리하도록 하고. 오후 5시에 진행할 회의 PPT는 거의 다 준비되었다고 알고 있는데 바로 나한테 메일로 보내줘요. 확인하고 피드백할게요. 아, 그 전에 내가 중요한 자료를 안 가지고 왔어요. 그것부터 메일로 보내줘요. 고마워요.

① 거래처에 미팅일자 변경 전화를 한다.
② 메일로 A팀장이 요청한 자료를 보낸다.
③ 회의 자료를 준비한다.
④ 메일로 회의 PPT를 보낸다.
⑤ 점심 예약전화를 한다.

32 1L 물통을 가득 채우는 데 수도 A는 15분, 수도 B는 20분이 걸린다고 한다. 수도 A, B를 동시에 사용해 30분 동안 물을 받을 때, 채울 수 있는 물통의 개수는?

① 1개
② 2개
③ 3개
④ 4개
⑤ 5개

33 다음 중 나머지 도형과 다른 것은?

①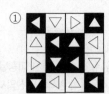

②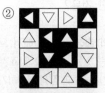

③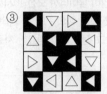

④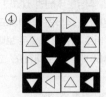

⑤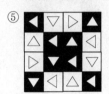

34 다음 중 〈보기〉에 제시된 자동차 부품의 명칭을 영어로 바르게 옮긴 것은?

> **보기**
>
> 자동차 배터리

① Baatery
② Fuel Cell
③ Charger
④ Bettery
⑤ Battery

35 다음 중 가솔린엔진의 작동 온도가 낮을 때와 혼합비가 희박하여 실화되는 경우 증가하는 유해 배출 가스는?

① 산소(O_2)
② 탄화수소(HC)
③ 질소산화물(NO_X)
④ 이산화탄소(CO_2)
⑤ 오존(O_3)

36 다음은 버니어 캘리퍼스를 이용하여 실린더 외벽의 두께를 측정한 결과이다. 이 실린더 외벽의 두께는?(단, 화살표는 아들자와 어미자의 눈금이 일치하는 곳이다)

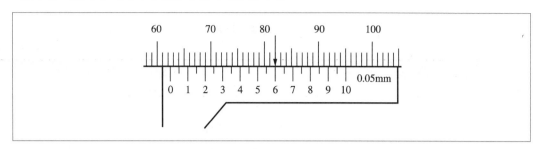

① 62mm

② 62.3mm

③ 62.6mm

④ 63.6mm

⑤ 66mm

37 유압식 제동장치에서 내경이 2cm인 마스터 실린더의 푸시로드에 $100kg_f$의 힘이 작용할 때, 브레이크 파이프에 작용하는 압력의 크기는?

① 약 $32kg_f/cm^2$

② 약 $25kg_f/cm^2$

③ 약 $10kg_f/cm^2$

④ 약 $5kg_f/cm^2$

⑤ 약 $2kg_f/cm^2$

38 다음 중 전선과 기구 단자 접속 시 나사를 덜 죄었을 경우 발생할 수 있는 위험과 거리가 먼 것은?

① 누전

② 화재 위험

③ 과열 발생

④ 아크(Arc) 발생

⑤ 저항 감소

39 다음은 H가 1 ~ 4월까지 지출한 외식비이다. 1 ~ 5월까지의 평균 외식비가 120,000원 이상 130,000원 이하가 되게 하려고 할 때, H가 5월에 최대로 사용할 수 있는 외식비는?

〈월별 외식비〉

(단위 : 원)

1월	2월	3월	4월	5월
110,000	180,000	50,000	120,000	

① 14만 원 ② 15만 원

③ 18만 원 ④ 19만 원

⑤ 22만 원

40 다음 글을 통해 알 수 있는 내용으로 적절하지 않은 것은?

사물인터넷이 산업 현장에 적용되고, 디지털 관련 도구가 통합됨에 따라 일관된 전력 시스템의 필요성이 높아지고 있다. 다양한 산업시설 및 업무 현장에서의 예기치 못한 정전이나 낙뢰 등 급격한 전원 환경의 변화는 큰 손실과 피해로 이어질 수 있다. 이제 전원 보호는 데이터센터뿐만 아니라 반도체, 석유, 화학 및 기계 등 모든 분야에서 필수적인 존재가 되었다.

UPS(Uninterruptible Power Supply, 무정전 전원 장치)는 일종의 전원 저장소로, 갑작스럽게 정전이 발생하더라도 전원이 끊기지 않고 계속해서 공급되도록 하는 장치이다. 갑작스러운 전원 환경의 변화로부터 기업의 핵심 인프라인 서버를 보호함으로써 기업의 연속성 유지에 도움을 준다.

UPS를 구매할 때는 용량을 우선적으로 고려해야 한다. 너무 적은 용량의 UPS를 구입하면 용량이 초과되어 제대로 작동조차 하지 않는 상황이 나타날 수 있다. 따라서 설비에 필요한 용량의 1.5배 정도인 UPS를 구입해야 한다.

또한 UPS 사용 시에는 주기적인 점검이 필요하다. 특히 실질적으로 에너지를 저장하고 있는 배터리는 일정 시점마다 교체가 필요하다. 일반적으로 UPS에 사용되는 MF배터리의 수명은 1년 정도로, 납산배터리 특성상 방전 사이클을 돌 때마다 용량이 급감하기 때문이다.

① UPS의 필요성 ② UPS의 역할

③ UPS 구매 시 고려사항 ④ UPS 배터리 교체 주기

⑤ UPS 배터리 교체 방법

3일 차
기출응용 모의고사

〈문항 수 및 시험시간〉

현대자동차 모빌리티 생산직 / 기술인력			
영역	문항 수	시험시간	모바일 OMR 서비스
언어			제1회
수리			
추리			
공간지각	40문항	30분	
기초영어			제2회
기초과학			
기계기능이해력			
자동차구조학			

※ 해당 모의고사는 수험생의 후기를 기반으로 구성한 것으로, 실제 시험과 다소 차이가 있을 수 있습니다.

3일 차 기출응용 모의고사

문항 수 : 40문항
시험시간 : 30분

제1회

01 다음 중 〈보기〉에 제시된 자동차 부품의 명칭을 영어로 바르게 옮긴 것은?

> **보기**
>
> 윈드실드

① Windsheild
② Windseat
③ Windsheed
④ Windsuit
⑤ Windshield

02 다음 명제를 통해 얻을 수 있는 결론으로 가장 적절한 것은?

> • 곰이면 책이 아니다.
> • 기타가 아니면 책이다.
> • 그것은 기타가 아니다.

① 그것은 곰이 아니다.
② 그것은 책이 아니다.
③ 그것은 곰이다.
④ 그것은 책이 아니거나 곰이 아니다.
⑤ 그것은 책이거나 곰이다.

03 너비는 같고 지름이 10cm인 A롤러와 3cm인 B롤러로 각각 벽을 칠하는데, 처음으로 A와 B가 같은 면적을 칠했을 때 A, B롤러가 회전한 값의 합은?(단, 롤러는 1회전씩 칠하며 회전 중간에 멈추는 일은 없다)

① 11바퀴 ② 12바퀴

③ 13바퀴 ④ 14바퀴

⑤ 15바퀴

04 다음과 같이 2N의 추를 용수철에 매달았더니 용수철이 4cm 늘어났다. 이 용수철을 손으로 잡아당겨 10cm 늘어나게 했을 때, 손이 용수철에 작용한 힘의 크기는?

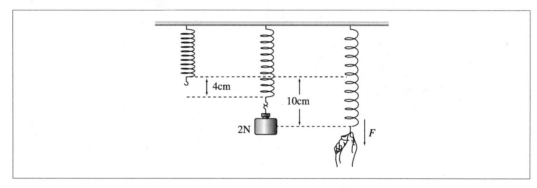

① 2.5N ② 5N

③ 7.5N ④ 9N

⑤ 10N

05 흰 공 3개, 검은 공 2개가 들어있는 상자에서 1개의 공을 꺼냈을 때, 흰 공이면 동전 3번, 검은 공이면 동전 4번을 던진다고 한다. 이때, 동전의 앞면이 3번 나올 확률은?

① $\dfrac{3}{20}$ ② $\dfrac{7}{40}$

③ $\dfrac{1}{5}$ ④ $\dfrac{9}{40}$

⑤ $\dfrac{1}{4}$

06 다음 중 나머지 도형과 다른 것은?

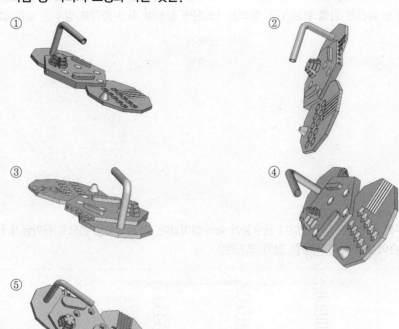

① ② ③ ④ ⑤

07 인사팀 팀장인 귀하는 신입사원 채용 면접관으로 참가하게 되었다. 귀하의 회사는 조직 내 팀워크를 가장 중요하게 생각하고 있다. 다음 지원자 중 귀하의 회사에 채용되기에 적절하지 않은 사람은?

① A지원자 : 최선보다는 최고! 누구보다도 뛰어난 사원이 되도록 하겠습니다.

② B지원자 : 조직 내에서 반드시 필요한 일원이 되겠습니다.

③ C지원자 : 동료와 함께 부족한 부분을 채워나간다는 생각으로 일하겠습니다.

④ D지원자 : 회사의 목표가 곧 제 목표라는 생각으로 모든 업무에 참여하겠습니다.

⑤ E지원자 : 모든 업무에 능동적으로 참여하는 적극적인 사원이 되겠습니다.

08 다음 글을 읽고 이해한 내용으로 적절하지 않은 것은?

> 현대 우주론의 출발점은 1917년 아인슈타인이 발표한 정적 우주론이다. 아인슈타인은 우주는 팽창하지도 수축하지도 않는다고 주장했다. 그런데 위 이론의 토대가 된 아인슈타인의 일반 상대성 이론을 면밀히 살핀 러시아의 수학자 프리드만과 벨기에의 신부 르메트르의 생각은 아인슈타인과 달랐다. 프리드만은 1922년 "우주는 극도의 고밀도 상태에서 시작돼 점차 팽창하면서 밀도가 낮아졌다."라는 주장을, 르메트르는 1927년 "우주가 원시 원자들의 폭발로 시작됐다."라는 주장을 각각 논문으로 발표했다. 그러나 아인슈타인은 그들의 논문을 무시해 버렸다.

① 프리드만의 이론과 르메트르의 이론은 양립할 수 없는 관계이다.
② 정적 우주론은 일반상대성이론의 연장선상에 있는 이론이다.
③ 아인슈타인의 정적 우주론에 대한 반론이 제기되었다.
④ 아인슈타인의 이론과 프리드만의 이론은 양립할 수 없는 관계이다.
⑤ 아인슈타인은 프리드만과 르메트르의 주장을 받아들이지 않았다.

※ 일정한 규칙으로 수나 문자를 나열할 때, 빈칸에 들어갈 알맞은 것을 고르시오. [9~10]

09

	1	2	8	( )	148	765	4,626

① 12　　　　　　　　　　② 24
③ 27　　　　　　　　　　④ 30
⑤ 33

10

	ㅋ	ㄹ	( )	ㅅ	ㅁ	ㅊ

① ㄷ　　　　　　　　　　② ㅂ
③ ㅅ　　　　　　　　　　④ ㅇ
⑤ ㅈ

11 다음 (가), (나)와 같이 최대 변위가 각각 2m, 3m인 두 펄스가 서로 반대 방향으로 진행하고 있다. 두 펄스가 중첩될 때 각각 합성파의 최대 변위는?

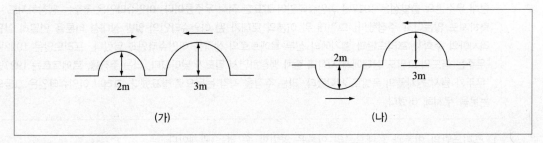

	(가)	(나)
①	5m	5m
②	5m	1m
③	3m	2m
④	3m	1m
⑤	2m	3m

12 다음 회로에서 전구의 저항은?

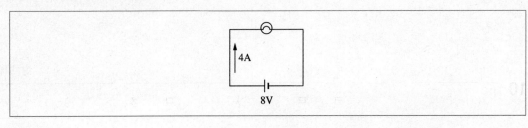

① 1Ω   ② 2Ω

③ 3Ω   ④ 4Ω

⑤ 5Ω

13 다음 중 (나) 기어의 회전 방향은?

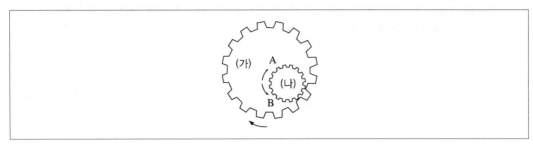

① A   ② B   ③ 움직이지 않는다.

14 다음 중 윤중에 대한 설명으로 옳은 것은?

① 자동차가 수평으로 있을 때, 1개의 바퀴가 수직으로 지면을 누르는 중량
② 자동차가 수평으로 있을 때, 차량 중량이 1개의 바퀴에 수평으로 걸리는 중량
③ 자동차가 수평으로 있을 때, 차량 총 중량이 2개의 바퀴에 수직으로 걸리는 중량
④ 자동차가 수평으로 있을 때, 공차 중량이 4개의 바퀴에 수직으로 걸리는 중량
⑤ 자동차가 수평으로 있을 때, 차량 총 중량이 바퀴를 통해 수직으로 누르는 압력

15 다음 중 자동차 부품의 한글 명칭과 영어 명칭이 바르게 연결된 것은?

① 가속 페달 – Accelerator Paddle
② 경유 – Gasoline
③ 안개등 – Fade Lamp
④ 경적 – Horn
⑤ 방향지시등 – Side Lamp

16 H출판사는 최근에 발간한 서적의 평점을 알아보니 A사이트에서는 참여자 10명에게서 평점 2점을, B사이트에서는 참여자 30명에게 평점 5점을, C사이트에서는 참여자 20명에게 평점 3.5점을 받았다고 할 때, A ~ C사이트의 전체 평균 평점은?

① 2.5점　　　　　　　　　　　　　　　② 3점
③ 3.5점　　　　　　　　　　　　　　　④ 4점
⑤ 4.5점

17 H회사 1층의 커피숍에서는 음료를 주문할 때마다 음료의 수에 따라 쿠폰에 도장을 찍어준다. 10개의 도장을 모두 채울 경우 1잔의 음료를 무료로 받을 수 있다고 할 때, 다음을 바탕으로 바르게 추론한 것은?(단, 서로 다른 2장의 쿠폰은 1장의 쿠폰으로 합칠 수 있으며, 음료를 무료로 받을 때 쿠폰은 반납해야 한다)

- A사원은 B사원보다 2개의 도장을 더 모았다.
- C사원은 A사원보다 1개의 도장을 더 모았으나, 무료 음료를 받기엔 2개의 도장이 모자라다.
- D사원은 오늘 무료 음료 1잔을 포함하여 총 3잔을 주문하였다.
- E사원은 D사원보다 6개의 도장을 더 모았다.

① A사원의 쿠폰과 D사원의 쿠폰을 합치면 무료 음료 1잔을 받을 수 있다.
② A사원은 4개의 도장을 더 모아야 무료 음료 1잔을 받을 수 있다.
③ C사원과 E사원이 모은 도장 개수는 서로 같다.
④ D사원이 오늘 모은 도장 개수는 B사원보다 많다.
⑤ 도장을 많이 모은 순서대로 나열하면 'C－E－A－B－D'이다.

18 다음 블록의 개수는?(단, 보이지 않는 곳의 블록은 있다고 가정한다)

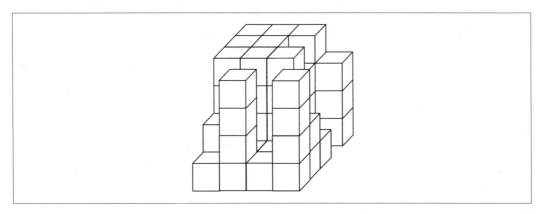

① 55개   ② 54개
③ 53개   ④ 52개
⑤ 51개

19 어떤 물체가 10m/s의 속도로 마루면을 미끄러진다면 약 몇 m를 진행하고 멈추는가?(단, 물체와 마루면 사이의 마찰계수는 0.5이다)

① 약 0.51m   ② 약 5.1m
③ 약 10.2m   ④ 약 20.4m
⑤ 약 25.6m

20 다음 중 디젤기관에서 연료 분사펌프의 거버너가 하는 작용은?

① 분사량을 조정한다.
② 분사시기를 조정한다.
③ 분사압력을 조정한다.
④ 착화시기를 조정한다.
⑤ 착화압력을 조정한다.

21 베어링에 작용하중이 80kg_f 힘을 받으면서 베어링 면의 미끄럼속도가 30m/s일 때 손실마력은?(단, 마찰계수는 0.2이다)

① 4.5PS   ② 5.3PS

③ 6.4PS   ④ 7.9PS

⑤ 8.2PS

22 H사원이 회사 근처로 이사를 하고 처음으로 수도세 고지서를 받은 결과, 한 달 동안 사용한 수도량의 요금이 17,000원이었다. 다음 수도 사용요금 요율표를 참고할 때, H사원이 한 달 동안 사용한 수도량은?(단, 구간 누적 요금을 적용한다)

<수도 사용요금 요율표>

(단위 : 원)

구분	사용 구분(m^3)	m^3당 단가
수도	0 ~ 30 이하	300
	30 초과 ~ 50 이하	500
	50 초과	700
기본료		2,000

① 22m^3 ② 32m^3

③ 42m^3 ④ 52m^3

⑤ 62m^3

23 다음 설명에 해당하는 반도체 소자는?

- p형과 n형 반도체를 접합시킨 구조이다.
- 전류가 흐를 때 빛을 방출한다.

① 부도체   ② 자성체

③ 초전도체   ④ 발광 다이오드

⑤ LCD(액정표시장치)

24 다음 글의 빈칸에 들어갈 내용으로 가장 적절한 것은?

> 자연계는 무기적인 환경과 생물적인 환경이 상호 연관되어 있으며 그것은 생태계로 불리는 한 시스템을 이루고 있음이 밝혀진 이래, 이 이론은 자연을 이해하기 위한 가장 기본이 되는 것으로 받아들여지고 있다. 그동안 인류는 보다 윤택한 삶을 누리기 위하여 산업을 일으키고 도시를 건설하며 문명을 이룩해 왔다. 이로써 우리의 삶은 매우 윤택해졌으나 우리의 생활환경은 오히려 훼손되고 있으며, 환경오염으로 인한 공해가 누적되고 있고, 우리 생활에서 없어서는 안 될 각종 자원도 바닥이 날 위기에 놓이게 되었다.
> _____ 따라서 우리는 낭비되는 자원, 그리고 날로 황폐해져가는 자연에 대하여 우리가 해야 할 시급한 임무가 무엇인지를 깨닫고, 이를 실천하기 위해 우리 모두의 지혜와 노력을 모아야만 한다.

① 만약 우리가 이 위기를 슬기롭게 극복해 내지 못한다면 인류는 머지않아 파멸에 이르게 될 것이다.

② 이러한 위기를 초래하게 된 인류의 무분별한 자연 이용과 자연 정복의 태도는 크게 비판받아 마땅하다.

③ 그리고 과학 기술을 제 아무리 고도로 발전시킨다 해도 이러한 위기가 근본적으로 해소되기를 기대할 수는 없는 노릇이다.

④ 이처럼 인류가 환경 및 자원의 위기에 놓이게 된 것은 각국이 자국의 이익만을 앞세워 발전을 꾀했기 때문이다.

⑤ 때문에 과학기술을 이용하여 환경오염 방지 시스템을 신속히 개발해 더 이상의 자연훼손이 일어나지 않도록 막아야 한다.

25 유진이와 은미는 제주도에 놀러가 감귤 농장을 견학하였다. 감귤 체험 시 1시간 30분 동안 감귤을 따서 마음대로 바구니에 담아 가지고 갈 수 있다고 한다. 유진이는 90개를 1시간 10분 동안 따고 20분 쉬었으며, 은미는 체험 시간 내내 95개를 땄다. 은미가 농장에서 감귤을 딴 능률이 유진이의 능률에서 차지하는 비율은?(단, 능률은 쉬는 시간을 제외한 시간에서 1시간 동안 딴 감귤의 개수를 말하며, 능률 및 비율은 소수점 계산 시 버림한다)

① 73% ② 75%

③ 77% ④ 81%

⑤ 83%

26 다음 상황에서 팀장의 지시를 적절히 수행하기 위하여 오대리가 거쳐야 할 부서명을 순서대로 바르게 나열한 것은?

> 오대리, 내가 내일 출장 준비 때문에 무척 바빠서 그러는데 자네가 좀 도와줘야 할 것 같군. 우선 박비서한테 가서 오후 사장님 회의 자료를 좀 가져다 주게나. 오는 길에 지난주 기자단 간담회 자료 정리가 되었는지 확인해 보고 완료됐으면 한 부 챙겨오고. 다음 주에 승진자 발표가 있을 것 같은데 우리 팀 승진 대상자 서류가 잘 전달되었는지 그것도 확인 좀 해줘야겠어. 참, 오후에 바이어가 내방하기로 되어 있는데 공항 픽업 준비는 잘해두었지? 배차 예약 상황도 다시 한 번 점검해 봐야 할 거야. 그럼, 수고 좀 해주게.

① 기획팀 – 홍보팀 – 총무팀 – 경영관리팀
② 비서실 – 홍보팀 – 인사팀 – 총무팀
③ 인사팀 – 법무팀 – 총무팀 – 기획팀
④ 경영관리팀 – 법무팀 – 총무팀 – 인사팀
⑤ 회계팀 – 경영관리팀 – 인사팀 – 총무팀

27 다음 중 〈보기〉의 단어와 관련이 적은 영어 단어는?

> **보기**
>
> Museum

① Exhibit   ② Curator
③ Artifact   ④ Guide
⑤ School

28 다음 중 전선과 기구 단자 접속 시 누름나사를 덜 죌 때 발생할 수 있는 현상과 거리가 먼 것은?

① 과열   ② 화재
③ 절전   ④ 전파 잡음
⑤ 저항 증가

29 다음과 같이 코일을 감은 솔레노이드 양쪽 옆에 구리로 된 고리 P와 Q를 걸고 스위치를 닫았다. 고리 P와 Q의 이동이 바른 것은?

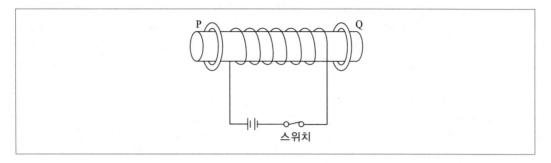

	P	Q
①	왼쪽으로 이동	오른쪽으로 이동
②	왼쪽으로 이동	왼쪽으로 이동
③	오른쪽으로 이동	오른쪽으로 이동
④	오른쪽으로 이동	왼쪽으로 이동
⑤	변화 없음	변화 없음

30 스프링 정수가 $2kg_f/mm$인 자동차 코일 스프링을 3cm 압축하려는 데 필요한 힘의 크기는?

① $0.6kg_f$ ② $6kg_f$

③ $60kg_f$ ④ $600kg_f$

⑤ $6,000kg_f$

31 자동차로 서울에서 대전까지 187.2km를 주행하였다. 출발시간은 오후 1시 20분, 도착시간은 오후 3시 8분이었다면 평균주행속도는?

① 126.5km/h   ② 104km/h

③ 156km/h   ④ 60.78km/h

⑤ 56km/h

32 다음 글이 비판의 대상으로 삼는 주장으로 가장 적절한 것은?

> 경제 문제는 대개 해결이 가능하다. 대부분의 경제 문제에는 몇 개의 해결책이 있다. 그러나 모든 해결책은 누군가가 상당한 손실을 반드시 감수해야 한다는 특징을 갖고 있다. 하지만 누구도 이 손실을 자발적으로 감수하고자 하지 않으며, 우리의 정치제도는 누구에게도 이 짐을 짊어지라고 강요할 수 없다. 우리의 정치적 · 경제적 구조로는 실질적으로 제로섬(Zero-sum)적인 요소를 지니는 경제 문제에 전혀 대처할 수 없기 때문이다.
>
> 대개의 경제적 해결책은 대규모의 제로섬적인 요소를 갖기 때문에 큰 손실을 수반한다. 모든 제로섬 게임에는 승자가 있다면 반드시 패자가 있으며, 패자가 존재해야만 승자가 존재할 수 있다. 경제적 이득이 경제적 손실을 초과할 수도 있지만, 손실의 주체에게 손실의 의미란 상당한 크기의 경제적 이득을 부정할 수 있을 만큼 매우 중요하다. 어떤 해결책으로 인해 평균적으로 사회는 더 잘살게 될 수도 있지만, 이 평균이 훨씬 더 잘살게 된 수많은 사람과 훨씬 더 못살게 된 수많은 사람을 감춘다. 만약 당신이 더 못살게 된 사람 중 하나라면 내 수입이 줄어든 것보다 다른 누군가의 수입이 더 많이 늘었다고 해서 위안을 얻지는 않을 것이다. 결국 우리는 우리 자신의 수입을 보호하기 위해 경제적 변화가 일어나는 것을 막거나 혹은 사회가 우리에게 손해를 입히는 공공정책이 강제로 시행되는 것을 막기 위해 싸울 것이다.

① 빈부격차를 해소하는 것만큼 중요한 정책은 없다.

② 사회의 총생산량이 많아지게 하는 정책이 좋은 정책이다.

③ 경제문제에서 모두가 만족하는 해결책은 존재하지 않는다.

④ 경제적 변화에 대응하는 정치제도의 기능에는 한계가 존재한다.

⑤ 경제정책의 효율성을 높이는 방법은 일관성을 유지하는 것이다.

33 다음 중 R-12의 염소(Cl)로 인한 오존층 파괴를 줄이기 위해 사용하고 있는 자동차용 대체 냉매는?

① R-134a

② R-22a

③ R-16a

④ R-12a

⑤ R-8a

34 다음과 같이 마찰이 없는 수평면에 놓여 있는 물체를 철수와 영수가 반대 방향으로 당기고 있으나, 물체는 움직이지 않고 있다. 〈보기〉는 위의 상황에서 물체에 작용하는 힘에 대해 생각한 단계일 때, 잘못된 단계를 모두 고르면?

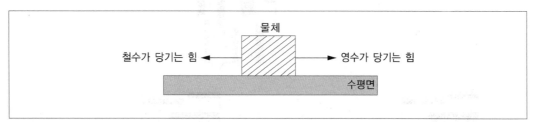

보기

ㄱ. 물체는 정지해 있으므로, 물체에 작용하는 합력은 0이다.

ㄴ. 합력이 0이므로, 철수가 물체를 당기는 힘과 영수가 물체를 당기는 힘은 크기가 같고 방향만 반대이다.

ㄷ. 따라서 위의 두 힘은 뉴턴의 제3법칙에서 말하는 작용과 반작용의 관계에 있다.

① ㄴ

② ㄷ

③ ㄱ, ㄴ

④ ㄱ, ㄷ

⑤ ㄴ, ㄷ

35 남학생 4명과 여학생 3명이 원형 모양의 탁자에 앉을 때, 여학생 3명이 이웃해서 앉을 확률은?

① $\dfrac{1}{21}$

② $\dfrac{1}{18}$

③ $\dfrac{1}{15}$

④ $\dfrac{1}{7}$

⑤ $\dfrac{1}{5}$

36 다음 중 제시된 도형과 같은 것은?(단, 제시된 도형은 회전이 가능하다)

① 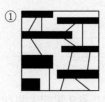 ②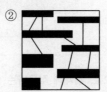

③   ④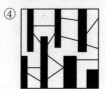

⑤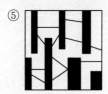

37 다음 중 〈보기〉에 제시된 단어가 뜻하는 것은?

> 보기
>
> Side Mirror

① 현가장치 ② 후방 카메라

③ 측면 유리 ④ 후사경

⑤ 선바이저

38 다음은 2m/s의 속력으로 진행하는 어떤 횡파의 모습을 나타낸 것이다. 〈보기〉 중 이에 대한 설명으로 옳은 것을 모두 고르면?

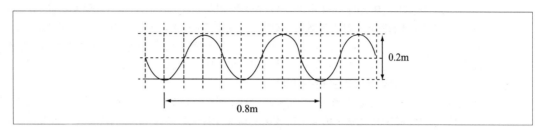

보기

㉠ 진폭은 0.2m이다.
㉡ 파장은 0.4m이다.
㉢ 진동수는 5Hz이다.

① ㉠   ② ㉠, ㉡
③ ㉠, ㉢   ④ ㉡, ㉢
⑤ ㉠, ㉡, ㉢

39 다음은 태양 주위를 공전하는 어떤 행성의 타원 궤도를 나타낸 것이다. 행성의 공전 속도는 태양과 가까워지면 빨라지고 멀어지면 느려진다. A~D 중 행성의 공전 속도가 가장 빠른 곳은?

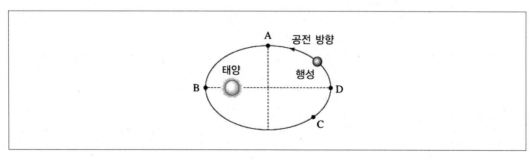

① A   ② B
③ C   ④ D
⑤ 모두 같다.

광고는 문화 현상이다. 이 점에 대해서 의심하는 사람은 거의 없다. 그럼에도 많은 사람들이 광고를 단순히 경제적인 영역에서 활동하는 상품 판매 도구로만 인식하고 있다. 이와 같이 광고를 경제 현상에 집착하여 논의하게 되면 필연적으로 극단적인 옹호론과 비판론으로 양분될 수밖에 없다. 예컨대, 옹호론에서 보면 마케팅적 설득이라는 긍정적 성격이 부각되는 반면, 비판론에서는 이데올로기적 조작이라는 부정적 성격이 두드러지는 이분법적 대립이 초래된다는 것이다.

물론 광고는 숙명적으로 상품 판촉 수단으로서의 굴레를 벗어날 수 없다. 상품광고가 아닌 공익광고나 정치광고 등도 현상학적으로는 상품 판매를 위한 것이 아니라 할지라도, 본질적으로 상품과 다를 바 없이 이념과 슬로건, 그리고 정치적 후보들을 판매하고 있다.

그런데 현대적 의미에서 상품 소비는 물리적 상품 교환에 그치는 것이 아니라 기호와 상징들로 구성된 의미교환 행위로 파악된다. 따라서 상품은 경제적 차원에만 머무르는 것이 아니라 문화적 차원에서 논의될 필요가 있다. 현대사회에서 상품은 기본적으로 물질적 속성의 유용성과 문제적 속성의 상징성이 이중적으로 중첩되어 있다. 더구나 최근 상품의 질적인 차별이 없어짐으로써 상징적 속성이 더욱더 중요하게 되었다.

현대 광고에 나타난 상품의 모습은 초기 유용성을 중심으로 물질적 기능이 우상으로 숭배되는 모습에서, 근래 상품의 차이가 사람의 차이가 됨으로써 기호적 상징이 더 중요시되는 토테미즘 양상으로 변화되었다고 한다. 이와 같은 광고의 상품 '채색' 활동 때문에 현대사회의 지배적인 '복음'은 상품의 소유와 소비를 통한 욕구 충족에 있다는 비판을 받는다. 광고는 상품과 상품이 만들어 놓는 세계를 미화함으로써 개인의 삶과 물질적 소유를 보호하기 위한 상품 선택의 자유와 향락을 예찬한다.

이러한 맥락에서 오늘날 광고는 소비자와 상품 사이에서 일어나는 일종의 담론이라고 할 수 있다. 광고 읽기는 단순히 광고를 수용하거나 해독하는 행위에 그치지 않고 '광고에 대한 비판적인 안목을 갖고 비평을 시도하는 것'을 뜻한다고 할 수 있다.

① 대상을 새로운 시각으로 바라보고, 이해할 수 있게 하였다.
② 대상의 의미를 통시적 관점으로 고찰하고 있다.
③ 대상의 문제점을 파악하고 나름의 해결책을 모색하고 있다.
④ 대상에 대한 견해 중 한쪽에 치우쳐 논리를 전개하고 있다.
⑤ 대상에 대한 상반된 시각을 예시를 통해 소개하고 있다.

01 다음 명제를 통해 참인지 거짓인지 알 수 없는 것은?

> • H빌라의 주민들은 모두 A의 친척이다.
> • B는 자식이 없다.
> • C는 A의 오빠이다.
> • D는 H빌라의 주민이다.
> • A의 아들은 미국에 산다.

① A의 아들은 C와 친척이다.
② D는 A와 친척 간이다.
③ B는 H빌라의 주민이다.
④ A와 D는 둘 다 남자이다.
⑤ C는 A의 아들의 이모이다.

02 다음 중 (가) 기어의 회전 방향은?

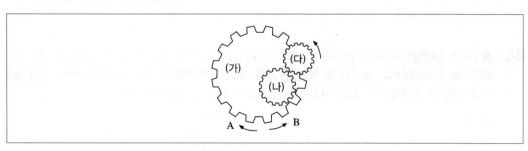

① A ② B ③ 움직이지 않는다.

03 다음은 H사에서 근무하는 D사원의 업무일지이다. D사원이 출근 후 두 번째로 해야 할 일로 옳은 것은?

구분	2025년 3월 4일 화요일
내용	[오늘 할 일] • 팀 회의 준비 – 회의실 예약 후 마이크 및 프로젝터 체크 • 외주업체로부터 판촉 행사 브로슈어 샘플 디자인 받기 • 지난주 외근 지출결의서 총무부 제출(늦어도 퇴근 전까지) • 회사 홈페이지, 관리자 페이지 및 업무용 메일 확인(출근하자마자 확인) • 14시 브로슈어 샘플 디자인 피드백 팀 회의 [주요 행사 확인] • 3월 12일 수요일 – 3월 데이행사 • 3월 14일 금요일 – 또 하나의 마을(충북 제천 흑선동 본동마을)

① 회의실 예약 후 마이크 및 프로젝터 체크
② 외주업체로부터 브로슈어 샘플 디자인 받기
③ 외근 관련 지출결의서 총무부 제출
④ 회사 홈페이지, 관리자 페이지 및 업무용 메일 확인
⑤ 브로슈어 샘플 디자인 피드백 팀 회의 참석

04 총무팀은 인터넷으로 테이프와 볼펜, 메모지를 구입하고자 한다. 개당 테이프는 1,100원, 볼펜은 500원, 메모지는 1,300원이다. 예산은 총 15만 원이며, 예산 범위 내에서 각각 40개 이상씩 구입할 계획이다. 구매 물품 중 볼펜을 가장 많이 구입할 때, 구입 가능한 볼펜의 최소 개수는?

① 55개
② 54개
③ 53개
④ 52개
⑤ 51개

05

| | | 2 | 83 | 10 | 90 | 50 | 97 | ( ) | 104 | |

① 150 ② 200
③ 250 ④ 300
⑤ 350

06

| | H | ㄷ | ( ) | ㅂ | ㄴ | ㅌ | |

① B ② D
③ I ④ J
⑤ K

07 다음 글의 빈칸에 들어갈 내용으로 가장 적절한 것은?

만약 어떤 사람에게 다가온 신비적 경험이 그가 살아갈 수 있는 힘으로 밝혀진다면, 그가 다른 방식으로 살아야 한다고 다수인 우리가 주장할 근거는 어디에도 없다. 사실상 신비적 경험은 우리의 모든 노력을 조롱할 뿐 아니라, 논리라는 관점에서 볼 때 우리의 관할 구역을 절대적으로 벗어나 있다. 우리 자신의 더 합리적인 신념은 신비주의자가 자신의 신념을 위해서 제시하는 증거와 그 본성에 있어서 유사한 증거에 기초해 있다. 우리의 감각이 우리의 신념에 강력한 증거가 되는 것과 마찬가지로 신비적 경험도 그것을 겪은 사람의 신념에 강력한 증거가 된다. 우리가 지닌 합리적 신념의 증거와 유사한 증거에 해당되는 경험은 그러한 경험을 한 사람에게 살아갈 힘을 제공해 줄 것이다. 신비적 경험은 신비주의자들에게는 살아갈 힘이 되는 것이다. 따라서 _____

① 신비주의가 가져다주는 긍정적인 면에 대한 심도 있는 연구가 필요하다.
② 신비주의자들의 삶의 방식이 수정되어야 할 불합리한 것이라고 주장할 수는 없다.
③ 논리적 사고와 신비주의적 사고를 상반된 개념으로 보는 견해는 수정되어야 한다.
④ 신비주의자들은 그렇지 않은 사람들보다 더 나은 삶을 살아간다고 할 수 있다.
⑤ 모든 합리적 신념의 증거는 사실상 신비적 경험에서 나오는 것이다.

08 다음은 자동변속 자동차의 변속기와 변속기 레버를 표현한 그림이다. 현재 연결된 기어의 영문 명칭으로 옳은 것은?

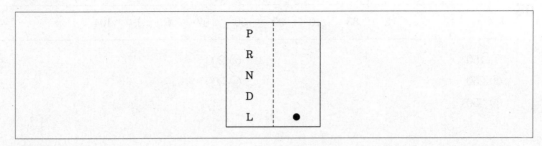

① Less
② Leave
③ Left
④ Low
⑤ Loose

09 다음은 버니어 캘리퍼스를 이용하여 나사의 길이를 측정한 결과이다. 이 나사의 길이는?(단, 화살표는 아들 자와 어미자의 눈금이 일치하는 곳이다)

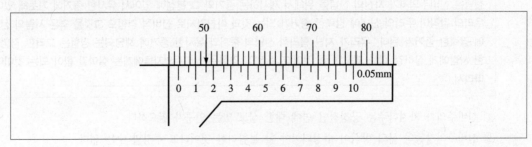

① 44mm
② 44.15mm
③ 44.5mm
④ 50m
⑤ 50.15mm

10 다음 중 제시된 도형과 같은 것은?

①

②

③

④

⑤

11 다음 〈보기〉 중 열기관에 대한 설명으로 옳은 것을 모두 고르면?

보기

ㄱ. 열에너지를 일로 전환하는 장치이다.

ㄴ. 열은 저열원에서 고열원으로 이동한다.

ㄷ. $[열효율(\%)] = \dfrac{(열기관이\ 한\ 일)}{(열기관이\ 공급한\ 열에너지)} \times 100$이다.

① ㄴ

② ㄷ

③ ㄱ, ㄴ

④ ㄱ, ㄷ

⑤ ㄴ, ㄷ

12 다음 중 다이오드를 사용한 정류회로에서 다이오드를 여러 개 직렬로 연결하여 사용하는 경우에 대한 설명으로 옳은 것은?

① 다이오드를 과전류로부터 보호할 수 있다.

② 다이오드를 과전압으로부터 보호할 수 있다.

③ 다이오드를 합선으로부터 보호할 수 있다.

④ 부하 출력의 맥동률을 감소시킬 수 있다.

⑤ 낮은 전압 전류에 적합하다.

13 H기업의 생산관리팀에서 근무하고 있는 귀하는 총생산 비용의 감소율을 30%로 설정하려고 한다. 부품 1단위 생산 시 단계별 부품 단가가 다음과 같을 때, (가)+(나)의 값은?

구분	부품 1단위 생산 시 비용(원)	
	개선 전	개선 후
1단계	4,000	3,000
2단계	6,000	(가)
3단계	11,500	(나)
4단계	8,500	7,000
5단계	10,000	8,000

① 4,000원 ② 6,000원

③ 8,000원 ④ 10,000원

⑤ 12,000원

14 다음 중 공기식 제동장치가 아닌 부품은?

① 릴레이 밸브 ② 브레이크 밸브

③ 브레이크 챔버 ④ 마스터 백

⑤ 퀵 릴리스 밸브

15 어떤 자동차는 주행거리 1.6km를 주행하는 데 40초가 걸린다. 이 자동차의 주행속도를 초속과 시속으로 변환하면?

① 25m/s, 111km/h　　　　　　② 25m/s, 14.4km/h

③ 40m/s, 11.1km/h　　　　　　④ 40m/s, 144km/h

⑤ 64m/s, 230.4km/h

16 다음 중 유압식 동력조향장치와 전동식 동력조향장치 특징을 비교한 것으로 옳지 않은 것은?

① 유압제어를 하지 않으므로 오일이 필요 없다.

② 유압제어 방식에 비해 연비를 향상시킬 수 없다.

③ 유압제어 방식 전자제어 조향장치보다 부품 수가 적다.

④ 유압제어를 하지 않으므로 오일펌프가 필요 없다.

⑤ 유압제어 방식에 비해 핸들 복원력이 약하다.

17 다음과 같은 정류 회로에서 전류계의 지시값은?(단, 전류계는 가동 코일형이고, 정류기의 저항은 무시한다)

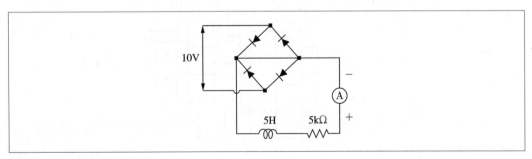

① 9mA　　　　　　　　　　② 6.4mA

③ 4.5mA　　　　　　　　　④ 1.8mA

⑤ 1.2mA

18 다음 글의 주제로 가장 적절한 것은?

> 힘 있는 나라를 가지고 싶어 하는 것은 인류의 공통적인 염원이다. 이것은 시간의 고금(古今)을 가리지 아니하고 공간의 동서(東西)를 따질 것이 없는 한결같은 진리다. 그래서 위대하지 아니한 나라에서 태어난 사람은 태어난 나라를 위대하게 만들기 위하여 혼신의 힘을 기울인다. 보잘것없는 나라의 국민이 된다는 것은 내세울 것 없는 집안의 후손인 것 이상으로 우리를 슬프게 한다. 세계 여러 나라 사람이 모인 곳에 간다고 가정해 보자. 누가 여기서 가장 큰소리치면서 위세 당당하게 처신할 것인가? 얼핏 생각하면 이목구비가 시원하게 생긴 사람, 지식과 화술이 뛰어난 사람, 교양과 인품이 훌륭한 사람, 외국어에 능통한 사람이 돋보일 것처럼 생각된다. 실제로 그런 사람들이 국제 무대에서 뛰어난 활약을 하는 것은 사실이다. 그래서 사람은 스스로 다듬고 기르는 것이 아닌가? 그러나 실제에 있어서 어떤 사람으로 하여금 국제 사회에서 돋보이게 하는 것은 그가 등에 업고 있는 조국의 국력이다.

① 배움에 힘쓰자.　　　　　　　　② 일등 국민을 본받자.
③ 문호 개방을 확대하자.　　　　　④ 국력을 키우자.
⑤ 훌륭한 인품을 갖추자.

19 다음 블록의 개수는?(단, 보이지 않는 곳의 블록은 있다고 가정한다)

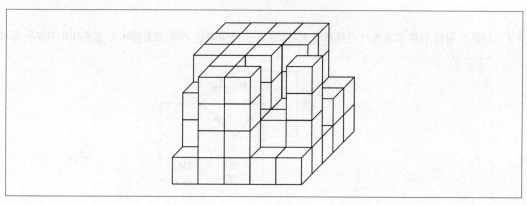

① 75개　　　　　　　　　　　② 76개
③ 77개　　　　　　　　　　　④ 78개
⑤ 79개

20 H사에서는 A, B 두 제품을 주력 상품으로 제조하고 있다. A제품을 1개 만드는 데 재료비는 3,600원, 인건비는 1,600원이 들어간다. 또한 B제품을 1개 만드는 데 재료비는 1,200원, 인건비는 2,000원이 들어간다. 이 회사는 한 달 동안 두 제품을 합하여 40개를 생산하려고 한다. 재료비는 12만 원 이하, 인건비는 7만 원 이하가 되도록 하려고 할 때, A제품은 최대 몇 개까지 생산할 수 있는가?

① 25개   ② 26개
③ 28개   ④ 30개
⑤ 31개

21 입력 100V의 단상 교류를 SCR 4개를 사용하여 브리지 제어 정류하려 한다. 이때 사용할 1개 SCR의 최대 역전압(내압)은 몇 V 이상이어야 하는가?

① 약 25V   ② 약 112.4V
③ 약 141.4V   ④ 약 168.8V
⑤ 약 224V

22 다음 명제가 모두 참일 때, 빈칸에 들어갈 명제로 가장 적절한 것은?

> • 회계팀의 팀원은 모두 회계 관련 자격증을 가지고 있다.
> • _____
> • 그러므로 돈 계산이 빠르지 않은 사람은 회계팀이 아니다.

① 회계팀이 아닌 사람은 돈 계산이 빠르다.
② 돈 계산이 빠른 사람은 회계 관련 자격증을 가지고 있다.
③ 회계팀이 아닌 사람은 회계 관련 자격증을 가지고 있지 않다.
④ 돈 계산이 빠르지 않은 사람은 회계 관련 자격증을 가지고 있다.
⑤ 돈 계산이 빠르지 않은 사람은 회계 관련 자격증을 가지고 있지 않다.

23 다음 중 〈보기〉에 제시된 자동차 부품의 명칭을 영어로 바르게 옮긴 것은?

> **보기**
>
> 에어백

① Airbag   ② Airback

③ Safebag   ④ Emergencybag

⑤ Airball

※ 다음 설명에 해당하는 것을 고르시오. [24~26]

24

> • 전류에 의한 자기장을 이용한다.
> • 전기 에너지를 소리 에너지로 전환시킨다.

① 다리미   ② 배터리

③ 백열등   ④ 스피커

⑤ 모니터

25

> • 사람이 볼 수 있는 전자기파의 한 종류이다.
> • 텔레비전 영상은 이 빛을 통해 보는 것이다.
> • 연속 스펙트럼의 무지개색 빛이다.

① X선   ② 자외선

③ 적외선   ④ 가시광선

⑤ 감마선

26

> • 빛의 전반사 원리를 이용한 것이다.
> • 광섬유와 렌즈 등으로 이루어진 관을 체내에 삽입하여 위나 대장 등을 검진한다.

① 내시경   ② 청진기

③ 체온계   ④ 혈압계

⑤ MRI

27 김부장과 박대리는 H기업의 고객지원실에서 근무하고 있다. 다음 상황에서 김부장이 박대리에게 지시할 사항으로 옳은 것은?

- 부서별 업무분담
  - 인사혁신실 : 신규 채용, 부서/직무별 교육계획 수립/시행, 인사고과 등
  - 기획조정실 : 조직문화 개선, 예산사용계획 수립/시행, 대외협력, 법률지원 등
  - 총무지원실 : 사무실, 사무기기, 차량 등 업무지원 등

〈상황〉

박대리 : 고객지원실에서 사용하는 A4 용지와 볼펜이 부족해서 비품을 신청해야 할 것 같습니다. 그리고 지난번에 말씀하셨던 고객 상담 관련 사내 교육 일정이 이번에 확정되었다고 합니다. 고객지원실 직원들에게 관련 사항을 전달하려면 교육 일정 확인이 필요할 것 같습니다.

---

① 박대리, 인사혁신실에 전화해서 비품 신청하고, 전화한 김에 교육 일정도 확인해서 나한테 알려줘요.

② 박대리, 총무지원실에 가서 교육 일정 확인하고, 간 김에 비품 신청도 하고 오세요.

③ 박대리, 기획조정실에 가서 교육 일정 확인하고, 인사혁신실에 가서 비품 신청하고 오도록 해요.

④ 박대리, 총무지원실에 전화해서 비품 신청하고, 기획조정실에서 교육 일정 확인해서 나한테 알려줘요.

⑤ 박대리, 총무지원실에 전화해서 비품 신청하고, 인사혁신실에서 교육 일정 확인해서 나한테 알려줘요.

28 A, B계열사의 제품 생산량의 비율은 3 : 7이고, 불량률은 각각 2%, 3%이다. 신제품 생산을 위해서 부품을 선정하였으나 불량품이 나왔을 때, 그 불량품이 B계열사의 불량품일 확률은?

① $\dfrac{13}{21}$

② $\dfrac{7}{8}$

③ $\dfrac{7}{9}$

④ $\dfrac{13}{15}$

⑤ $\dfrac{15}{17}$

29 다음 설명에 해당하는 발전 방식은?

> • 태양의 빛에너지를 직접 전기 에너지로 전환한다.
> • 광전 효과를 기반으로 하는 태양 전지를 이용한다.

① 조력 발전   ② 풍력 발전
③ 원자력 발전   ④ 태양광 발전
⑤ 화력 발전

30 다음 중 나머지 도형과 다른 것은?

①
②
③
④
⑤

31 다음 중 〈보기〉에 제시된 단어의 뜻으로 옳은 것은?

> **보기**
>
> Gasoline

① 주유

② 흡기

③ 경유

④ 배기

⑤ 휘발유

32 다음 기사를 읽고 기업의 사회적 책임에 대해 생각한 내용으로 적절하지 않은 것은?

세계 자동차 시장 점유율 1위를 기록했던 T자동차는 2009년 11월 가속페달의 매트 끼임 문제로 미국을 비롯해 전 세계적으로 1,000만 대가 넘는 사상 초유의 리콜을 했다. T자동차의 리콜 사태에 대한 원인으로 기계적 원인과 더불어 무리한 원가절감, 과도한 해외생산 확대, 안일한 경영 등 경영상의 요인들이 제기되고 있다. 또 T자동차는 급속히 성장하면서 제기된 문제들을 소비자의 관점이 아닌 생산자의 관점에서 해결하려고 했고, 늦은 리콜 대응 등 문제 해결에 미흡했다는 지적을 받고 있다. 이런 대규모 리콜 사태로 인해 T자동차가 지난 수십 년간 세계적으로 쌓은 명성은 하루아침에 모래성이 됐다. 이와 다른 사례로 J기업의 타이레놀 리콜 사건이 있다. 1982년 9월 말 미국 시카고 지역에서 J기업의 엑스트라 스트렝스 타이레놀 캡슐을 먹고 4명이 사망하는 사건이 발생했으나, J기업은 즉각적인 대규모 리콜을 단행했다. 그 결과 J기업은 소비자들의 신뢰를 다시 회복했다.

① 기업은 문제를 인지한 즉시 문제를 해결하기 위해 노력해야 해.

② J기업은 사회의 기대와 가치에 부합하는 윤리적 책임을 잘 이행하였어.

③ 상품에서 결함이 발견됐다면 기업은 그것을 인정하고 책임지는 모습이 필요해.

④ 소비자의 관점이 아닌 생산자의 관점에서 문제를 해결할 때, 소비자들의 신뢰를 회복할 수 있어.

⑤ 이윤 창출은 기업의 유지에 필요하지만, 수익만을 위해 움직이는 것은 여러 문제를 일으킬 수 있어.

33 갑은 곰 인형 100개를 만드는 데 4시간, 을은 25개를 만드는 데 10시간이 걸린다. 이들이 함께 일을 하면 각각 원래 능력보다 20% 효율이 떨어진다. 이들이 함께 곰 인형 132개를 만드는 데 걸리는 시간은?

① 5시간   ② 6시간

③ 7시간   ④ 8시간

⑤ 9시간

34 다음 중 〈보기〉의 단어와 의미가 가장 비슷한 영어 단어는?

보기
Truth

① Fact   ② Conversation

③ Trust   ④ Park

⑤ Rest

35 다음 중 축용 기계요소에 속하는 것은?

① 베어링   ② 체인

③ 풀리   ④ 기어

⑤ 마찰자

36 다음 제시된 글을 읽고, 이어질 문단을 논리적 순서대로 바르게 나열한 것은?

> 오늘날과 달리 과거에는 마을에서 일어난 일들을 '원님'이 조사하고 그에 따라서 자의적으로 판단하여 형벌을 내렸다. 현대에서 법에 의하지 않고 재판행위자의 입장에서 이루어진다고 생각되는 재판을 비판하는 '원님재판'이라는 용어의 원류이다.

> (가) 죄형법정주의는 앞서 말한 '원님재판'을 법적으로 일컫는 죄형전단주의와 대립되는데, 범죄와 형벌을 미리 규정하여야 한다는 것으로서, 서구에서 권력자의 가혹하고 자의적인 법 해석에 따른 반발로 등장한 것이다.
>
> (나) 앞서 살펴본 죄형법정주의가 정립되면서 파생원칙 또한 등장하였는데, 관습형법금지의 원칙, 명확성의 원칙, 유추해석금지의 원칙, 소급효금지의 원칙, 적정성의 원칙 등이 있다. 이러한 파생원칙들은 모두 죄와 형벌은 미리 설정된 법에 근거하여 정확하게 내려져야 한다는 죄형법정주의의 원칙과 연관하여 쉽게 이해될 수 있다.
>
> (다) 그러나 현대에서 '원님재판'은 이루어질 수 없다. 형사법의 영역에 논의를 한정하여 보자면, 형사법을 전반적으로 지배하고 있는 대원칙은 형법 제1조에 규정되어있는 소위 '죄형법정주의'이다.
>
> (라) 그 반발은 프랑스 혁명의 결과물인 '인간 및 시민의 권리선언' 제8조에서 '누구든지 범죄 이전에 제정·공포되고 또한 적법하게 적용된 법률에 의하지 아니하고는 처벌되지 아니한다.'라고 하여 실질화되었다.

① (가) – (다) – (나) – (라)
② (가) – (다) – (라) – (나)
③ (다) – (가) – (나) – (라)
④ (다) – (가) – (라) – (나)
⑤ (다) – (라) – (가) – (나)

37 다음 중 실린더를 제작할 때 보링작업으로 구멍을 깎고 난 후 구멍 안을 매끈하게 하기 위해 하는 마무리 작업은?

① 슈퍼피니싱
② 래핑
③ 호닝
④ 드릴링
⑤ 어닐링

38 36km/h의 속도로 달리던 자동차가 10초 후에 정지했을 때 가속도는?

① -1m/s^2 ② -2m/s^2
③ -3m/s^2 ④ -4m/s^2
⑤ -5m/s^2

39 구동 피니언의 잇수 6, 링기어의 잇수 30, 추진축의 회전수 1,000rpm일 때 왼쪽 바퀴가 150rpm으로 회전한다면 오른쪽 바퀴의 회전수는?

① 250rpm ② 300rpm
③ 350rpm ④ 400rpm
⑤ 450rpm

40 H회사의 연구부서에 연구원 A ~ D 4명이 있다. B, C연구원의 나이의 합은 A, D연구원 나이의 합보다 5살 적다. A연구원은 C연구원보다는 2살 많으며, D연구원보다 5살 어리다. A연구원이 30살이라고 할 때, B연구원의 나이는?

① 28살 ② 30살
③ 32살 ④ 34살
⑤ 36살

4일 차
기출응용 모의고사

www.sdedu.co.kr

〈문항 수 및 시험시간〉

현대자동차 모빌리티 생산직 / 기술인력			
영역	문항 수	시험시간	모바일 OMR 서비스
언어	40문항	30분	제1회
수리			
추리			
공간지각			
기초영어			제2회
기초과학			
기계기능이해력			
자동차구조학			

※ 해당 모의고사는 수험생의 후기를 기반으로 구성한 것으로, 실제 시험과 다소 차이가 있을 수 있습니다.

4일 차 기출응용 모의고사

문항 수 : 40문항
시험시간 : 30분

제**1**회

01 다음 중 회전 방향이 나머지와 다른 것은?

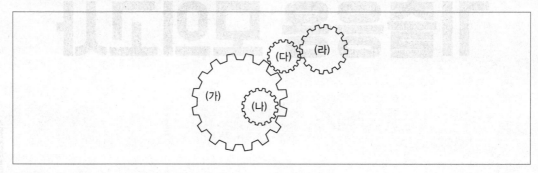

① (가)
② (나)
③ (다)
④ (라)
⑤ 모두 같다.

02 유성기어 장치에서 선기어가 고정되고, 링기어가 회전하면 캐리어의 회전 상태는?

① 링기어보다 천천히 회전한다.
② 링기어 회전수와 같게 회전한다.
③ 링기어보다 1.5배 빨리 회전한다.
④ 링기어보다 2배 빨리 회전한다.
⑤ 링기어보다 3배 빨리 회전한다.

03 다음 글의 서술상 특징으로 가장 적절한 것은?

'디드로 효과'는 프랑스의 계몽주의 철학자인 드니 디드로의 이름을 따서 붙여진 것으로, 소비재가 어떤 공통성이나 통일성에 의해 연결되어 있음을 시사하는 개념이다. 디드로는 '나의 옛 실내복과 헤어진 것에 대한 유감'이라는 제목의 에세이에서 친구로부터 받은 실내복에 대한 이야기를 풀어 놓는다. 그는 '다 헤지고 시시하지만 편안했던 옛 실내복'을 버리고, 친구로부터 받은 새 실내복을 입었다. 그로 인해 또 다른 변화가 일어났다. 그는 한두 주 후 실내복에 어울리게끔 책상을 바꿨고, 이어 서재의 벽에 걸린 장식을 바꿨으며 결국엔 모든 걸 바꾸고 말았다. 달라진 것은 그것뿐만이 아니었다. 전에는 서재가 초라했지만 사람들이 붐볐고, 그래서 혼잡했지만 잠시 행복함을 느끼기도 했다. 하지만 실내복을 바꾼 이후의 변화를 통해서 우아하고 질서정연하고 아름답게 꾸며졌지만, 결국 자신은 우울해졌다는 것이다.

① 묘사를 통해 대상을 구체적으로 드러내고 있다.
② 다양한 개념들을 분류의 방식으로 설명하고 있다.
③ 일련의 벌어진 일들을 인과관계에 따라 서술하고 있다.
④ 권위 있는 사람의 말을 인용하여 주장을 뒷받침하고 있다.
⑤ 비교의 방식을 통해 두 가지 개념의 특징을 드러내고 있다.

04 다음은 H회사의 이팀장이 오전 10시에 강대리에게 남긴 음성메시지이다. 이팀장의 업무 지시에 따라 강대리가 가장 먼저 해야 할 일과 가장 나중에 해야 할 일을 바르게 짝지은 것은?

강대리님, 저 이팀장입니다. 오늘 중요한 미팅 때문에 강대리님이 제 업무를 조금 도와주셔야 할 것 같습니다. 제가 미팅 후 회식을 가야 하는데 제가 회사 차를 가지고 왔습니다. 이따가 강대리님이 잠깐 들러 회사 차를 반납해 주세요. 아! 차 안에 D은행 김팀장에게 제출해야 할 서류가 있는데 회사 차를 반납하기 전에 그 서류를 대신 제출해 주시겠어요? D은행 김팀장은 4시에 퇴근하니까 3시까지는 D은행으로 가셔야 할 것 같습니다. 그리고 오늘 5시에 팀장 회의가 있는데 제 책상 위의 회의 자료를 영업팀 최팀장에게 전달해 주시겠어요? 최팀장이 오늘 오전 반차를 써서 아마 2시쯤에 출근할 것 같습니다. 급한 사안이니 최대한 빨리 전달 부탁드려요. 그런데 혹시 지금 대표님께서 출근하셨나요? 오전 중으로 대표님께 결재를 받아야 할 사항이 있는데 제 대신 결재 부탁드리겠습니다.

	가장 먼저 해야 할 일	가장 나중에 해야 할 일
①	대표에게 결재받기	회사 차 반납
②	대표에게 결재받기	최팀장에게 회의 자료 전달
③	최팀장에게 회의 자료 전달	회사 차 반납
④	최팀장에게 회의 자료 전달	D은행 김팀장에게 서류 제출
⑤	D은행 김팀장에게 서류 제출	회사 차 반납

05 다음 중 타이어의 스탠딩 웨이브 현상에 대한 설명으로 옳은 것은?

① 스탠딩 웨이브는 바이어스 타이어보다 레이디얼 타이어에서 많이 발생한다.

② 스탠딩 웨이브를 줄이기 위해 고속주행 시 공기압을 10% 정도 줄인다.

③ 스탠딩 웨이브가 심하면 타이어 박리현상이 발생할 수 있다.

④ 스탠딩 웨이브 현상은 하중과 무관하다.

⑤ 여름철보다는 겨울철에 자주 발생한다.

06 다음은 버니어 캘리퍼스를 이용하여 어떤 나사의 직경을 측정한 결과이다. 이 나사의 직경은?(단, 화살표는 아들자와 어미자의 눈금이 일치하는 곳이다)

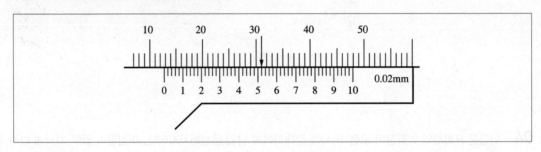

① 35.52mm   ② 30.52mm

③ 15.52mm   ④ 12.52mm

⑤ 10.52mm

07 어떤 승용차의 타이어의 호칭 규격에 '205 / 60 R 18 95 W'라고 표시되어 있을 때, 이 타이어가 감당 가능한 최대 속도는?

① 210km/h   ② 240km/h

③ 270km/h   ④ 300km/h

⑤ 330km/h

08 다음은 자동변속 자동차의 변속기와 변속기 레버를 표현한 그림이다. 현재 연결된 기어의 영문 명칭으로 옳은 것은?

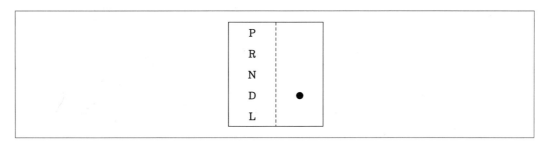

① Drive

② Drop

③ Double

④ Drain

⑤ Drool

09 다음 블록의 개수는?(단, 보이지 않는 곳의 블록은 있다고 가정한다)

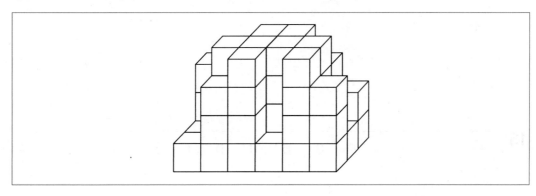

① 51개

② 52개

③ 53개

④ 54개

⑤ 55개

10 4개의 바퀴가 서로 맞물려 돌고 있다. A바퀴가 1분에 10회전할 때, D바퀴가 1분에 회전하는 수는?(단, 각 바퀴의 반지름은 A=24cm, B=20cm, C=10cm, D=12cm이다)

① 14회 ② 17회
③ 20회 ④ 23회
⑤ 26회

11 톱니 수가 각각 6개, 8개, 10개, 12개인 톱니바퀴 A~D가 일렬로 있다. A는 B와 맞닿아 있고, B는 A, C와, C는 B, D와 맞닿아 있다. A가 12바퀴 회전을 했을 때, B와 D의 회전수가 각각 바르게 연결된 것은?

① 9회 – 6회 ② 9회 – 5회
③ 6회 – 10회 ④ 6회 – 8회
⑤ 6회 – 7회

※ 일정한 규칙으로 수나 문자를 나열할 때, 빈칸에 들어갈 알맞은 것을 고르시오. [12~13]

12

4	6	12	24	( )	96	108	384

① 9 ② 10
③ 28 ④ 36
⑤ 44

13

F	G	E	H	D	( )	C

① B ② I
③ J ④ K
⑤ L

14 다음은 수동변속 자동차의 운전석 페달을 나타낸 그림이다. (A)의 정확한 영어 명칭은?

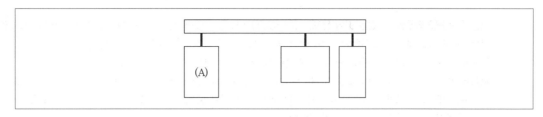

① Clutch   ② Clatch
③ Break   ④ Brake
⑤ Accelerator

15 물체 A는 가속도가 $4m/s^2$인 등가속도 운동을 하고 있다. 처음 속도가 5m/s일 때, 8초 후 속도와 8초 동안의 평균속도가 바르게 연결된 것은?

	8초 후 속도	평균속도
①	37m/s	21m/s
②	37m/s	22m/s
③	37m/s	23m/s
④	44m/s	21m/s
⑤	44m/s	22m/s

16 다음 중 실린더 벽이 마멸되었을 때 나타나는 현상으로 옳지 않은 것은?

① 블로바이 가스 발생
② 피스톤 슬랩 현상 발생
③ 압축압력 저하
④ 엔진오일의 희석 및 소모
⑤ 연료소모 저하 및 엔진 출력 저하

17 다음 글의 내용으로 가장 적절한 것은?

> 사람의 목숨을 좌우할 수 있는 형벌 문제는 군현(郡縣)에서 항상 일어나는 것이고 지방 관리가 되면 늘 처리해야 하는 일인데도, 사건을 조사하는 것이 항상 엉성하고 죄를 결정하는 것이 항상 잘못된다.
> 옛날에 자산이라는 사람이 형벌 규정을 정한 형전(刑典)을 새기자 어진 사람들이 그것을 나무랐고, 이회가 법률 서적을 만들자 후대의 사람이 그를 가벼이 보았다. 그 뒤 수(隋)나라와 당(唐)나라 때에 와서는 이를 절도(竊盜)・투송(鬪訟)과 혼합하고 나누지 않아서, 세상에서 아는 것은 오직 한패공(漢沛公 : 한 고조 유방)이 선언한 '사람을 죽인 자는 죽인다.'는 규정뿐이었다.
> 그런데 선비들은 어려서부터 머리가 희어질 때까지 오직 글쓰기나 서예 등만 익혔을 뿐이므로 갑자기 지방 관리가 되면 당황하여 어찌할 바를 모른다. 그래서 간사한 아전에게 맡겨 버리고는 스스로 알아서 처리하지 못하니, 저 재화(財貨)만을 숭상하고 의리를 천히 여기는 간사한 아전이 어찌 이치에 맞게 형벌을 처리할 수 있겠는가?
>
> — 정약용, 『흠흠신서(欽欽新書)』 서문

① 고대 중국에서는 형벌 문제를 중시하였다.
② 아전을 형벌 전문가로서 높이 평가하고 있다.
③ 조선시대의 사대부들은 형벌에 대해 잘 알지 못한다.
④ 지방관들은 인명을 다루는 사건을 현명하게 처리하고 있다.
⑤ 선비들은 이치에 맞게 형벌을 처리할 수 있었다.

18 다음 그림에 나타난 2kg인 물체의 역학적에너지는?(단, 중력가속도는 $10m/s^2$이고, 공기 저항은 무시한다)

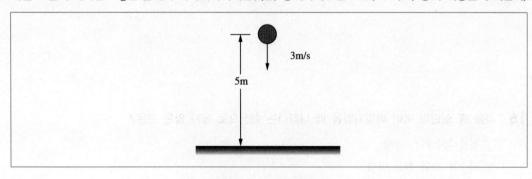

① 100J
② 103J
③ 106J
④ 109J
⑤ 112J

19 다음 중 나머지 도형과 다른 것은?

①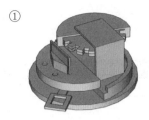

②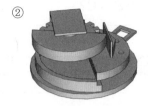

③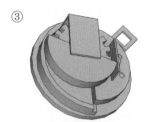

④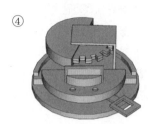

⑤

20 A ~ D 네 사람만 참여한 달리기 시합에서 동순위 없이 순위가 완전히 결정되었다. 다음 세 사람의 진술이 자신보다 낮은 순위의 사람에 대한 진술이라면 참이고, 높은 순위의 사람에 대한 진술이라면 거짓이라고 할 때, 반드시 참인 것은?

- A : C는 1위이거나 2위이다.
- B : D는 3위이거나 4위이다.
- C : D는 2위이다.

① A는 1위이다.
② B는 2위이다.
③ D는 4위이다.
④ A가 B보다 순위가 높다.
⑤ C가 D보다 순위가 높다.

21 다음은 1월 2일에 H기업 주식에 100,000원을 투자한 후 일주일 동안의 주가 등락률을 정리한 자료이다. 이에 대한 설명으로 옳은 것은?

<전일 대비 주가 등락률>

구분	1월 3일	1월 4일	1월 5일	1월 6일	1월 9일
등락률	10% 상승	20% 상승	10% 하락	20% 하락	10% 상승

① 1월 5일에 매도할 경우 5,320원 이익이다.

② 1월 6일에 매도할 경우 이익률은 −6.9%이다.

③ 1월 4일에 매도할 경우 이익률은 30%이다.

④ 1월 6일에 매도할 경우 4,450원 손실이다.

⑤ 1월 9일에 매도할 경우 주식 가격은 104,544원이다.

22 디젤기관 및 가솔린 엔진과 가스연료 엔진을 비교한 내용으로 옳지 않은 것은?

① 가솔린 엔진에 비해 일산화탄소와 이산화탄소가 30% 정도 감소한다.

② 디젤기관과 비교하여 오존 영향 물질이 감소한다.

③ 디젤기관과 비교하여 매연이 대폭 감소한다.

④ 가솔린 엔진에 비해 옥탄가가 높다.

⑤ 엔진 소음은 큰 차이가 없다.

23 다음 중 타이어의 구조 중 노면과 직접 접촉하는 부분은?

① 트레드　　　　　　　　　　② 카커스

③ 비드　　　　　　　　　　　④ 숄더

⑤ 림

24 다음 중 영어 단어와 그 뜻이 바르게 연결되지 않은 것은?

① Transport – 수송   ② Theater – 극장

③ Park – 병원   ④ Farm – 농장

⑤ School – 학교

25 다음 글의 전개 특징으로 가장 적절한 것은?

> 우리나라의 전통음악은 정악(正樂)과 민속악으로 나눌 수 있다. 정악은 주로 양반들이 향유하던 음악으로 궁중에서 제사를 지낼 때 사용하는 제례악과 양반들이 생활 속에서 즐기던 풍류음악 등이 이에 속한다. 이와 달리 민속악은 서민들이 즐기던 음악으로 서민들이 생활 속에서 느낀 기쁨, 슬픔, 한(恨) 등의 감정이 솔직하게 표현되어 있다.
> 정악의 제례악에는 종묘제례악과 문묘제례악이 있다. 본래 제례악의 경우 중국 음악을 사용하였는데, 이 때문에 우리나라의 정악을 중국에서 들어온 것으로 여기고 순수한 우리의 음악으로 받아들이지 않을 수 있다. 그러나 종묘제례악은 세조 이후부터 세종대왕이 만든 우리 음악을 사용하였고, 중국 음악으로는 문묘제례악과 이에 사용되는 악기 몇 개일 뿐이다.
> 정악의 풍류음악은 주로 양반 사대부들이 사랑방에서 즐기던 음악으로, 궁중에서 경사가 있을 때 연주되기도 하였다. 대표적인 곡으로는 '영산회상', '여민락' 등이 있으며, 양반 사대부들은 이러한 정악곡을 반복적으로 연주하면서 음악에 동화되는 것을 즐겼다. 이처럼 대부분의 정악은 이미 오래전부터 우리 민족 고유의 정서와 감각을 바탕으로 만들어져 전해 내려온 것으로 부정할 수 없는 우리의 전통 음악이다.

① 예상되는 반론에 대비하여 근거를 들어 주장을 강화하고 있다.

② 비교·대조를 통해 여러 가지 관점에서 대상을 살펴보고 있다.

③ 기존 견해를 비판하고 새로운 견해를 제시하고 있다.

④ 대상의 장점과 단점을 분석하고 있다.

⑤ 구체적인 사례를 들며 대상을 설명하고 있다.

26 혜린이는 건물 1층에서 맨 위층까지 올라가기 위해 엘리베이터를 탔다. 몸무게가 50kg인 혜린이가 엘리베이터 바닥에 놓인 저울 위에 서서 올라가는 동안 시간에 따른 엘리베이터의 속도는 다음과 같았다. 이에 대한 〈보기〉의 설명 중 옳은 것을 모두 고르면?(단, 중력가속도는 10m/s^2이고 모든 저항력과 마찰력은 무시한다)

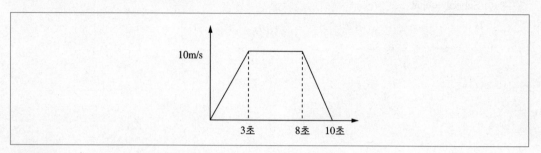

> **보기**
>
> ㄱ. 3초부터 8초 사이에 혜린이의 몸무게는 변함이 없다.
> ㄴ. 8초부터 10초 사이에 저울이 가리키는 눈금은 250N이다.
> ㄷ. 이 건물의 높이는 70m 이상이다.

① ㄱ   ② ㄷ
③ ㄱ, ㄴ   ④ ㄴ, ㄷ
⑤ ㄱ, ㄴ, ㄷ

27 서주임과 김대리는 공동으로 프로젝트를 끝내고 보고서를 제출하려 한다. 이 프로젝트를 혼자 할 때 서주임은 24일, 김대리는 16일이 걸린다. 처음 이틀은 같이 하고, 이후엔 김대리 혼자 프로젝트를 하다가 보고서 제출 하루 전부터 다시 같이 하였다고 할 때, 보고서를 제출할 때까지 걸린 총 기간은?

① 11일   ② 12일
③ 13일   ④ 14일
⑤ 15일

28 제시된 조건을 바탕으로 내린 A, B의 결론에 대한 판단으로 옳은 것은?

> • 주현이는 수지의 바로 오른쪽에 있다.
> • 지은이와 지영이는 진리의 옆에 있지 않다.
> • 지영이와 지은이는 주현이의 옆에 있지 않다.
> • 지은이와 진리는 수지의 옆에 있지 않다.

> A : 수지가 몇 번째로 서 있는지는 정확히 알 수 없다.
> B : 지영이는 수지 옆에 있지 않다.

① A만 옳다.   ② B만 옳다.
③ A, B 모두 옳다.   ④ A, B 모두 틀리다.
⑤ A, B 모두 옳은지 틀린지 판단할 수 없다.

29 다음 중 공기 현가장치의 특징으로 옳지 않은 것은?

① 압축공기의 탄성을 이용한 현가장치이다.
② 스프링 정수가 자동 조정되므로 하중의 증감에 관계없이 고유 진동수를 거의 일정하게 유지할 수 있다.
③ 고유 진동수를 높일 수 있으므로 스프링 효과를 유연하게 할 수 있다.
④ 하중 증감에 관계없이 차체 높이를 일정하게 유지하며 앞뒤, 좌우의 기울기를 방지할 수 있다.
⑤ 공기 스프링 자체에 감쇠성이 있으므로 작은 진동을 흡수하는 효과가 있다.

30 다음 중 〈보기〉에 제시된 자동차 부품의 명칭을 영어로 바르게 옮긴 것은?

> **보기**
>
> 방향 지시등

① Change Signal   ② Shift Signal
③ Shift Indicator   ④ Turn Signal
⑤ Turn Indicator

31 다음 중 제시된 도형과 다른 것은?(단, 도형은 회전이 가능하다)

①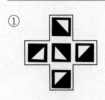

②

③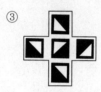

④

⑤

32 어른 3명과 어린아이 3명이 함께 식당에 갔다. 자리가 6개인 원탁에 앉는다고 할 때, 앉을 수 있는 경우의 수는?(단, 아이들은 어른들 사이에 앉힌다)

① 8가지
② 12가지
③ 16가지
④ 20가지
⑤ 24가지

33 냉각수 용량이 30L인 신품 라디에이터에 물 15L를 넣을 수 있다면 이 라디에이터 코어의 막힘률은?

① 15%   ② 33%

③ 50%   ④ 66%

⑤ 200%

34 다음 중 자동화재 탐지설비의 구성 요소가 아닌 것은?

① 비상콘센트   ② 표시램프

③ 수신기   ④ 감지기

⑤ 음향장치

35 다음 그림에서 2kg인 진자가 A에서 B로 이동했을 때 감소한 운동 에너지는?(단, 공기 저항은 무시한다)

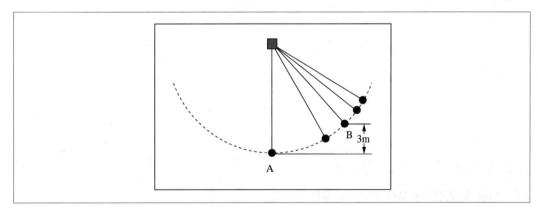

① 56.8J   ② 57.8J

③ 58.8J   ④ 59.8J

⑤ 60.8J

36 다음 중 업무의 어려움을 겪고 있는 B사원에게 A대리가 할 수 있는 조언으로 적절하지 않은 것은?

> A대리 : B씨, 무슨 고민 있어요?
> B사원 : 보고서를 어떻게 풀어가야 할지 생각 중이었습니다. 제가 잘 모르는 내용에 대한 거라 어렵습니다.
> A대리 : 일을 하다 보면 여러 가지 문제를 만나죠. 그럴 때는 유의할 점이 있어요.

① 본인의 편견이나 습관을 조심해야 해요. 문제에 대한 정확한 분석과 적절한 접근을 방해하기 쉽죠.
② 문제와 관련된 자료를 최대한 많이 모으도록 하세요.
③ 기존의 경험을 조심해야 합니다. 경험은 문제해결에 도움이 되기도 하지만 선입견을 갖게 할 위험이 있어요.
④ 쉽게 떠오르는 정보로 해결하려고 하다 보면 오류가 생기기 쉽습니다.
⑤ 직관에 의존해서 판단하면 정작 근본 문제를 해결하지 못하거나 오히려 새로운 문제가 생길 수 있어요.

37 다음 중 저항체의 필요조건이 아닌 것은?

① 고유 저항이 클 것
② 저항의 온도 계수가 작을 것
③ 구리에 대한 열기전력이 적을 것
④ 전압이 높을 것
⑤ 내구성이 좋을 것

38 다음 중 기전력에 대한 설명으로 옳은 것은?

① 전기 저항의 역수
② 전류를 흐르게 하는 원동력
③ 도체에 흐르는 전류의 세기
④ 전기의 흐름
⑤ 전위의 차

39 다음 글을 읽고 보인 반응으로 가장 적절한 것은?

> 캔 음료의 대부분은 원기둥 모양과 함께 밑바닥이 오목한 아치 형태를 이루고 있다는 것을 우리는 잘 알고 있다. 삼각기둥도 있고, 사각기둥도 있는데 왜 굳이 원기둥 모양에 밑면이 오목한 아치 형태를 고집하는 것일까? 그 이유는 수학과 과학으로 설명할 수 있다.
>
> 먼저 삼각형, 사각형, 원이 있을 때 각각의 둘레의 길이가 같다면 어느 도형의 넓이가 가장 넓을까? 바로 원의 넓이이다. 즉 같은 높이의 삼각기둥, 사각기둥, 원기둥이 있다면 이 중 원기둥의 부피가 가장 크다는 것이다. 이것은 원기둥이 음료를 많이 담을 수 있으면서도 캔을 만들 때 사용되는 재료인 알루미늄은 가장 적게 사용된다는 것이고, 이는 생산 비용을 절감시키는 효과로 이어지는 것이다.
>
> 다음으로 캔의 밑바닥을 살펴보면, 같은 원기둥 모양의 캔이라도 음료 캔에 비해 참치 통조림의 경우는 밑면이 평평하다. 이 두 캔의 밑면이 다른 이유는 내용물에 '기체가 포함되느냐, 아니냐?'와 관련이 있다. 탄산음료의 경우, 이산화탄소가 팽창하면 캔 내부의 압력이 커져 폭발할 우려가 있는데 이것을 막기 위해 캔의 밑바닥을 아치형으로 만드는 것이다. 밑바닥이 안쪽으로 오목하게 들어가면 캔의 내용물이 팽창하여 위에서 누르는 힘을 보다 효과적으로 견딜 수 있기 때문이다.

① 교량을 평평하게 만들면 차량의 하중을 보다 잘 견딜 수 있을 거야.
② 집에서 사용하는 살충제 캔의 바닥이 오목하게 들어간 것은 과학적 이유가 있었던 거야.
③ 원기둥 모양의 음료 캔은 과학적으로 제작해서 경제성과는 관련이 없구나.
④ 우리의 갈비뼈는 체내의 압력을 견디기 위해서 활처럼 둥글게 생겼구나.
⑤ 삼각기둥 모양의 캔을 만들면 생산 비용은 원기둥보다 낮아지겠구나.

40 다음 중 〈보기〉의 단어와 의미가 가장 비슷한 영어 단어는?

> **보기**
>
> Exhausted

① Bright   ② Tired
③ Chance   ④ Contest
⑤ Difference

제**2**회

01 다음 명제가 모두 참일 때, 항상 참인 것은?

> • 늦잠을 자지 않으면 부지런하다.
> • 늦잠을 자면 건강하지 않다.
> • 비타민을 챙겨먹으면 건강하다.

① 비타민을 챙겨먹으면 부지런하다.
② 부지런하면 비타민을 챙겨먹는다.
③ 늦잠을 자면 비타민을 챙겨먹는다.
④ 늦잠을 자면 부지런하지 않다.
⑤ 부지런하면 건강하다.

※ 일정한 규칙으로 수나 문자를 나열할 때, 빈칸에 들어갈 알맞은 것을 고르시오. [2~3]

02

121	144	169	( )	225	256

① 182   ② 186
③ 192   ④ 196
⑤ 198

03

B	C	E	I	Q	( )

① B   ② D
③ F   ④ G
⑤ K

04 다음 중 제시된 도형과 같은 것은?

①

②

③

④

⑤

05 다음 설명에 해당하는 센서는?

> • 단위 면적당 작용하는 힘을 감지한다.
> • 터치스크린이나 디지털 저울에 이용된다.

① 가스 센서   ② 소리 센서

③ 압력 센서   ④ 화학 센서

⑤ 자기 센서

06 H사의 출근 시각은 오전 9시이다. H사는 지하철역에서 H사 정문까지 셔틀버스를 운행한다. 정문에 셔틀버스가 출근 시각에 맞춰 도착할 확률은 $\frac{1}{2}$, 출근 시각보다 늦게 도착할 확률은 $\frac{1}{8}$, 출근 시각보다 일찍 도착할 확률은 $\frac{3}{8}$이다. 지하철역에서 3대가 동시에 출발할 때, 2대의 버스는 출근 시각보다 일찍 도착하고, 1대의 버스는 출근 시각에 맞춰 도착할 확률은?

① $\frac{1}{128}$

② $\frac{3}{128}$

③ $\frac{9}{128}$

④ $\frac{27}{128}$

⑤ $\frac{81}{128}$

07 다음 글의 빈칸에 들어갈 내용으로 가장 적절한 것은?

_____ 사람과 사람이 직접 얼굴을 맞대고 하는 접촉이 라디오나 텔레비전 등의 매체를 통한 접촉보다 결정적인 영향력을 미친다는 것이 일반적인 견해로 알려져 있다. 매체는 어떤 마음의 자세를 준비하게 하는 구실을 한다. 예를 들어 어떤 사람에게서 새 어형을 접했을 때 그것이 텔레비전에서 자주 듣던 것이면 더 쉽게 그쪽으로 마음의 문을 열게 된다. 하지만 새 어형이 전파되는 것은 매체를 통해서보다 상면(相面)하는 사람과의 직접적인 접촉에 의해서라는 것이 더 일반적인 견해이다. 사람들은 한두 사람의 말만 듣고 언어 변화에 가담하지 않고 주위의 여러 사람이 다 같은 새 어형을 쓸 때 비로소 그것을 받아들이게 된다고 한다. 매체를 통한 것보다 자주 접촉하는 사람들을 통해 언어변화가 진전된다는 사실은 언어변화의 여러 면을 바로 이해하는 핵심적인 내용이라 해도 좋을 것이다.

① 언어 변화는 결국 접촉에 의해 진행되는 현상이다.

② 연령층으로 보면 대개 젊은 층이 언어 변화를 주도한다.

③ 접촉의 형식도 언어 변화에 영향을 미치는 요소로 지적되고 있다.

④ 매체의 발달이 언어 변화에 중요한 영향을 미치는 것으로 알려져 있다.

⑤ 언어 변화는 외부와의 접촉이 극히 제한되어 있는 곳일수록 그 속도가 느리다.

08 다음은 수동변속 자동차의 운전석 페달을 나타낸 그림이다. (A)의 정확한 영어 명칭은?

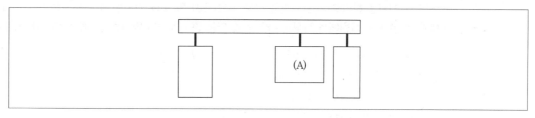

① Clutch
② Brake
③ Break
④ Accelator
⑤ Accelerator

09 다음은 버니어 캘리퍼스를 이용하여 실린더 내경을 측정한 결과이다. 이 실린더 내경의의 내경은?(단, 화살표는 아들자와 어미자의 눈금이 일치하는 곳이다)

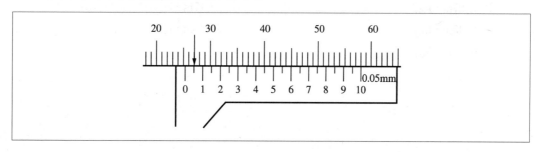

① 20.05mm
② 20.7mm
③ 25.05mm
④ 25.7mm
⑤ 27mm

10 어떤 자동차로 마찰계수가 0.3인 도로에서 제동했을 때 제동 초속도가 10m/s라면, 제동거리는?

① 약 12m
② 약 15m
③ 약 16m
④ 약 17m
⑤ 약 18m

11 H사원은 총무팀에서 근무하고 있으며, 각 부서의 비품 조달을 담당하고 있다. D팀장은 4분기 비품 보급 계획을 수립하라는 지시를 하였으며, H사원은 비품 수요 조사 및 보급 계획을 세워 보고하였다. 보고서를 읽어 본 D팀장은 업무 지도 차원에서 지적을 하였는데, 다음 중 H사원이 받아들이기에 적절하지 않은 것은?

① 각 부서에서 어떤 비품을 얼마만큼 필요한지를 정확하게 조사했어야지.

② 부서에서 필요한 수량을 말했으면 그것보다는 조금 더 여유 있게 준비했어야지.

③ 비품 목록에 없는 것을 요청했다면 비품 보급 계획에서 제외했어야지.

④ 비품 구매비용이 예산을 초과하는지를 검토했어야지.

⑤ 정확한 비품 관리를 위해 비품관리대장을 꼼꼼히 작성했어야지.

12 엔진이 2,000rpm으로 회전하고 있을 때 그 출력이 65PS라고 하면 이 엔진의 회전력은 몇 $m \cdot kg_f$인가?

① $23.27m \cdot kg_f$　　　　　　② $24.17m \cdot kg_f$

③ $24.45m \cdot kg_f$　　　　　　④ $25.46m \cdot kg_f$

⑤ $26.38m \cdot kg_f$

13 다음 중 회전 방향이 나머지와 다른 것은?

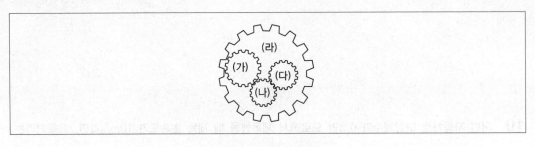

① (가)　　　　　　　　② (나)

③ (다)　　　　　　　　④ (라)

⑤ 모두 같다.

14 다음 〈보기〉 중 납산 축전지 취급 시 주의사항으로 옳지 않은 것을 모두 고르면?

> **보기**
>
> ㄱ. 배터리 접속 시 (+)단자부터 접속한다.
> ㄴ. 전해액이 부족하면 시냇물로 보충한다.
> ㄷ. 피부에 큰 해를 끼치지는 않으므로 맨손 작업이 가능하다.
> ㄹ. 전해액이 옷에 묻지 않도록 주의하다.

① ㄱ, ㄷ   ② ㄱ, ㄹ
③ ㄴ, ㄷ   ④ ㄴ, ㄹ
⑤ ㄷ, ㄹ

---

15 다음 중 〈보기〉에 제시된 자동차 부품의 명칭을 영어로 바르게 옮긴 것은?

> **보기**
>
> 펜더

① Fendor   ② Fender
③ Fander   ④ Pender
⑤ Pander

---

16 다음은 농구 경기에서 갑 ~ 정 4개 팀의 월별 득점에 대한 자료이다. 빈칸에 들어갈 수치로 가장 적절한 것은?(단, 각 수치는 매월 일정한 규칙으로 변화한다)

〈월별 득점 현황〉

(단위 : 점)

구분	1월	2월	3월	4월	5월	6월	7월	8월	9월	10월
갑	1,024	1,266	1,156	1,245	1,410	1,545	1,205	1,365	1,875	2,012
을	1,352	1,702	2,000	1,655	1,320	1,307	1,232	1,786	1,745	2,100
병	1,078	1,423		1,298	1,188	1,241	1,357	1,693	2,041	1,988
정	1,298	1,545	1,658	1,602	1,542	1,611	1,080	1,458	1,579	2,124

① 1,358   ② 1,397
③ 1,450   ④ 1,498
⑤ 1,540

17 다음 글에 비추어 볼 때 합리주의적 입장이 아닌 것은?

> 어린이의 언어 습득을 설명하려는 이론으로는 두 가지가 있다. 하나는 경험주의 혹은 행동주의 이론이요, 다른 하나는 합리주의 이론이다. 경험주의 이론에 의하면 어린이가 언어를 습득하는 것은 어떤 선천적인 능력에 의한 것이 아니라 경험적인 훈련에 의해서 오로지 후천적으로만 이루어지는 것이다. 한편 합리주의적인 언어 습득의 이론에 의하면 어린이가 언어를 습득하는 것은 '거의 전적으로 타고난 특수한 언어 학습 능력'과 '일반 언어 구조에 대한 추상적인 선험적 지식'에 의해서 이루어지는 것이다.

① 어린이는 완전히 백지 상태에서 출발하여 반복 연습과 시행착오와 그 교정에 의해서 언어라는 습관을 형성한다.

② 언어 습득의 균일성이다. 즉, 일정한 나이가 되면 모든 어린이가 예외 없이 언어를 통달하게 된다.

③ 언어의 완전한 달통성이다. 즉, 많은 현실적 악조건에도 불구하고 어린이가 완전한 언어 능력을 갖출 수 있게 된다.

④ 성인이 따로 언어교육을 하지 않더라도 어린이는 스스로 언어를 터득한다.

⑤ 언어가 극도로 추상적이고 고도로 복잡한데도 불구하고 어린이들이 짧은 시일 안에 언어를 습득한다.

18 다음 블록의 개수는?(단, 보이지 않는 곳의 블록은 있다고 가정한다)

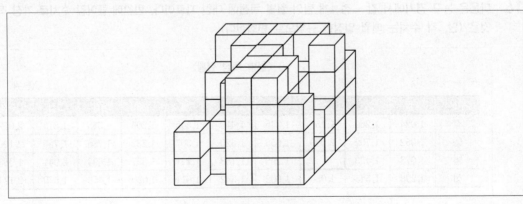

① 73개   ② 74개
③ 75개   ④ 76개
⑤ 77개

19 H음악회는 길이가 4분, 5분, 6분인 곡이 각각 x, y, z곡으로 구성되었다. 6분짜리 곡은 4분과 5분짜리 곡을 합한 것보다 1곡 더 많이 연주되었고, 각 연주곡 사이의 준비시간은 항상 1분이다. H음악회의 전체 시간이 1시간 32분이 걸렸다고 할 때, 6분짜리 곡은 총 몇 곡 연주되었는가?(단, 음악회에 연주와 준비 외에 사용한 시간은 없다)

① 6곡
② 7곡
③ 8곡
④ 9곡
⑤ 10곡

20 H사의 A ~ D 4명은 각각 다른 팀에 근무하는데, 각 팀은 2층 ~ 5층에 위치하고 있다. 다음을 바탕으로 할 때, 항상 참인 것은?(단, 한 층에는 한 팀만 위치한다)

- A ~ D 4명 중 2명은 부장, 1명은 과장, 1명은 대리이다.
- 대리의 사무실은 B보다 높은 층에 있다.
- B는 과장이다.
- A는 대리가 아니다.
- A의 사무실이 가장 높다.

---

① 부장 중 1명은 반드시 2층에 근무한다.
② A는 부장이다.
③ 대리는 4층에 근무한다.
④ B는 2층에 근무한다.
⑤ C는 대리이다.

21 P형 반도체와 N형 반도체를 접합시킨 다이오드가 전류를 한쪽 방향으로만 흐르게 하는 작용은?

① 정류 작용
② 만유인력 법칙
③ 강한 상호 작용
④ 작용 반작용 법칙
⑤ 관성 법칙

22 다음 사례를 읽고 H씨의 행동을 미루어 볼 때, 상사인 귀하가 줄 수 있는 피드백으로 가장 적절한 것은?

> H씨는 2년 차 직장인이다. 그러나 같은 날 입사했던 동료들과 비교하면 좋은 평가를 받지 못하고 있다. 요청받은 업무를 진행하는 데 있어 마감일을 늦추는 일이 허다하고, 주기적인 업무도 누락하는 경우가 많기 때문이다. 그 이유는 자신이 앞으로 해야 할 일에 대해서 계획을 수립하지 않고 즉흥적으로 처리하거나 혹은 주변에서 급하다고 요청이 오면 그제야 하기 때문이다. 그로 인해 본인의 업무뿐만 아니라 주변 사람들의 업무도 늦어지거나, 과중되는 결과를 낳아 업무의 효율성이 떨어지게 되었다.

① 업무를 진행할 때 계획적으로 접근한다면 좋은 평가를 받을 수 있을 거야.
② 너무 편한 방향으로 업무를 처리하면 불필요한 낭비가 발생할 수 있어.
③ 시간도 중요한 자원 중의 하나라는 인식이 필요해.
④ 자원관리에 대한 노하우를 쌓는다면 충분히 극복할 수 있어.
⑤ 업무와 관련하여 다른 사람들과 원활한 소통을 한다면 낭비를 줄일 수 있어.

23 A는 혼자 6일, B는 혼자 8일 만에 끝내는 일이 있다. 같은 일을 A가 하루 먼저 혼자 시작하였고, 그다음 날부터 A와 B가 같이 이틀 동안 일을 하였다. 나머지 일을 B 혼자 끝내려고 할 때, B 혼자 일해야 하는 기간은?

① 1일
② 2일
③ 3일
④ 4일
⑤ 5일

24 다음 중 자동차 부품의 한글 명칭과 영어 명칭이 바르게 연결된 것은?

① 안전벨트 – Slide Belt
② 라디에이터 그릴 – Radiater Grill
③ 배터리 – Bettery
④ 와이퍼 – Wiper
⑤ 좌석 – Sit

25 다음 중 등속도 자재이음의 종류가 아닌 것은?

① 훅 조인트형(Hook Joint Type)

② 트랙터형(Tractor Type)

③ 제파형(Rzeppa Type)

④ 버필드형(Birfield Type)

⑤ 이중 십자형

26 스프링 정수가 $5\mathrm{kg}_f/\mathrm{mm}$의 코일을 1cm 압축하는 데 필요한 힘의 크기는?

① $5\mathrm{kg}_f$ ② $10\mathrm{kg}_f$

③ $50\mathrm{kg}_f$ ④ $100\mathrm{kg}_f$

⑤ $500\mathrm{kg}_f$

27 자동차용 축전지의 비중 30℃에서 1.276일 때 20℃에서의 비중은?

① 1.269   ② 1.275

③ 1.283   ④ 1.290

⑤ 1.294

28 두 종류의 금속 접합부에 전류를 흘리면 전류의 방향에 따라 줄열 이외의 열의 흡수 또는 발생 현상이 생긴다. 이러한 현상을 무엇이라 하는가?

① 제벡 효과   ② 페란티 효과

③ 펠티어 효과   ④ 초전도 효과

⑤ 톰슨 효과

29 다음 글의 주제로 가장 적절한 것은?

'새'는 하나의 범주이다. [+동물][+날 것]과 같이 성분 분석을 한다면 우리 머릿속에 떠오른 '새'의 의미를 충분히 설명했다고 보기 어렵다. 성분 분석 이론의 의미자질 분석은 단순할 뿐이다. 이것이 실망스런 이유는 성분 분석 이론의 '새'에 대한 의미 기술이 고작해야 다른 범주, 즉 조류가 아닌 다른 동물 범주와 구별해 주는 정도밖에 되지 못했기 때문이다. 아리스토텔레스 이래로 하나의 범주는 경계가 뚜렷한 실재물이며 범주의 구성원은 서로 동등한 자격을 가지고 있다고 믿어 왔다. 그리고 범주를 구성하는 단위는 자질들의 집합으로 설명될 수 있다고 생각해 왔다. 앞에서 보여준 성분 분석 이론 역시 그런 고전적인 범주 인식에 바탕을 두고 있다. 어휘의 의미는 의미 성분, 곧 의미자질들의 총화로 기술될 수 있다고 믿는 것, 그것은 하나의 범주가 필요충분조건으로 이루어져 있다는 가정에서만이 가능한 것이었다. 그러나 '새'의 범주를 떠올려 보면 범주의 구성원들끼리 결코 동등한 자격을 가지고 있지 않다. 가장 원형적인 구성원이 있는가 하면, 덜 원형적인 것, 주변적인 것도 있는 것이다. 이렇게 고전 범주화 이론과 차별되는 범주에 대한 새로운 인식은 인지 언어학에서 하나의 혁명으로 간주되었다.

① 고전 범주화 이론의 한계
② '새'가 갖는 성분 분석의 이론적 의미
③ '새'의 성분 분석 결과
④ 성분 분석 이론의 바탕
⑤ '새'의 범주의 필요충분조건

30 다음 설명에 해당하는 것은?

• 자성을 이용한 정보 저장 장치이다.
• 저장된 정보를 읽어 낼 때에는 패러데이의 전자기 유도 법칙이 이용된다.

① CD   ② 액정
③ 전동기   ④ 자기 기록 카드
⑤ 블루레이

31 다음 중 직류 발전기에 있어서 전기자 반작용이 생기는 요인이 되는 전류는?

① 동손에 의한 전류   ② 전기자 권선에 의한 전류
③ 계자 권선의 전류   ④ 규소 강판에 의한 전류
⑤ 누설에 의한 전류

32 다음 중 〈보기〉의 단어와 의미가 가장 비슷한 영어 단어는?

보기
Hope

① Rage   ② Panic

③ Pleasure   ④ Fear

⑤ Wish

33 저항 $10k\Omega$ 의 허용 전력이 $10kW$라 할 때 다음 중 허용 전류는 몇 A인가?

① 0.1A   ② 1A

③ 10A   ④ 100A

⑤ 1,000A

34 30명의 남학생 중에서 16명, 20명의 여학생 중에서 14명이 수학여행으로 국외를 선호하였다. 전체 50명의 학생 중 임의로 선택한 1명이 국내 여행을 선호하는 학생일 때, 이 학생이 남학생일 확률은?

① $\dfrac{3}{5}$ ② $\dfrac{7}{10}$

③ $\dfrac{4}{5}$ ④ $\dfrac{9}{10}$

⑤ $\dfrac{5}{13}$

35 다음 글의 필자가 주장하는 내용으로 가장 적절한 것은?

우리는 우리가 생각한 것을 말로 나타낸다. 또 다른 사람의 말을 듣고, 그 사람이 무슨 생각을 가지고 있는지를 짐작한다. 그러므로 생각과 말은 서로 떨어질 수 없는 깊은 관계를 가지고 있다.

그러면 말과 생각은 얼마만큼 깊은 관계를 가지고 있을까? 이 문제를 놓고 사람들은 오랫동안 여러 가지 생각을 하였다. 그 가운데 가장 두드러진 것이 두 가지 있다. 그 하나는 말과 생각이 서로 꼭 달라붙은 쌍둥이인데 한 놈은 생각이 되어 속에 감추어져 있고 다른 한 놈은 말이 되어 사람 귀에 들리는 것이라는 생각이다. 다른 하나는 생각이 큰 그릇이고 말은 생각 속에 들어가는 작은 그릇이어서 생각에는 말 이외에도 다른 것이 더 있다는 생각이다.

이 두 가지 생각 가운데서 앞의 것은 조금만 깊이 생각해 보면 틀렸다는 것을 즉시 깨달을 수 있다. 우리가 생각한 것은 거의 대부분 말로 나타낼 수 있지만, 누구든지 가슴 속에 응어리진 어떤 생각이 분명히 있기는 한데 그것을 어떻게 말로 표현해야 할지 애태운 경험을 가지고 있을 것이다. 이것 한 가지만 보더라도 말과 생각이 서로 안팎을 이루는 쌍둥이가 아님은 쉽게 판명된다.

인간의 생각이라는 것은 매우 넓고 큰 것이며 말이란 결국 생각의 일부분을 주워 담는 작은 그릇에 지나지 않는다. 그러나 아무리 인간의 생각이 말보다 범위가 넓고 큰 것이라고 하여도 그것을 가능한 한 말로 바꾸어 놓지 않으면 그 생각의 위대함이나 오묘함이 다른 사람에게 전달되지 않기 때문에 말의 신세를 지지 않을 수가 없게 되어있다. 그러니까 말을 통하지 않고는 생각을 전달할 수가 없는 것이다.

① 말은 생각의 폭을 확장시킨다.
② 말은 생각을 전달하기 위한 수단이다.
③ 생각은 말이 내면화된 쌍둥이와 같은 존재이다.
④ 말은 생각의 하위 요소이다.
⑤ 말은 생각을 제한하는 틀이다.

36 볼펜 29자루, 지우개 38개, 샤프 26개를 가지고 가능한 한 많은 학생에게 똑같이 나누어 주면 볼펜은 1개가 부족하고, 샤프와 지우개는 2개가 남는다. 이때 학생 수는 총 몇명인가?

① 5명   ② 6명
③ 7명   ④ 8명
⑤ 9명

37 직선 전류가 흐르는 무한히 긴 도체에서 80cm 떨어진 점의 자기장의 세기가 20At/m일 때, 도체에 흐른 전류의 세기는?

① πA

② 4πA

③ 8πA

④ 16πA

⑤ 32πA

38 다음 중 전류가 전압에 비례하는 것과 관련 있는 것은?

① 키르히호프의 법칙

② 옴의 법칙

③ 줄의 법칙

④ 렌츠의 법칙

⑤ 앙페르의 법칙

39 1마력은 매초 몇 cal의 발열량과 같은가?

① 약 32cal/s

② 약 64cal/s

③ 약 176cal/s

④ 약 735cal/s

⑤ 약 32,025cal/s

40 다음 중 나머지 도형과 다른 것은?

①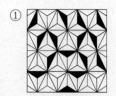

②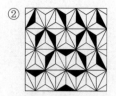

③

④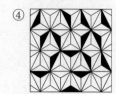

⑤

답안채점 ・ 성적분석 서비스

모바일
OMR

 → LOG IN → → → → →

| 도서 내 모의고사 우측 상단에 위치한 QR코드 찍기 | 로그인 하기 | '시작하기' 클릭 | '응시하기' 클릭 | 나의 답안을 모바일 OMR 카드에 입력 | '성적분석 & 채점결과' 클릭 | 현재 내 실력 확인하기 |

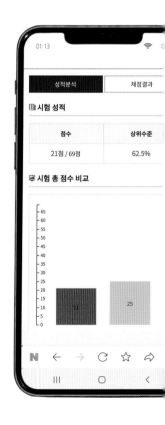

도서에 수록된 모의고사에 대한
객관적인 결과(정답률, 순위)를
종합적으로 분석하여 제공합니다.

※OMR 답안채점 / 성적분석 서비스는 등록 후 30일간 사용 가능합니다.

더 이상의
고졸·전문대졸 필기시험 시리즈는 없다!

"알차다"
꼭 알아야 할 내용을 담고 있으니까

"친절하다"
핵심 내용을 쉽게 설명하고 있으니까

"핵심을 뚫는다"
시험 유형과 유사한 문제를 다루니까

"명쾌하다"
상세한 풀이로 완벽하게 익힐 수 있으니까

성공은 나를 응원하는 **사람**으로부터 **시작**됩니다.

시대에듀가 당신을 힘차게 응원합니다.

합격에듀 시대에듀

사이다 기출응용
모의고사 시리즈

사일 동안
이것만 풀면
다 합격!

사이다

누적 판매량
1위
대기업 인적성검사
시리즈

현대자동차 모빌리티
생산직 / 기술인력
8회분 | 정답 및 해설

[합격시대]
온라인 모의고사
무료쿠폰
—
모바일 OMR
답안채점 / 성적분석
서비스

SDC SDC는 시대에듀 데이터 센터의 약자로 약 30만 개의 NCS · 적성 문제 데이터를 바탕으로 최신 출제경향을 반영하여 문제를 출제합니다.

편저 | SDC(Sidae Data Center)

시대에듀

기출응용 모의고사
정답 및 해설

1일 차 기출응용 모의고사 정답 및 해설

제1회

01	02	03	04	05	06	07	08	09	10	11	12	13	14	15	16	17	18	19	20
①	④	④	①	①	③	①	④	②	③	④	④	③	④	⑤	②	②	②	⑤	⑤
21	22	23	24	25	26	27	28	29	30	31	32	33	34	35	36	37	38	39	40
④	②	①	②	④	①	⑤	①	①	③	④	③	③	①	④	④	④	④	④	②

01

정답 ①

제시된 수열은 홀수 항은 3씩 나누고, 짝수 항은 9씩 더하는 수열이다.
따라서 (　)=(−9)÷3=−3이다.

02

정답 ④

제시된 수열은 $+2^0$, $+2^1$, $+2^2$, $+2^3$, $+2^4$, …을 하는 수열이다.

ㄱ	B	ㄹ	H	ㄴ	(F)
1	2	4	8	16 (=14+2)	(32) (=26+6)

03

정답 ④

최소공배수를 묻는 문제이다. 18과 15의 최소공배수는 90이므로, 톱니의 수가 15개인 B톱니바퀴는 최소 6바퀴를 회전해야 한다.

04

정답 ①

A기어가 24바퀴 회전할 때, B기어는 10바퀴 회전하므로 A기어와 B기어의 기어비는 24 : 10=12 : 5이다. 이때 A기어의 잇수가 60개이므로 $\frac{n_B}{n_A} = \frac{n_B}{60} = \frac{12}{5}$ 이다.

따라서 B기어의 잇수는 $n_B = \frac{12}{5} \times 60 = 12 \times 12 = 144$개다.

05

정답 ①

• 보닛(Bonnet, Hood) : 자동차 엔진룸의 덮개

06

정답 ③

• A기업
  - 화물자동차 : $200,000+(1,000×5×100)+(100×5×100)=750,000$원
  - 철도 : $150,000+(900×5×100)+(300×5×100)=750,000$원
  - 연안해송 : $100,000+(800×5×100)+(500×5×100)=750,000$원
• B기업
  - 화물자동차 : $200,000+(1,000×1×200)+(100×1×200)=420,000$원
  - 철도 : $150,000+(900×1×200)+(300×1×200)=390,000$원
  - 연안해송 : $100,000+(800×1×200)+(500×1×200)=360,000$원

따라서 A기업은 모든 수단이 동일하고, B기업은 연안해송이 가장 저렴하다.

07

정답 ①

빈칸의 다음 문장에서 '외래어가 넘쳐나는 것은 그간 우리나라의 고도성장과 절대 무관하지 않다.'라고 했다. 즉 '사회의 성장과 외래어의 증가는 관계가 있다.'는 의미이므로, 이를 포함하는 일반적 진술인 ①이 빈칸에 들어가는 것이 가장 적절하다.

08

정답 ④

E가 수요일에 봉사활동을 간다면 마지막 조건에 의해 A는 화요일, C는 세 번째 조건에 의해 월요일에 가고, B와 D는 네 번째 조건에 의해 평일에만 봉사활동을 가므로 토요일에 봉사활동을 가는 사람은 없다. 따라서 항상 참이 아닌 것은 ④이다.

[오답분석]
① B가 화요일에 봉사활동을 간다면 두 번째 조건에 의해 A는 월요일, 세 번째·다섯 번째 조건에 의해 C는 수요일 또는 금요일에 봉사활동을 가므로 토요일에 봉사활동을 가는 사람은 없다.
② 세 번째·다섯 번째 조건에 의해 D가 금요일에 봉사활동을 간다면 C는 수요일과 목요일에 갈 수 없으므로 월요일이나 화요일에 봉사활동을 가게 된다. 따라서 다섯 명은 모두 평일에 봉사활동을 가게 된다.
③ D가 A보다 봉사활동을 빨리 가면 D는 월요일, 마지막 조건에 의해 A는 화요일에 가므로 세 번째·다섯 번째 조건에 의해 C는 수요일이나 금요일에 봉사활동을 가게 된다. 따라서 C가 수요일에 봉사활동을 가면 E는 금요일에 가게 되므로 B는 금요일에 봉사활동을 가지 않는다.
⑤ C가 A보다 빨리 봉사활동을 간다면 세 번째·네 번째·마지막 조건에 의해 D는 목요일이나 금요일에 봉사활동을 간다.

09

정답 ②

• 1층 : $8×3-3=21$개
• 2층 : $24-3=21$개
• 3층 : $24-9=15$개
• 4층 : $24-15=9$개
∴ $21+21+15+9=66$개

10

정답 ③

• 열렸을 때 전압 : $V=IR=2×(15+30)=90$
• 닫혔을 때 저항 : $R=15+\dfrac{1}{\dfrac{1}{30}+\dfrac{1}{30}}=30$

따라서 구하는 전압의 세기는 $90÷30=3$A이다.

11

정답 ④

타이어의 구조
- 트레드(Tread) : 지면과 직접 접촉하는 부위로서 타이어의 골격이 되는 카커스와 브레이커 벨트층의 외측에 강력한 고무층으로 되어 있다. 접지면의 문양에 따라 리브(Rib), 러그(Rug), 블록형 등이 있다.
- 브레이커(Breaker) : 트레드와 카커스의 중간 코드(벨트)층으로 외부로부터 오는 충격이나 내부코드의 손상을 방지한다.
- 카커스(Carcass) : 타이어의 골격을 이루는 강도가 큰 코드층으로 타이어의 하중, 충격 및 타이어의 공기압을 유지시켜 주는 역할을 한다.
- 비드(Bead) : 카커스 코드의 끝부분으로 타이어를 휠 림(Wheel Rim)에 고정하는 역할을 한다.
- 사이드월(Side Wall) : 타이어의 옆 부분으로 승차감을 유지시키는 역할을 한다.
- 튜브(Tube) : 타이어 내부의 공기압을 유지시키는 역할을 한다. 오늘날 대부분의 승용차용 타이어는 특수 설계하여 튜브 없는 타이어 (Tubeless)를 사용한다.

12

정답 ④

추의 무게는 지구가 추를 당기는 힘이다. 이의 반작용은 추가 지구를 당기는 힘이다.

> **작용·반작용의 법칙**
> 한 물체가 다른 물체에 힘(작용)을 가하면, 힘을 받은 물체도 힘을 가한 물체에 크기가 같고 방향이 반대인 힘(반작용)을 가한다.

13

정답 ③

B사원의 업무방식에 있어 문제점은 그의 성격으로 인해 나타나는 것이며, B사원의 잘못이 아님을 알 수 있다. 따라서 A대리는 업무방식에 대해 서로 다른 부분을 인정하는 상호 인정에 대한 역량이 필요하다고 볼 수 있다.

14

정답 ④

2시간에 180L를 부으려면 1분에 1.5L씩 부으면 된다. 즉, 30분 동안 부은 물의 양은 45L이고, 항아리에 있는 물의 양은 $180 \times \frac{1}{12} = 15$L이 므로 30분 동안 새어나간 물의 양은 $45 - 15 = 30$L이다. 그러므로 1분에 1L의 물이 새어나간 것을 알 수 있다.

남은 1시간 30분 동안 $180 - 15 = 165$L의 물을 채워야 하므로 1분에 붓는 물의 양을 xL라 하면 식은 다음과 같다.

$(x-1) \times 90 \geq 165 \rightarrow x \geq \frac{17}{6}$

$\therefore x \geq 2.83\cdots$

따라서 1분에 최소 2.9L 이상의 물을 부어야 엄마가 돌아왔을 때 항아리에 물이 가득 차 있을 수 있다.

15

정답 ⑤

[오답분석]
① 해안
② 우리
③ 초상화
④ 공간, 우주

16

정답 ②

아들자의 영점이 어미자 눈금의 24mm와 25mm 사이에 있다. 또한 아들자의 눈금과 어미자의 눈금이 일치하는 곳은 아들자 눈금 0.4mm 부분이므로 나사의 직경은 24+0.4=24.4mm이다.

17

정답 ②

아들자의 영점이 어미자 눈금의 37mm와 38mm 사이에 있다. 또한 아들자의 눈금과 어미자의 눈금이 일치하는 곳은 아들자 눈금 0.42mm 부분이므로 실린더의 내경은 37+0.42=37.42mm이다.

18

정답 ②

②는 별도의 회전 없이 도형의 형태가 일치함을 확인할 수 있다.

19

정답 ⑤

20

정답 ⑤

제시문은 투표 이론 중 합리적 선택 모델에 대해 말하고 있다. 합리적 선택 모델은 유권자들이 개인의 목적을 위해 투표를 한다고 본다. 따라서 투표 행위가 사회적인 배경을 무시할 수 없다는 반박을 제시하는 것이 가장 적절하다.

오답분석

①·②·③·④ 제시문의 내용과 일치하는 주장이다.

21

정답 ④

• A : 에어컨을 과도하게 쓴다.
• B : 프레온 가스가 나온다.
• C : 오존층이 파괴된다.
• D : 지구 온난화가 진행된다.
첫 번째 명제는 ~C → ~B, 세 번째 명제는 ~D → ~C, 마지막 명제는 ~D → ~A이므로 마지막 명제가 도출되기 위해서는 빈칸에 ~B → ~A가 필요하다. 따라서 대우 명제인 '에어컨을 과도하게 사용하면 프레온 가스가 나온다.'가 빈칸에 들어갈 명제로 적절하다.

22

뉴턴의 운동 제2법칙(가속도의 법칙)은 $F = ma$이고 $a = \dfrac{F}{m}$이다.

따라서 $a_A = F$이고 $a_B = \dfrac{F}{2}$이므로 $a_A : a_B = 2 : 1$이다.

23

가솔린기관과 디젤기관의 비교

구분	가솔린기관	디젤기관
장점	• 소음, 진동이 거의 없으므로 정숙하다. • 마력 대비 중량비가 낮아서 마력 높이기가 쉽다. • 제작이 쉬우며 제조 단가가 낮다.	• 연소효율이 높아서 연비가 좋다. • 구조가 간단해서 잔고장이 없다.
단점	• 연소효율이 낮아서 디젤보다 연비가 낮다. • 구조가 복잡하여 잔고장이 많다.	• 자연착화 방식으로 인한 소음과 진동이 많다. • 마력 대비 중량비가 커서 엔진이 커진다. • 제작이 어렵고 단가가 높다.

24

서진이와 민진이가 서로 이웃하여 앉을 확률은 $\dfrac{4! \times 2!}{5!} = \dfrac{2}{5}$이다.

따라서 서진이와 민진이 사이에 적어도 1명이 앉게 될 확률은 $1 - \dfrac{2}{5} = \dfrac{3}{5}$이다.

25

진공 상태에서 물체가 떨어지는 속도는 무게의 영향을 받지 않고 높이와 중력가속도의 크기로 정해진다. 즉, 같은 높이에서 같은 크기의 중력가속도가 작용하여 지면에 도달할 때 속도가 같다.
따라서 물체 A ~ C가 지면에 도달하는 순간까지 걸리는 시간 또한 같다.

26

먼저 병렬로 연결되어 있는 3개(2Ω, 4Ω, 6Ω)의 저항들 중 윗부분의 직렬로 연결된 두 전구 저항 합은 $R = 2+4 = 6\Omega$이며, 이 두 저항과 6Ω 전구의 저항 합은 $R' = \dfrac{6 \times 6}{6+6} = 3\Omega$이다.

따라서 4개의 전구 전체 저항은 $R + R' = 1 + 3 = 4\Omega$이 된다.

27

디스크 브레이크와 드럼 브레이크의 장점과 단점

구분	디스크 브레이크	드럼 브레이크
장점	• 디스크가 외부에 노출되어 있기 때문에 방열성이 좋아 빈번한 브레이크의 사용에도 제동력이 떨어지지 않는다. • 자기작동작용이 없으므로 좌우 바퀴의 제동력이 안정되어 제동 시 한쪽만 제동되는 일이 적다. • 편 브레이크 되는 일이 없다. • 디스크의 강한 원심력 때문에 수분과 불순물에 대한 저항성, 즉 자기 청소 기능이 강하다. • 구조 및 조작이 간단하다. 따라서 패드 점검 및 교환이 용이하다. • 항상 예접촉이 되어 있으므로 브레이크 반응이 무척 빠르다.	• 외부로부터의 오물 등이 내부로 침투하기 어렵다. • 작동하지 않을 때에는 브레이크 슈와 드럼이 떨어져 있기 때문에 저항이 없다. • 제동력이 크다. • 제작 단가를 줄일 수 있다. • 라이닝 슈의 수명이 길다.
단점	• 우천 시 또는 진흙탕 등 사용조건에 영향을 받을 수 있다. • 마찰 면적이 작아서 패드를 압착시키는 힘을 크게 하여야 한다. • 자기 배력작용을 하지 않기 때문에 브레이크 페달을 밟는 힘을 크게 하여야 한다. • 브레이크 부스터(제동력을 배가시켜 주는 장치)를 사용해야 하며, 추가적인 구조를 필요로 한다. • 구조상 가격이 다소 비싸다. • 예접촉 및 큰 압착력으로 패드의 마모가 빠르므로, 자주 교체해 주어야 한다.	• 드럼이 밀폐되어 있기 때문에 브레이크 슈의 찌꺼기가 고이게 된다. • 브레이크 라이닝이 내부에 있기 때문에 외부사용 조건에는 영향을 받지 않으나 방열 효과가 작다. • 제동 시 각 바퀴마다 동적 평형이 깨지기 쉽다. • 드럼 브레이크에선 페이드 현상이 일어나게 된다. • 드럼의 제동력이 더 크기 때문에 뒷바퀴로 가는 유압을 지연시켜주는 장치인 프로포셔닝밸브가 필요하다. • 정비가 디스크 브레이크보다 복잡하며, 특히 라이닝 교체 작업 시에 숙련된 기술이 요구된다.

28
정답 ①

전자제어 점화장치는 각종 센서의 신호를 받아 ECU가 점화 파워 TR을 제어하여 점화코일을 작동시키는 구조로 이루어져 있다.

29
정답 ①

$T = \mu Pr = 0.3 \times 300 \times 0.4 = 36 N \cdot m$

30
정답 ③

A는 8일마다 $\frac{1}{2}$씩 포장할 수 있으므로 24일 후에 남은 물품의 수는 다음과 같다.

처음	8일 후	16일 후	24일 후
512개	256개	128개	64개

B가 처음 받은 물품의 개수를 x개라고 하자. 24일 후에 B에게 남은 물품의 개수는 64개이고 2일마다 $\frac{1}{2}$씩 포장하므로 24일 동안 12번을 포장한다.

$x \times \left(\frac{1}{2} \right)^{12} = 64$

$\rightarrow x \times 2^{-12} = 2^6$

$\therefore x = 2^{6+12}$

따라서 B는 처음에 2^{18}개의 물품을 받았다.

1일 차 정답 및 해설 **7**

31

b의 길이와 한 일의 양은 관계없으므로 변함이 없다.

[오답분석]

① · ⑤ ㉠점은 작용점으로 a, b의 길이와 관계없다.
② b가 길어질수록 힘은 적게 든다.
③ b의 길이와 한 일의 양은 관계없으므로 한 일의 양은 변함이 없다.

32

• Engine : 엔진

33

피스톤의 구비 조건은 가볍고 열팽창률이 작으며, 열전도율이 높고 고온 · 고압의 폭발압력에 견디어야 한다.

피스톤의 구비 조건
• 무게가 가벼울 것
• 고온 및 고압의 가스에 견딜 수 있을 것
• 열전도율이 우수할 것
• 열팽창률이 작을 것
• 블로 바이 현상이 적을 것
• 각 기통의 피스톤 간 무게의 편차가 작을 것

34

보기의 '이 둘'은 제시문의 산제와 액제를 의미하므로 이 둘에 대해 설명하고 있는 위치에 들어가야 함을 알 수 있다. 또 상반되는 사실을 나타내는 두 문장을 이어줄 때 사용하는 접속어 '하지만'을 통해 산제와 액제의 단점을 이야기하는 보기 문장 앞에는 산제와 액제의 장점에 대한 내용이 와야 함을 알 수 있다. 따라서 보기는 (가)에 들어가는 것이 가장 적절하다.

35

(열차가 이동한 거리)=(열차의 길이)+(터널의 길이)이다.
열차의 길이와 속력을 각각 xm, ym/s라 하면 식은 다음과 같다.
$x+50=10y \cdots ㉠$
$x+200=25y \cdots ㉡$
㉠과 ㉡을 연립하면 다음과 같다.
$-150=-15y \rightarrow y=10$
$\therefore x=50$
따라서 열차의 길이는 50m이다.

36

올바른 갈등해결방법

- 다른 사람들의 입장을 이해한다. 사람들이 당황하는 모습을 자세하게 살핀다.
- 어려운 문제는 피하지 말고 맞선다.
- 자신의 의견을 명확하게 밝히고 지속적으로 강화한다.
- 사람들과 눈을 자주 마주친다.
- 마음을 열어놓고 적극적으로 경청한다.
- 타협하려 애쓴다.
- 어느 한쪽으로 치우치지 않는다.
- 논쟁하고 싶은 유혹을 떨쳐낸다.
- 존중하는 자세로 사람들을 대한다.

37

정답 ④

2024년에 세 번째로 많은 생산을 했던 분야는 일반기계 분야이다.

일반기계 분야의 2022년도 대비 2023년의 변화율은 $\frac{4,020-4,370}{4,370} \times 100 ≒ -8\%$로 8% 감소하였다.

38

정답 ④

오답분석

① Neutral Gear
② Clutch
③ Wiper
⑤ Paddle Shift

39

정답 ④

각 점에서의 역학적 에너지는 마찰을 무시했으므로 모두 같다. 그리고 같은 높이에서는 위치 에너지가 같으며, 위치 에너지가 가장 낮은 C점에서 운동 에너지가 가장 크다.

40

정답 ②

제시된 자료는 구성비에 해당하므로 2024년에 전체 수송량이 증가하였다면 2024년 구성비가 감소하였어도 수송량은 증가했을 수 있다. 구성비로 수송량 자체를 비교해서는 안 된다는 점에 유의해야 한다.

01	02	03	04	05	06	07	08	09	10	11	12	13	14	15	16	17	18	19	20
②	③	④	①	⑤	⑤	④	①	⑤	③	⑤	③	③	①	②	③	①	②	②	⑤

21	22	23	24	25	26	27	28	29	30	31	32	33	34	35	36	37	38	39	40
③	③	③	①	①	②	⑤	②	③	③	⑤	①	③	②	①	④	⑤	④	②	②

01
정답 ②

제시문의 중심 내용을 정리해 보면 '사회 방언은 지역 방언만큼의 주목을 받지는 못하였다.', '사회 계층 간의 방언차는 사회에 따라서는 상당히 현격한 차이를 보여 일찍부터 논의의 대상이 되었다.', '사회 계층 간의 방언 분화는 최근 사회 언어학의 대두에 따라 점차 큰 관심의 대상이 되어가고 있다.'로 요약할 수 있다. 이 내용을 토대로 주제를 찾는다면 '최근 두드러진 사회 방언에 대한 관심'이 전체 내용의 핵심이라는 것을 알 수 있다.

02
정답 ③

일반 내용의 스팸 문자는 2023년 하반기 0.12통에서 2024년 상반기에 0.05통으로 감소하였다.

오답분석

① 제시된 자료에 따르면 2024년부터 성인 스팸 문자 수신이 시작되었다.

② 2023년 하반기에는 일반 스팸 문자가, 2024년 상반기에는 대출 스팸 문자가 가장 높은 비중을 차지했다.

④ 해당 기간 동안 대출 관련 스팸 문자가 가장 큰 폭(0.05)으로 증가하였다.

⑤ 전년 동분기 대비 2024년 하반기의 1인당 스팸 문자의 내용별 수신 수의 증가율은 $\frac{0.17-0.15}{0.15} \times 100 ≒ 13.33\%$이므로 옳은 설명이다.

03
정답 ④

제시된 수열은 앞의 항에 -2^1, $+2^2$, -2^3, $+2^4$, -2^5, …을 하는 수열이다.
따라서 ( )$=(-18)+2^6=(-18)+64=46$이다.

04
정답 ①

제시된 수열은 1, 2, 2, 3, 3, 3, 4, 4, 4, 4, …인 수열이다.

A	ㄴ	B	三	ㄷ	C	iv	四	(ㄹ)	D
1	2	2	3	3	3	4	4	4	4

05
정답 ⑤

• Van : 승합차
• Ship : 배

06

직렬연결 전체 저항은 $5\Omega + 5\Omega = 10\Omega$이며, 회로에 흐르는 전체 전류는 $I = \dfrac{V}{R} = \dfrac{6V}{10\Omega} = 0.6A$이다.

07

정답 ④

아들자의 영점이 어미자 눈금의 33mm와 34mm 사이에 있다. 또한 아들자의 눈금과 어미자의 눈금이 일치하는 곳은 아들자 눈금 0.36mm 부분이므로 실린더의 두께는 33+0.36=33.36mm이다.

08

정답 ①

아들자의 영점이 어미자 눈금의 50mm와 51mm 사이에 있다. 또한 아들자의 눈금과 어미자의 눈금이 일치하는 곳은 아들자 눈금 0mm 부분이므로 회전축의 직경은 50+0=50mm이다.

09

정답 ⑤

• 주차 브레이크(Parking Brake) : 주차 시 차량을 움직이지 않게 하는 제동장치로 사이드 브레이크라고도 한다.

10

정답 ③

보기의 '벨의 특허와 관련된 수많은 소송'은 (나) 바로 뒤의 문장에서 언급하는 '누가 먼저 전화를 발명했는지'에 대한 소송을 의미한다. (다)의 앞부분에서는 이러한 소송이 치열하게 이어졌음을 이야기하지만, (다)의 뒷부분에서는 벨이 무혐의 처분과 함께 최초 발명자라는 판결을 받았음을 이야기한다. 따라서 소송이 종료되었다는 보기의 문장은 (다)에 들어가는 것이 가장 적절하다.

11

정답 ⑤

모든 1과 사원은 가장 실적이 많은 2과 사원보다 실적이 많고, 3과 사원 중 일부는 가장 실적이 많은 2과 사원보다 실적이 적다. 따라서 '어떤 3과 사원은 가장 실적이 적은 1과 사원보다 실적이 적다.'는 결론을 얻을 수 있다.

12

정답 ③

A는 볼펜을 좋아하고, 볼펜을 좋아하는 사람은 수정테이프를 좋아한다. 따라서 'A는 수정테이프를 좋아한다.'는 결론을 얻을 수 있다.

13

정답 ③

톱니바퀴가 회전하여 다시 처음의 위치로 돌아오려면 적어도 두 톱니 수의 최소공배수만큼 회전해야 한다. 25와 35의 최소공배수를 구하면 $25 = 5^2$, $35 = 5 \times 7$이므로 $5^2 \times 7 = 175$이다. 따라서 A는 175÷25=7바퀴를 회전해야 한다.

14

오답분석

② ③ ④ ⑤

15

정답 ②

대화에서 유머를 적절히 사용하는 것은 분위기를 부드럽게 하는 등 도움이 될 수 있다. 그러나 심각한 내용이 오가고 있는데 유머를 사용하면 말하는 사람 입장에서는 자신의 말이 무시당했다고 생각하기 쉽다. 심각한 분위기가 싫어서, 내용이 이해가 안 돼서 이렇게 하는 경우가 있는데 이것은 얼렁뚱땅 대화를 피하는 잘못된 듣기 태도이다. 따라서 B사원이 잘못된 듣기 태도를 보이고 있다.

16

정답 ③

- 다섯 사람이 일렬로 줄을 서는 경우의 수 : $5!=5\times4\times3\times2\times1=120$가지
- 현호, 진수가 양 끝에 서는 경우의 수 : $2\times$(민우, 용재, 경섭이가 일렬로 줄을 서는 경우의 수)$=2\times3!=12$가지

다섯 사람이 일렬로 줄을 설 때 양 끝에 현호와 진수가 서는 확률은 $\dfrac{12}{120}=\dfrac{1}{10}$이다.

따라서 $a+b=11$이다.

17

정답 ①

- 1층 : $7\times3-1=20$개
- 2층 : $21-5=16$개
- 3층 : $21-9=12$개
- 4층 : $21-14=7$개
∴ $20+16+12+7=55$개

18

정답 ②

오답분석
① Area
③ Check
④ Result
⑤ Past

19

정답 ②

두 물체의 운동 방정식은 $30N-20N=(3kg+2kg)a$이다.
따라서 가속도는 $a=\dfrac{10}{5}=2m/s^2$임을 알 수 있다.

20

R_2를 증가시키면 R_2에 흐르는 전류는 감소하고 반대로 R_3에 흐르는 전류는 증가하게 된다. R_2를 증가시키면 R_2와 R_3의 합성 저항이 커지므로 전체 합성 저항은 증가하고 R_1에 걸리는 전압은 감소하게 된다.

21

16세기 말 그레고리력이 도입되기 전 프랑스 사람들은 3월 25일부터 4월 1일까지 일주일 동안 축제를 벌였음을 제시문을 통해 알 수 있다.

[오답분석]

① 만우절이 프랑스에서 기원했다는 이야기는 많은 기원설 중의 하나일 뿐, 정확한 기원은 알려지지 않았다.
② 프랑스는 16세기 말 그레고리력을 받아들이면서 달력을 새롭게 개정하였다.
④ 프랑스에서는 만우절에 놀림감이 된 사람들을 '4월의 물고기'라고 불렀다.
⑤ 프랑스의 관습이 18세기에 이르러 영국으로 전해지면서 영국의 만우절이 생겨났다.

22

막대의 중점은 15cm 지점이므로 받침점에서 5cm 떨어진 지점이다. 왼쪽 힘과 오른쪽 힘의 균형에 대한 식은 다음과 같다.
$40\text{N} \times 10\text{cm} = (막대무게) \times 5\text{cm} + 10\text{N} \times 20\text{cm}$
따라서 막대의 무게는 40N임을 알 수 있다.

23

전체 일의 양을 1이라고 하고, A~C가 하루에 할 수 있는 일의 양을 각각 $\dfrac{1}{a}$, $\dfrac{1}{b}$, $\dfrac{1}{c}$라고 하면 식은 다음과 같다.

$\dfrac{1}{a} + \dfrac{1}{b} = \dfrac{1}{12}$ ··· ㉠

$\dfrac{1}{b} + \dfrac{1}{c} = \dfrac{1}{6}$ ··· ㉡

$\dfrac{1}{c} + \dfrac{1}{a} = \dfrac{1}{18}$ ··· ㉢

㉠, ㉡, ㉢을 모두 더한 다음 2로 나누면 3명이 하루에 할 수 있는 일의 양을 구할 수 있다.

$\dfrac{1}{a} + \dfrac{1}{b} + \dfrac{1}{c} = \dfrac{1}{2}\left(\dfrac{1}{12} + \dfrac{1}{6} + \dfrac{1}{18}\right) = \dfrac{1}{2}\left(\dfrac{3+6+2}{36}\right) = \dfrac{11}{72}$

따라서 72일 동안 3명이 끝낼 수 있는 일의 양은 $\dfrac{11}{72} \times 72 = 11$이므로 전체 일의 양의 11배이다.

24

수랭식과 공랭식의 비교

구분	수랭식	공랭식
냉각효과	각 부분의 균일 냉각이 가능하며, 냉각능력이 크다.	균일 냉각이 곤란하며, 열변형을 일으키기 쉽다.
출력 및 내구성	압축비가 높고, 평균 유효압력 증대로 출력증가가 가능하다. 또한 열부하용량 증대로 내구성이 뛰어나다.	압축비가 낮고, 냉각팬 손실마력 등의 이유로 고출력화가 곤란하다.
중량·용량	냉각수 재킷, 방열기, 물 펌프 등이 필요하지만, 체적이 간소화된다.	냉각팬과 실린더 도풍커버 등이 필요하고, 체적이 커진다.
연비·엔진소비·마멸	• 열효율이 높고 연비가 좋으며, 열변형이 적고 오일 소비가 적다. • 저온에서는 마멸의 가능성이 있다.	• 연비·오일의 소비가 커지는 경향이 있으며, 오일의 고온열화가 있다. • 저온에서는 마멸이 적다.
소음	워터 재킷이 방음벽이 되며, 소음이 적다.	냉각팬 및 핀에 의한 소음이 크다.
보수	냉각수의 보수 및 점검이 필요하다.	보수 점검이 용이하다.

25

정답 ①

$$(조향 기어비) = \frac{(조향 핸들이 움직인 각도)}{(피트먼 암의 작동각도)}$$

26

정답 ②

$$가속도(a) = \frac{힘(F)}{질량(m)} = \frac{1}{2} = 0.5m/s^2$$

27

정답 ⑤

갈등을 발견하고도 즉각적으로 다루지 않는다면 나중에는 팀 성공을 저해하는 장애물이 될 것이다. 그러나 갈등이 존재한다는 사실을 인정하고 해결을 위한 조치를 취한다면, 갈등을 해결하기 위한 하나의 기회로 전환할 수 있다.

28

정답 ②

제시문은 나전칠기의 개념을 제시하고 우리나라 나전칠기의 특징, 제작방법 그리고 더 나아가 국내 나전칠기 특산지에 대해 설명하고 있다. 따라서 (라) 나전칠기의 개념 – (가) 우리나라 나전칠기의 특징 – (다) 나전칠기의 제작방법 – (나) 나전칠기 특산지 소개 순으로 나열하는 것이 적절하다.

29

정답 ③

그림을 좌우 반전하면 🌸, 이를 시계 방향으로 90° 회전하면 🌸이 된다.

30

테니스 동아리의 인원을 x명이라고 하면 사용료에 대한 다음과 같은 식이 성립한다.

$5,500x-3,000=5,200x+300$

→ $300x=3,300$

∴ $x=11$

따라서 인원은 11명이며, 사용료는 $5,200×11+300=57,500$원이다.

31

제시된 단어의 의미는 '비평하다'로, 이와 같은 의미를 가진 단어는 ⑤이다.

[오답분석]

① 칭찬하다

② 기부하다

③ 소모하다

④ 보호하다

32

(받침점에서 작용점까지의 거리) : (받침점에서 힘점까지의 거리)=(지레에 가해주는 힘) : (물체의 무게)

$20cm : 40cm=F : 10N$

따라서 지렛대를 수평으로 하기 위해 필요한 힘은 $F=5N$임을 알 수 있다.

33

지구에서의 위치 에너지는 지표면과 멀어질수록 증가하게 된다. 반대로 위치 에너지가 가장 작은 지점은 지면과 가장 가까이 있을 때이다.

34

(합성 저항)$=4+\dfrac{4×4}{4+4}=6\,\Omega$

$12V=I×6\,\Omega$

따라서 현재 전류계에 흐르는 전류의 세기(I)는 2A이다.

35

여지 반사식 매연측정기의 시료 채취관을 배기관의 중앙에 오도록 하고 20cm 깊이로 삽입한다.

36

모터(기동전동기)는 크게 직권식, 분권식, 복권식으로 분류할 수 있다.

37

다섯 명 중 단 한 명만이 거짓말을 하고 있으므로 C와 D 중 한 명은 반드시 거짓을 말하고 있다.
ⅰ) C의 진술이 거짓일 경우
 B와 C의 말이 모두 거짓이 되므로 한 명만 거짓말을 하고 있다는 조건이 성립하지 않는다.
ⅱ) D의 진술이 거짓일 경우

구분	A	B	C	D	E
출장지역	잠실		여의도	강남	

 이때, B는 상암으로 출장을 가지 않는다는 A의 진술에 따라 상암으로 출장을 가는 사람은 E임을 알 수 있다.
따라서 'E는 상암으로 출장을 가지 않는다.'는 항상 거짓이 된다.

38

제시된 그림은 자기장의 변화로 전류를 발생시키는 것이다. 전자기 센서는 금속 탐지기, 지하철 출입문 등이 그 예인데, 자기장의 영향으로 물질의 성질이 변하는 것을 이용하여 자기장을 측정하는 센서이므로 제시된 그림과 같은 원리라고 할 수 있다.

39

오답분석
① Windshield
③ Roof
④ Fuel Tank
⑤ Passenger Seat

40

판 스프링 구조
• 스팬(Span) : 스프링의 아이와 아이의 중심거리이다.
• 아이(Eye) : 주(Main) 스프링의 양 끝부분에 설치된 구멍을 말한다.
• 캠버(Camber) : 스프링의 휨 양을 말한다.
• 센터볼트(Center Bolt) : 스프링의 위치를 맞추기 위해 사용하는 볼트이다.
• U 볼트(U-bolt) : 차축 하우징을 설치하기 위한 볼트이다.
• 닙(Nip) : 스프링의 양 끝이 휘어진 부분이다.
• 섀클(Shackle) : 스팬의 길이를 변화시키며, 스프링을 차체에 설치한다.
• 섀클 핀(행거) : 아이가 지지되는 부분이다.

2일 차 기출응용 모의고사 정답 및 해설

제 **1** 회

01	02	03	04	05	06	07	08	09	10	11	12	13	14	15	16	17	18	19	20
②	③	⑤	⑤	②	⑤	③	⑤	①	④	②	②	⑤	①	①	①	②	③	②	④
21	22	23	24	25	26	27	28	29	30	31	32	33	34	35	36	37	38	39	40
③	②	④	②	①	②	④	③	②	③	③	②	④	①	③	①	③	①	⑤	①

01

정답 ②

정육면체가 되기 위해서는 한 층에 $5 \times 5 = 25$개씩 5층이 필요하다.
• 1층 : 7개
• 2층 : 7개
• 3층 : 9개
• 4층 : 11개
• 5층 : 18개
∴ $7 + 7 + 9 + 11 + 18 = 52$개

02

정답 ③

의자의 개수를 x개, 사원 수를 y명이라 하면 다음과 같은 식이 성립한다.
$y = 4 \times (x-2) + 1 \rightarrow y = 4x - 8 + 1 \rightarrow y = 4x - 7 \cdots$ ㉠
$y = 3x + 2 \cdots$ ㉡
㉠에 y대신 ㉡을 대입하여 x를 구하면 다음과 같다.
$3x + 2 = 4x - 7$
∴ $x = 9$
따라서 의자 개수는 9개이므로 홍보부서 사원의 총인원은 $3 \times 9 + 2 = 29$명이다.

03

정답 ⑤

A나 C가 농구를 한다면 진실만 말해야 하는데, 모두 다른 사람이 농구를 한다고 말하고 있으므로 거짓을 말한 것이 되어 모순이 된다. 그러므로 농구를 하는 사람은 B 또는 D이다.
• B가 농구를 하는 경우 : C는 야구, D는 배구를 하고 남은 A가 축구를 한다. A가 한 말은 모두 거짓이고, C와 D는 진실과 거짓을 한 개씩 말하므로 모든 조건이 충족된다.
• D가 농구를 하는 경우 : B은 야구, A는 축구, C는 배구를 한다. 이 경우 A가 진실과 거짓을 함께 말하고, B와 C는 거짓만 말한 것이 되므로 모순이 되어 D는 농구를 하지 않는다.
따라서 A는 축구, B는 농구, C는 야구, D는 배구를 한다.

04

남성의 경제활동 참가율의 경우 가장 높았던 때가 74.0%이고 가장 낮았던 때는 72.2%로 치이는 2%p 이하이지만, 여성의 경제활동 참가율의 경우 가장 높았던 때가 50.8%이고 가장 낮았던 때는 48.1%로 2%p 이상 차이가 난다.

오답분석
① 2024년 1분기 경제활동 참가율은 60.1%로 전년 동기 경제활동 참가율 59.9% 대비 0.2%p 상승했다.
② 2024년 1분기 여성 경제활동 참가율(48.5%)은 남성(72.3%)에 비해 낮지만, 전년 동기 48.1%에 비해 0.4%p 상승했다.
③ 남녀 경제활동 참가율의 합이 가장 높았던 때는 73.8+50.8=124.6인 2023년 2분기이다.
④ 조사 기간 중 경제활동 참가율이 가장 낮았을 때는 2023년 1분기로, 이때는 여성 경제활동 참가율 역시 48.1%로 가장 낮았다.

05

정답 ②

• Passenger Seat : 조수석

06

정답 ⑤

탄성력은 F=kx이므로 탄성계수 k는 $\frac{4}{5}$ =0.8N/cm이다.

따라서 용수철에 가해진 힘은 0.8×8=6.4N이다.

07

정답 ③

아들자의 영점이 어미자 눈금의 50mm와 51mm 사이에 있다. 또한 아들자의 눈금과 어미자의 눈금이 일치하는 곳은 아들자 눈금 0.9mm 부분이므로 나사의 길이는 50+0.9=50.9mm이다.

08

정답 ⑤

예컨대 조직의 의사결정과정이 창의성을 발휘할 수 있는 분위기에서 진행된다면, 적절한 수준의 내부적 갈등이 순기능을 할 가능성이 높다.

09

정답 ①

간접 경험에서 연민을 갖기 어렵다고 치더라도 고통을 대면하는 경우가 많아진 만큼 연민의 필요성이 커지고 있다. 따라서 이러한 주장을 현대인들이 연민을 느끼지 못한다는 것에 대한 반박으로 들 수 있다.

오답분석
②·③·⑤ 제시문의 내용과 일치하는 주장이다.
④ 학자들이 주장하는 연민의 조건 중 하나로 반박으로는 적절하지 않다.

10

정답 ④

• 루프(Roof) : 자동차 천장에 씌우는 덮개

11

정답 ②

회로에서의 전체 저항은 $R = \dfrac{20}{2} = 10\,\Omega$이다.

$$8 + \cfrac{1}{\cfrac{1}{4} + \cfrac{1}{R_A}} = 10$$

$$\rightarrow \frac{1}{4} + \frac{1}{R_A} = \frac{1}{2}$$

$$\rightarrow \frac{1}{R_A} = \frac{1}{4}$$

따라서 $R_A = 4\,\Omega$이다.

12

정답 ②

일반적으로 브레이크 오일은 알코올의 일종인 에틸렌글리콜과 피마자유를 혼합하여 제조한다.

13

정답 ⑤

14

정답 ①

제시된 수열은 홀수 항은 ×(−2)+2, 짝수 항은 +3, +6, +9, …를 하는 수열이다.
따라서 (   )=10×(−2)+2=−18이다.

15

정답 ①

제시된 수열은 홀수 항은 2씩 빼고, 짝수 항은 4씩 더하는 수열이다.

ㅜ	ㄷ	(ㅗ)	ㅅ	ㅓ	ㅋ
7	3	5	7	3	11

16

정리함의 세로 길이를 a라고 할 때, 부피와의 관계식은 다음과 같다.

$28 \times a \times (27-a) = 5,040$

$\rightarrow -a^2 + 27a = 180$

$\rightarrow (a-12)(a-15) = 0$

따라서 a는 12cm 또는 15cm이며 이때 높이가 세로 길이보다 길다고 하였으므로 세로는 12cm임을 알 수 있다.

17

정답 ②

$n = \dfrac{100-80}{100} \times 100 = 20$J이므로, $\dfrac{50-40}{50} \times 100 = 20$에서 ㉠$=50-40=10$J이다.

18

정답 ③

전자제어 제동장치에서 바퀴의 회전 및 회전속도, 고정 유무를 검출하는 것은 휠 스피드센서이다.

19

정답 ②

계기판 충전 경고등은 발전기 고장으로 인한 충전 불량 시 점등된다.

20

정답 ④

제시문은 앞부분에서 언어가 사고능력을 결정한다는 언어결정론자들의 주장을 소개하고, 이어지는 문단에서 이에 대하여 반박하면서 우리의 생각과 판단이 언어가 경험에 의해 결정된다고 결론짓고 있다. 그러므로 빈칸에는 언어결정론자들이 내놓은 근거를 반박하면서도 사고능력이 경험에 의해 결정된다는 주장에 위배되지 않는 내용이 들어가야 한다. 따라서 풍부한 표현을 가진 언어를 사용함에도 인지능력이 뛰어나지 못한 경우가 있다는 내용이 빈칸에 들어가는 것이 가장 적절하다.

21

정답 ③

운동 에너지 $\left(\dfrac{1}{2}\text{mv}^2\right)$는 질량에 비례하므로 가장 큰 질량인 물체 C가 운동 에너지도 가장 큰 것을 알 수 있다.

22

정답 ②

(실린더 1개의 배기량)=(실린더 1개의 행정체적)=$\dfrac{1,280}{4}=320$cc이다. $\dfrac{320+40}{40}=9$이므로, 압축비는 9 : 1이다.

23

정답 ④

제너 다이오드는 역방향에 가해지는 전압이 어떤 값에 이르면 정방향 특성과 같이 급격히 전류가 흐르게 되는 다이오드로, 정전압 회로에 사용된다.

24

오답분석
① Muffler
③ Fender
④ Side Mirror
⑤ Gear Shift

25

정답 ①

맨 앞의 할아버지와 맨 뒤의 할머니를 제외한 5명이 일렬로 서는 경우의 수를 구하면 된다.
따라서 구하고자 하는 경우의 수는 5!＝120가지이다.

26

정답 ②

②는 '해결할 수 있는 갈등'에 대한 설명이다. 해결할 수 있는 갈등은 목표와 욕망, 가치, 문제를 바라보는 시각과 이해하는 시각이 다를 경우에 일어날 수 있는 갈등이다.

27

정답 ④

제시된 명제를 정리하면 다음과 같다.
• 테니스 ○ → 가족여행 ×
• 가족여행 ○ → 독서 ○
• 독서 ○ → 쇼핑 ×
• 쇼핑 ○ → 그림 그리기 ○
• 그림 그리기 ○ → 테니스 ○
이를 정리하면 '쇼핑 ○ → 그림 그리기 ○ → 테니스 ○ → 가족여행 ×'이므로 '쇼핑을 좋아하는 사람은 가족여행을 싫어한다.'는 반드시 참이다.

28

정답 ③

저항이 30Ω일 때, $4=\dfrac{V}{30}$ 이므로 V＝120이다.

따라서 저항이 20Ω일 때 전류 I는 $\dfrac{120}{20}=6A$이다.

29

정답 ②

회로에서의 전체 저항은 $R=\dfrac{20}{2}=10\,\Omega$이다.

$$8+\dfrac{1}{\dfrac{1}{4}+\dfrac{1}{R_A}}=10$$

$$\rightarrow \dfrac{1}{4}+\dfrac{1}{R_A}=\dfrac{1}{2}$$

$$\rightarrow \dfrac{1}{R_A}=\dfrac{1}{4}$$

따라서 $R_A=4\,\Omega$이다.

2일 차 정답 및 해설 **21**

30

정답 ③

1PS는 약 $75\text{kg}_f \cdot \text{m/s}$ 이므로 계산하면 다음과 같다.

$(75 \times 9.8)\text{N} \cdot \text{m/s}$

$= (75 \times 9.8)\text{J/s}$

$= (75 \times 9.8 \times 0.24)\text{cal/s}$

$= \left(75 \times 9.8 \times 0.24 \times 3{,}600 \times \dfrac{1}{1{,}000} \right) \text{kcal/h}$

$= 635.04\text{kcal}$

따라서 1PS로 1시간 동안 하는 일량을 열량 단위로 변환하면 약 635.04kcal이다.

31

정답 ③

안전 체크 밸브는 동력 조향장치 고장 시 수동으로 원활한 조향이 가능하도록 한다.

32

정답 ②

a의 경우 7, 35, 91의 최대공약수 7이 되고, b의 경우 17, 34, 51의 최소공배수 $7 \times 2 \times 3 = 102$가 되면 $\dfrac{b}{a}$ 가 될 수 있는 가장 작은 값이 된다.

따라서 $\dfrac{b}{a} = \dfrac{102}{7}$ 이므로 $a + b = 7 + 102 = 109$이다.

33

정답 ④

제시된 도형을 시계 반대 방향으로 90° 회전한 것임을 알 수 있다.

34

정답 ①

필자는 관상의 원리가 받아들일 만하다면, 얼굴이 검붉은 사람은 육체적 고생을 하지만, 실제로 주위에서 얼굴이 검붉지만 육체적 고생을 하지 않고 편하게 살아가는 사람을 얼마든지 볼 수 있다고 말한다. 즉, 필자는 '관상의 원리는 받아들일 만한 것이 아니다.'라고 주장함을 추론할 수 있다.

[오답분석]

ㄴ・ㄷ. 관상의 원리가 받아들일 만하다고 생각하는 사람에게는 적절하지 않은 이야기다.

> 추론적 독해는 글에 드러나지 않은 부분을 추론하여 답을 도출해야 하기 때문에 사실적 독해 유형에 비해 난도가 높다고 느끼는 경우가 많다. 그러나 글의 세부적 내용에 대한 이해가 기반이 된다는 점에서 본질은 같으므로 선택지를 먼저 읽은 후 관련 내용을 확인하여 선택지의 적절성을 판단하고 답을 고르도록 한다.

35

정답 ③

[오답분석]

① 불평하다
② 알아보다
④ 알아내다; 결정하다
⑤ 반복하다

36

정답 ①

내일 날씨가 화창하고 사흘 뒤 비가 올 모든 경우를 정리하면 다음과 같다.

구분	내일	모레	사흘 뒤
경우 1	화창	화창	비
경우 2	화창	비	비

- 경우 1의 확률 : $0.25 \times 0.30 = 0.075$
- 경우 2의 확률 : $0.30 \times 0.15 = 0.045$

따라서 사흘 뒤에 비가 올 확률은 $0.075 + 0.045 = 0.12 = 12\%$이다.

37

정답 ③

시간 – 속도 그래프에서 기울기는 가속도를 나타낸다.
A, B, C에 모두 같은 힘을 주었다고 했으므로 $F = ma$에서 가속도(기울기)가 크면 질량(m)이 작아져야 한다.
따라서 질량이 가장 큰 것은 가속도가 가장 작은 C임을 알 수 있다.

38

정답 ①

$1\text{PS} = 75\text{kg}_f \cdot \text{m/s}$이므로 $100\text{PS} = 7,500\text{kg}_f \cdot \text{m/s}$이다. 이는 $7,500\text{kg}_f$의 물건을 1m 올리는 데 1초가 걸린다는 의미이다.
따라서 $2,500\text{kg}_f$의 물체를 3m 올리는 데 필요한 일의 양은 $7,500\text{kg}_f \cdot \text{m}$이고 100PS는 1초 동안 $7,500\text{kg}_f$의 물체를 1m 들어 올릴 수 있으므로 1초가 걸린다.

39

정답 ⑤

제시문은 부모 사망 시 장애인 자녀의 안정적인 생활을 위해 가입할 수 있는 보험과 그와 관련된 세금 혜택 그리고 부모 및 그 밖의 가족들의 재산 증여 시 받을 수 있는 세금 혜택에 대해 다루고 있다. 따라서 '부모 사망 시 장애인 자녀의 생활안정 및 세금 혜택'이 글의 주제로 가장 적절하다.

오답분석
① 제시문은 부모 사망 시 장애인 자녀가 직면한 상속의 어려움에 대해 언급하고 있지만, 구체적으로 유산 상속 과정을 다루고 있지는 않다.
② 제시문은 부모 사망 시 장애인 자녀가 받을 수 있는 세금 혜택을 다루고는 있으나, 단순히 '혜택'이라고 명시하기에는 지나치게 포괄적이므로 적절하지 않다.
③ 제시문은 부모 사망 시 장애인 자녀가 직면한 상속의 어려움과 생활안정 방안에 대해 다루고 있으므로 '사회적 문제'는 글의 주제로 보기에는 적절하지 않다.
④ 제시문은 부모 사망 시 장애인 자녀가 받는 보험 혜택과 증여세 혜택보다는, 수령하는 보험금에 있어서의 세금 혜택과 보험금을 어떻게 수령하여야 장애인 자녀의 생활 안정에 유리한지, 또 상속세 및 증여세법에 의해 받는 세금 혜택이 무엇인지에 대해 다루고 있으므로 글의 내용 전체를 담고 있지 않아 적절하지 않다.

40

정답 ①

조도$(E) = \dfrac{I}{r^2}$이므로 $\dfrac{20,000}{20^2} = 50\text{lx}$이다.

제2회

01	02	03	04	05	06	07	08	09	10	11	12	13	14	15	16	17	18	19	20
④	⑤	③	④	⑤	③	②	④	④	①	①	④	⑤	②	①	②	③	②	②	②

21	22	23	24	25	26	27	28	29	30	31	32	33	34	35	36	37	38	39	40
②	②	②	⑤	④	④	⑤	③	①	④	②	③	④	⑤	②	③	①	⑤	④	⑤

01
정답 ④

전체 가입자 중 여성 가입자 수의 비율은 $\frac{9,804,482}{21,942,806}\times100≒44.7\%$로 40% 이상이다.

[오답분석]
① 남성 사업장 가입자 수는 8,059,994명으로 남성 지역 가입자 수의 2배인 3,861,478×2=7,722,956명보다 많다.
② 여성 가입자 전체 수인 9,804,482명에서 여성 사업장 가입자 수인 5,775,011명을 빼면 9,804,482-5,775,011=4,029,471명이므로 여성 사업장 가입자 수가 나머지 여성 가입자 수를 모두 합친 것보다 많다.
③ 전체 지역 가입자 수는 전체 사업장 가입자 수의 $\frac{7,310,178}{13,835,005}\times100≒52.8\%$이다.
⑤ 가입자 수가 많은 집단 순서는 '사업장 가입자 – 지역 가입자 – 임의계속 가입자 – 임의 가입자' 순서이다.

02
정답 ⑤

수동변속 자동차의 페달 중 가장 오른쪽에 있는 페달의 명칭은 가속기(Accelerator)이다.

03
정답 ③

제시된 도형을 시계 방향으로 270° 회전하면 , 이를 시계 반대 방향으로 45° 회전하면 이 된다.

04
정답 ④

A톱니바퀴가 5회전을 하게 되면 총 이동 거리는 반지름 14cm에 대해 5회전한 거리만큼 움직이게 되는데, C톱니바퀴의 경우는 A톱니바퀴의 반지름의 절반이고 맞물린 A톱니바퀴와 총 이동 거리는 같아야 하므로 회전수는 2배가 되어야 한다.
따라서 A톱니바퀴가 1분에 5회전을 할 때, C톱니바퀴는 5×2=10회전을 하게 된다.

05
정답 ⑤

나열된 수를 각각 A, B, C, D라고 하면 다음과 같은 규칙이 성립한다.
A B C D → A×C=B×D
36 34 ( ) 144 → 36×( )=34×144
따라서 ( )=34×144÷36=136이다.

06

제시된 수열은 홀수 항은 2씩 더하고, 짝수 항은 2씩 곱하는 수열이다.

E	ㄹ	(G)	ㅇ	I	ㄴ
5	4	7	8	9	16(=14+2)

07

제시문은 휘발유세 상승으로 인해 발생하는 장점들을 열거함으로써 휘발유세 인상을 정당화하고 있다. 따라서 '높은 휘발유세의 정당성'이 글의 주제로 가장 적절하다.

08

사이드 슬립 테스터는 옆 방향 미끄러짐을 측정하는 검사기이며 자동차가 1km 주행 시 타이어가 옆으로 미끄러지는 정도를 표시한다. 따라서 1km 주행에 대한 앞바퀴의 슬립량은 4m이다.

09

인젝터나 점화코일에서 전류를 급격하게 차단할 때 발생하는 역기전력을 서지전압이라고 한다.

10

열효율(e)은 열기관에 공급된 열량에 대해 일로 전환된 비율이다.

$e = \dfrac{W}{Q_1} = \dfrac{Q_1 - Q_2}{Q_3} \times 100$ (Q_1 : 열기관에 공급된 열량, Q_2 : 외부로 방출한 열량)

따라서 제시된 열기관의 열효율(e)은 $\dfrac{100 - 80}{100} \times 100 = 20\%$이다.

11

갈등이 발생하면 서로에 대해 이해하지 않고, 배척하려는 성향이 있기 때문에 갈등 당사자 간에 의사소통이 줄어들고, 접촉하려 하지 않는 경향이 생긴다.

[오답분석]
② 조직의 갈등은 없거나 너무 낮으면 조직원들의 의욕이 상실되고, 환경 변화에 대한 적응력도 떨어지고 조직성과는 낮아지게 된다.
③ 갈등이 승리를 더 원하게 만든다.
④ 목표 달성을 위해 노력하는 팀이라면 갈등은 항상 있게 마련이다.
⑤ 갈등은 새로운 해결책을 만들어주는 기회가 될 수 있다.

12

D가 산악회 회원인 경우와 아닌 경우로 나누어 보면 다음과 같다.

ⅰ) D가 산악회 회원인 경우

마지막 조건에 따라 D가 산악회 회원이면 B와 C도 산악회 회원이 되며, A는 두 번째 조건의 대우에 따라 산악회 회원이 될 수 없다. 그러므로 B, C, D가 산악회 회원이다.

ⅱ) D가 산악회 회원이 아닌 경우

세 번째 조건에 따라 D가 산악회 회원이 아니면 B가 산악회 회원이 아니거나 C가 산악회 회원이어야 한다. 그러나 첫 번째 조건의 대우에 따라 C는 산악회 회원이 될 수 없으므로 B가 산악회 회원이 아님을 알 수 있다. 그러므로 B, C, D 모두 산악회 회원이 아니다. 이때 최소 1명 이상은 산악회 회원이어야 하므로 A는 산악회 회원이다.

따라서 항상 참인 것은 'B와 D의 산악회 회원 여부는 같다.'이다.

13

세미 트레일링 암(Semi-trailing Arm) 방식의 장점과 단점

장점	단점
• 회전축의 각도에 따라 스윙 액슬형에 가깝기도 하고 풀 트레일링 암형이 되기도 한다. • 회전축을 3차원적으로 튜닝할 수가 있다.	• 타이어에 횡력이나 제동력이 작용될 때 연결점 부위에 모멘트가 발생하여 이것이 타이어의 슬립 앵글을 감소시키고 오버스티어 현상을 만든다. • 차동기어(Differential Gear)가 서스펜션 바 위에 고정되기 때문에 그 진동이 서스펜션에 전달되므로 차단할 필요성이 있다. • 부품 수가 많고 고비용이다.

14

제시된 그림에서 연결되어 있는 기어는 주차(Parking)이다.

15

이 물건의 정가를 x원이라고 하면 다음과 같은 식이 성립한다.

$0.8x - 3{,}000 = 0.5x$

$\rightarrow 0.3x = 3{,}000$

$\therefore x = 10{,}000$

따라서 물건의 정가는 10,000원이다.

16

$(최소회전반경) = \dfrac{(축거)}{\sin\alpha} + (바퀴접지면 중심과 킹핀과의 거리)$이고 $\alpha = 42°$이므로 $\sin 42° = 0.67$이다.

따라서 최소회전반경은 $\dfrac{1.5}{0.67} + 0.3 ≒ 2.538$이므로, 약 2.54m이다.

17

- 1층 : 5×4−3=17개
- 2층 : 20−4=16개
- 3층 : 20−7=13개
- 4층 : 20−12=8개

∴ 17+16+13+8=54개

18

보기의 문장은 우리나라 작물의 낮은 자급률을 보여주는 구체적인 수치이다. 따라서 우리나라 작물의 낮은 자급률을 이야기하는 '하지만 실상은 벼, 보리, 배추 등을 제외한 많은 작물의 종자를 수입하고 있어 그 자급률이 매우 낮다.' 뒤인 (나)에 위치하는 것이 적절하다.

19

서로 반대되는 힘의 합력을 구하는 문제이다.

−10N+4N=−6N [(−)는 힘의 방향을 뜻한다]

뉴턴의 운동 제2법칙(가속도의 법칙)에 따라 다음과 같은 식이 성립한다.

따라 F=ma

따라서 가속도의 크기는 $a = \dfrac{F}{m} = \dfrac{6}{3} = 2m/s^2$ 이다.

20

정전압 다이오드는 '제너 다이오드'라고도 하며, PN접합의 역방향 특성을 이용한 다이오드이다. 역방향 전압을 천천히 올리면 PN접합부 주위에 전기력이 높아져 일정한 전압에 도달하여 큰 전류가 흐르게 된다.

오답분석

① 터널 다이오드 : 불순물 첨가 농도를 높이면 접합 사이에서 터널 효과가 일어나는 다이오드
③ 쇼트키 베리어 다이오드 : n형 반도체와 금속을 접속시켜 금속 부분이 반도체와 같은 기능을 하도록 만든 다이오드
④ 바렉터 다이오드 : 전압을 역방향으로 가했을 경우 다이오드의 접합 용량이 변화하는 다이오드
⑤ 감압 다이오드 : 압력에 의해 전압이나 전류 특성이 크게 변하는 다이오드

21

고정 도르래는 물체에 가해하는 힘의 방향을 바꿔주는 원리로, 전류가 유도되는 원리와는 관계가 없다.

22

현가장치는 주행 시 발생하는 진동을 감쇄하여 운전자에게 쾌적한 운전 환경을 제공하는 장치로써 바퀴에 생기는 구동력, 제동력, 원심력에 잘 견딜 수 있도록 수평 방향의 연결이 견고하여야 한다.

23

전체 일의 양을 1이라고 하면 A, B가 1시간 동안 일할 수 있는 일의 양은 각각 $\frac{1}{2}$, $\frac{1}{3}$이다.

A 혼자 일하는 시간을 x시간, B 혼자 일하는 시간을 y시간이라고 하면 다음과 같은 식이 성립한다.

$x+y=\frac{9}{4}$ ⋯㉠

$\frac{1}{2}x+\frac{1}{3}y=1$ ⋯㉡

㉠과 ㉡을 연립하면 $x=\frac{3}{2}$, $y=\frac{3}{4}$이다.

따라서 A 혼자 일한 시간은 1시간 30분이다.

24

정답 ⑤

식당(Restaurant)과 가장 관련이 적은 단어는 정거장(Station)이다.

오답분석
① 계산원
② 웨이터(식당 종업원)
③ 예약
④ 주방장

25

정답 ④

오답분석
ㄱ. 광통신은 유선 통신의 일종이다.

26

정답 ④

• 의자 6개에 5명이 앉는 경우의 수 : $_6P_5=6\times5\times4\times3\times2=720$가지
• 여학생이 이웃하여 앉는 경우의 수 : $5!\times2=(5\times4\times3\times2\times1)\times(2\times1)=240$가지
따라서 여학생이 이웃하지 않게 앉는 경우의 수는 $720-240=480$가지이다.

27

정답 ⑤

(절대온도) ≒ (섭씨온도)+273이다.
따라서 절대온도는 83+273=356K이다.

28

정답 ③

명제가 참이면 대우 명제도 참이다. 즉, '을이 좋아하는 과자는 갑이 싫어하는 과자이다.'가 참이면 '갑이 좋아하는 과자는 을이 싫어하는 과자이다.'도 참이다. 따라서 갑은 비스킷을 좋아하고, 을은 비스킷을 싫어한다.

29

정답 ①

1시간＝3,600초, 1,000m＝1km를 염두에 두고 가속도를 계산하면 다음과 같다.

$$[\text{가속도}(a)]=\frac{V_2-V_1(\text{변화된 속력})}{t(\text{걸린 시간})}=\frac{\dfrac{56-20}{3.6}}{10}=1\text{m/s}^2$$

30

정답 ④

A팀장이 요청한 중요 자료를 먼저 전송하고, PPT 자료를 전송한다. 점심 예약전화는 오전 10시 이전에 처리해야 하고, 오전 내에 거래처 미팅일자 변경 전화를 해야 한다.

31

정답 ②

A팀장이 요청한 중요 자료를 먼저 전송하고, PPT 자료를 전송한다. 점심 예약전화는 오전 10시 이전에 처리해야 하고, 오전 내에 거래처 미팅일자 변경 전화를 해야 한다.

32

정답 ③

수도 A, B가 1분 동안 채울 수 있는 물의 양은 각각 $\dfrac{1}{15}$L, $\dfrac{1}{20}$L이다.

수도 A, B를 동시에 틀어 놓을 경우 1분 동안 채울 수 있는 물의 양은 $\dfrac{1}{15}+\dfrac{1}{20}=\dfrac{7}{60}$L이므로,

30분 동안 $\dfrac{7}{60}\times30=3.5$L의 물을 받을 수 있으며, 물통은 3개를 채울 수 있다.

33

정답 ④

34

정답 ⑤

• Battery : 배터리

35

정답 ②

탄화수소(HC)는 엔진 자체 부조 등으로 인한 불완전연소 시 많이 발생한다.

36

정답 ③

아들자의 영점이 어미자 눈금의 62mm와 63mm 사이에 있다. 또한 아들자의 눈금과 어미자의 눈금이 일치하는 곳은 아들자 눈금 0.6mm 부분이므로 실린더의 외벽의 두께는 62+0.6=62.6mm이다.

37

정답 ①

(압력)$=\dfrac{(작용하는\ 힘)}{(면적)}$이므로 $\dfrac{100}{\dfrac{\pi \times 2^2}{4}} ≒ 32\text{kg}_f/\text{cm}^2$이다.

38

정답 ⑤

전선 접속이 불완전할 경우 누전, 화재 위험, 저항 증가, 과열 발생, 아크 발생 등의 현상이 일어난다.

39

정답 ④

5개월 동안 평균 외식비가 12만 원 이상 13만 원 이하일 때, 총 외식비는 12×5=60만 원 이상 13×5=65만 원 이하가 된다.
1~4월까지 지출한 외식비는 110,000+180,000+50,000+120,000=460,000원이다.
따라서 H가 5월에 최대로 사용할 수 있는 외식비는 650,000-460,000=190,000원이다.

40

정답 ⑤

마지막 문단에서는 UPS 사용 시 배터리를 일정 주기에 따라 교체해 주어야 한다고 이야기하고 있을 뿐, 배터리 교체 방법에 대해서는 알 수 없다.

[오답분석]
① 첫 번째 문단에 따르면 일관된 전력 시스템의 필요성이 높아짐에 따라 큰 손실과 피해를 야기할 수 있는 급격한 전원 환경의 변화를 방지할 수 있는 UPS가 많은 산업 분야에서 필수적으로 요구되고 있음을 알 수 있다.
② 두 번째 문단에 따르면 UPS는 일종의 전원 저장소로, 갑작스러운 전원 환경의 변화로부터 기업의 서버를 보호함을 알 수 있다.
③ 세 번째 문단에 따르면 UPS를 구매할 때는 용량을 고려하여 필요 용량의 1.5배 정도인 UPS를 구입하는 것이 적절하다.
④ 마지막 문단에 따르면 가정용 UPS에 사용되는 MF배터리의 수명은 1년 정도이므로 이에 맞춰 주기적인 교체가 필요하다.

3일 차 기출응용 모의고사 정답 및 해설

제1회

01	02	03	04	05	06	07	08	09	10	11	12	13	14	15	16	17	18	19	20
⑤	①	③	②	②	⑤	①	①	⑤	④	②	②	①	①	④	④	③	①	③	①
21	22	23	24	25	26	27	28	29	30	31	32	33	34	35	36	37	38	39	40
③	③	④	①	④	②	⑤	③	①	③	②	②	①	②	⑤	①	④	④	②	①

01
정답 ⑤

• 윈드실드(Windshield) : 자동차의 앞유리

02
정답 ①

'곰'은 p, '책'은 q, '기타'는 r, '그것'은 s라고 하자.
제시된 명제를 정리하면 다음과 같다.
• 첫 번째 명제 : $p \rightarrow \sim q$
• 두 번째 명제 : $\sim r \rightarrow q$
• 세 번째 명제 : $s \rightarrow \sim r$
첫 번째 명제의 대우 명제인 $q \rightarrow \sim p$도 참이다. 즉, $s \rightarrow \sim r \rightarrow q \rightarrow \sim p$가 성립하므로 $s \rightarrow \sim p$는 참인 명제이다.
따라서 '그것은 곰이 아니다.'라는 결론을 얻을 수 있다.

03
정답 ③

최소공배수를 묻는 문제이다. 원의 둘레는 2×r×(반지름)이므로,
ⅰ) A롤러가 1회전할 때 칠할 수 있는 면적 : 2×r×5×(너비)
ⅱ) B롤러가 1회전할 때 칠할 수 있는 면적 : 2×r×1.5×(너비)
원주율인 r과 롤러의 너비는 같으므로 소거하면, A롤러는 10, B롤러는 3만큼의 면적을 칠한다.
따라서 처음으로 같은 면적을 칠하기 위해 A롤러는 3바퀴, B롤러는 10바퀴를 칠해야 한다.

04
정답 ②

1N의 힘을 가할 때 2cm 늘어나므로 10cm 늘어나려면 5N의 힘이 작용해야 한다.

05

정답 ②

ⅰ) 흰 공이 나오고 앞면이 3번 나올 확률 : $\dfrac{3}{5} \times {}_3C_3 \times \left(\dfrac{1}{2}\right)^3 = \dfrac{3}{40}$

ⅱ) 검은 공이 나오고 앞면이 3번 나올 확률 : $\dfrac{2}{5} \times {}_4C_3 \times \left(\dfrac{1}{2}\right)^4 = \dfrac{1}{10}$

따라서 구하고자 하는 확률은 $\dfrac{3}{40} + \dfrac{1}{10} = \dfrac{7}{40}$ 이다.

06

정답 ⑤

07

정답 ①

최선을 다해 최고의 성과를 낸다면 가장 이상적인 결과가 되겠지만, 회사 생활을 하다 보면 그렇지 못한 경우도 많다. 결과를 위해 과정을 무시하는 것은 올바르지 않으며, 본인만 돋보이고자 한다면 팀워크를 망칠 수도 있으므로 A지원자는 채용되기에 적절하지 않다.

08

정답 ①

프리드만의 '우주는 극도의 고밀도 상태에서 시작돼 점차 팽창하면서 밀도가 낮아졌다.'라는 이론과 르메트르의 '우주가 원시 원자들의 폭발로 시작됐다.'라는 이론은 두 가지가 서로 성립하는 이론이다. 따라서 프리드만의 이론과 르메트르의 이론은 양립할 수 없는 관계라는 해석은 글에 대한 이해로 적절하지 않다.

09

정답 ⑤

제시된 수열은 앞의 항에 $\times 1 + 1^2$, $\times 2 + 2^2$, $\times 3 + 3^2$, $\times 4 + 4^2$, …인 수열이다.
따라서 (　)$= 8 \times 3 + 3^2 = 33$이다.

10

정답 ④

제시된 수열은 홀수 항은 3씩 빼고, 짝수 항은 3씩 더하는 수열이다.

ㅋ	ㄹ	(ㅇ)	ㅅ	ㅁ	ㅊ
11	4	8	7	5	10

11

정답 ②

(가)는 보강 간섭, (나)는 상쇄(소멸) 간섭이다.
따라서 (가)의 합성파의 최대 변위는 $2 + 3 = 5$m, (나)의 합성파의 최대 변위는 $3 - 2 = 1$m이다.

12

정답 ②

제시된 회로에서 전구의 저항은 $R = \dfrac{V}{I} = \dfrac{8V}{4A} = 2\,\Omega$ 이다.

13

정답 ①

외접 기어는 회전 방향이 반대이고, 내접 기어는 회전 방향이 같다.

14

정답 ①

윤중은 자동차가 수평으로 있을 때 1개의 바퀴가 지면을 수직으로 누르는 힘(무게)을 일컫는다.

15

정답 ④

오답분석
① Accelerator Pedal
② Diesel
③ Fog Lamp
⑤ Turn Signal

16

정답 ④

A ~ C사이트의 전체 평균 평점을 구하는 식은 다음과 같다.

$$\frac{10 \times 2 + 30 \times 5 + 20 \times 3.5}{10 + 30 + 20} = \frac{240}{60} = 4$$

따라서 A ~ C사이트의 전체 평균 평점은 4점이다.

17

정답 ③

C사원은 10개의 도장에서 2개의 도장이 모자라므로 현재 8개의 도장을 모았으며, A사원은 C사원보다 1개의 도장이 적으므로 현재 7개의 도장을 모은 것을 알 수 있다. 또한 B사원은 A사원보다 2개 적은 5개의 도장을 모았으며, D사원은 무료 음료 1잔을 포함하여 3잔을 주문하였으므로 10개의 도장을 모은 쿠폰을 반납하고, 새로운 쿠폰에 2개의 도장을 받았음을 추론할 수 있다. 따라서 D사원보다 6개의 도장을 더 모은 E사원은 8개의 도장을 받아 C사원의 도장 개수와 동일함을 알 수 있다.

18

정답 ①

• 1층 : $4 \times 5 - 1 = 19$개
• 2층 : $20 - 6 = 14$개
• 3층 : $20 - 8 = 12$개
• 4층 : $20 - 10 = 10$개
∴ $19 + 14 + 12 + 10 = 55$개

19

$\frac{1}{2}mv^2 = \mu mgd$이므로 $d = \frac{v^2}{2\mu g} = \frac{10^2}{2 \times 0.5 \times 9.8} \fallingdotseq 10.2\text{m}$이다.

[다른풀이]

$S_b = \frac{v^2}{254\mu}$이고 $10\text{m/s} = 36\text{km/h}$이므로 제동거리는 $\frac{36^2}{254 \times 0.5} \fallingdotseq 10.2\text{m}$이다.

20

정답 ①

거버너(조속기)는 분사하는 연료의 양을 조정하고 타이머는 분사 시기를 조정한다.

21

정답 ③

$\text{PS} = \frac{\text{F} \times \text{V}}{75} = \frac{80 \times 30 \times 0.2}{75} = 6.4\text{PS}$

22

정답 ③

H사원이 만약 50m^3의 물을 사용했을 경우 수도요금은 기본료를 제외하고 $30 \times 300 + 20 \times 500 = 19,000$원이다.

즉, 총 요금인 17,000보다 많으므로 사용한 수도량은 30m^3 초과 ~ 50m^3 이하이다.

30m^3을 초과한 양을 $x\text{m}^3$라고 하면 다음과 같다.

$2,000 + 30 \times 300 + x \times 500 = 17,000$

$\rightarrow 500x = 17,000 - 11,000$

$\therefore x = \frac{6,000}{500} = 12$

따라서 H사원이 한 달 동안 사용한 수도량은 $30 + 12 = 42\text{m}^3$이다.

23

정답 ④

발광 다이오드는 p형 반도체와 n형 반도체를 접합하여 만든 것으로 p-n형과 n-p형이 있다. 한쪽 방향으로만 전류가 흐르고, 전류가 흐를 때 빛을 방출한다.

24

정답 ①

빈칸의 앞부분에서 위기 상황을 제시해 놓았고, 뒷부분에서는 인류의 각성을 촉구하는 내용을 다루고 있다. 앞의 내용을 논리적으로 자연스럽게 연결시키기 위해서는 각성의 당위성을 이끌어내는 데 필요한 전제가 들어가야 하므로 빈칸에는 ①이 가장 적절하다.

25

정답 ④

능률은 쉬는 시간을 제외한 시간에서 1시간 동안 딴 감귤의 개수라고 하였으므로, 유진이의 능률은 $90 \div \frac{70}{60} \fallingdotseq 77$개, 은미는 $95 \div \frac{90}{60} \fallingdotseq 63$개이다.

따라서 은미가 농장에서 감귤을 딴 능률은 유진이의 능률의 $\frac{63}{77} \times 100 = 81.8181\cdots \fallingdotseq 81\%$이다.

26

정답 ②

우선 박비서에게 회의 자료를 받아와야 하므로 비서실에 들러야 한다. 다음으로 기자단 간담회는 대회 홍보 및 기자단 상대 업무를 맡은 홍보팀에서 자료를 정리할 것이므로 홍보팀을 거쳐야 한다. 또한 승진자 인사 발표 소관 업무는 인사팀이 담당한다고 볼 수 있으며, 회사의 차량 배차에 대한 업무는 총무팀과 같은 지원부서의 업무로 보는 것이 적절하다.

27

정답 ⑤

박물관(Museum)과 가장 관련이 적은 단어는 학교(School)이다.

[오답분석]
① 전시품
② 큐레이터
③ 유물
④ 가이드

28

정답 ③

누름나사를 덜 죄었을 때 접속이 불완전하게 되어 저항이 증가하면 과열과 화재위험, 전파 잡음이 생길 수 있다.

29

정답 ①

스위치를 닫으면 구리 고리를 통과하는 자기력선속이 증가한다. 렌츠의 법칙에 의해 구리 고리를 통과하는 자기력선속의 증가를 방해하는 방향으로 유도 기전력이 생기고 유도 전류가 흐른다.
따라서 각 구리 고리와 코일 사이에는 척력이 작용하여 구리 고리가 코일에서 멀어진다.

30

정답 ③

[스프링 정수(k)]$=\dfrac{[\text{작용하중}(w)]}{[\text{처짐량}(s)]}$이므로 $2=\dfrac{w}{30}$이다.
따라서 필요한 힘의 크기는 $w=2\times30=60\text{kg}_f$이다.

31

정답 ②

오후 1시 20분에 출발하여 오후 3시 8분에 도착하였으므로 이동 시간은 1시간 48분이다.
따라서 평균주행속도는 $\dfrac{187.2}{1.8}=104\text{km/h}$이다.

32

정답 ②

제시문의 첫번째 문단의 끝에서 '제로섬(Zero-sum)적인 요소를 지니는 경제 문제'와 마지막 문단의 끝에서 '우리 자신의 수입을 보호하기 위해 경제적 변화가 일어나는 것을 막거나 혹은 사회가 우리에게 손해를 입히는 공공정책이 강제로 시행되는 것을 막기 위해 싸울 것'에 대한 것이 핵심 주장이다. 따라서 이 글은 사회경제적인 총합이 많아지는 정책, 즉 '사회의 총생산량이 많아지게 하는 정책이 좋은 정책'이라는 주장에 대한 비판이라고 할 수 있다.

33
정답 ①

R-134a는 R-12를 대체하기 위하여 개발된 냉매이다. 냉동능력은 기존에 비해 약 10% 뒤떨어지지만 지구 오존층에 피해를 주지 않는다.

34
정답 ②

오답분석

㉠ 물체는 움직이지 않으므로 물체의 합력은 0이다.

㉡ 물체에 작용하는 힘은 철수가 물체를 당기는 힘과 영수가 물체를 당기는 힘으로서 서로 작용점이 같고, 힘의 평형 관계에 있다.

35
정답 ⑤

ⅰ) 7명의 학생이 원탁에 앉는 경우의 수 : $(7-1)!=6!$ 가지

ⅱ) 7명의 학생 중 여학생 3명이 원탁에 이웃해서 앉는 경우의 수 : $(5-1)!\times3!$ 가지

따라서 7명의 학생 중 여학생 3명이 원탁에 이웃해서 앉는 확률은 $\dfrac{4!\times3!}{6!}=\dfrac{1}{5}$ 이다.

36
정답 ①

제시된 도형을 시계 반대 방향으로 90° 회전한 것이다.

37
정답 ④

• Side Mirror : 후사경, 사이드미러

38
정답 ④

㉡ 파장은 마루 ~ 다음 마루 또는 골 ~ 다음 골까지의 거리이다.

㉢ 파동의 속력은 (파장)×(진동수)이다.

오답분석

㉠ 파동의 진폭은 중심으로부터 마루 또는 골까지의 거리이다. 따라서 진폭은 0.1m가 된다.

39
정답 ②

행성의 공전 속도는 태양과 가까워지면 빨라지고 멀어지면 느려지므로 이 행성의 공전 속도는 B에서 가장 빠르고, D에서 가장 느리다.

40
정답 ①

제시문은 광고를 단순히 상품 판매 도구로만 보지 않고, 문화적 차원에서 소비자와 상품 사이에 일어나는 일종의 담론으로 해석하여 광고라는 대상을 새로운 시각으로 바라보고 있다.

01	02	03	04	05	06	07	08	09	10	11	12	13	14	15	16	17	18	19	20
③	①	②	③	③	④	②	④	②	⑤	④	②	④	④	④	②	④	④	③	④
21	22	23	24	25	26	27	28	29	30	31	32	33	34	35	36	37	38	39	40
③	⑤	①	④	④	①	⑤	③	④	③	⑤	④	②	①	①	④	③	①	①	③

01
정답 ③

B와 A의 관계에 대한 설명이 없어 참인지 거짓인지 알 수 없다.

오답분석
① C는 A의 오빠이므로 A의 아들과는 친척관계이므로 참이다.
② H빌라의 모든 주민은 A와 친척이므로 D도 A의 친척이다. 따라서 참이다.
④ C가 A의 오빠라는 말에서 알 수 있듯이 A는 여자이므로 거짓이다.
⑤ C는 A의 오빠이므로, A의 아들에게는 이모가 아니라 외삼촌이 된다. 따라서 거짓이다.

02
정답 ①

외접 기어는 회전 방향이 반대이고, 내접 기어는 회전 방향이 같다.

03
정답 ②

업무 순서를 나열하면 '회사 홈페이지, 관리자 페이지 및 업무용 메일 확인－외주업체로부터 브로슈어 샘플 디자인 받기－회의실 예약 후 마이크 및 프로젝터 체크－팀 회의 참석－지출결의서 총무부 제출'이다. 따라서 D사원이 출근 후 두 번째로 해야 할 일은 '외주업체로부터 판촉 행사 브로슈어 샘플 디자인 받기'이다.

04
정답 ③

총무팀에서 테이프와 볼펜, 메모지 각각 40개 이상을 총예산 15만 원 안에서 구입할 계획이다. 볼펜을 가장 많이 살 때, 구입 가능한 볼펜의 최소 개수를 구하기 위해서는 모든 품목을 1개씩 묶음으로 하여 구입할 수 있는 금액을 총예산에서 제외한 나머지 금액으로 볼펜을 구입하는 경우의 수를 구해야 한다. 한 묶음의 가격은 $1,100+500+1,300=2,900$원이며, 총예산에서 $150,000÷2,900≒51.72$묶음, 즉 51개씩 구입할 수 있다. 나머지 금액인 $150,000-2,900×51=2,100$원으로 구입 가능한 경우는 다음과 같다.
• 테이프 1개, 볼펜 2개 구입 : $1,100+2×500=2,100$원
• 메모지 1개, 볼펜 1개 구입 : $1,300+500=1,800$원 → 300원 남음
• 볼펜 4개 구입 : $4×500=2,000$원 → 100원 남음
따라서 구매 물품 중 볼펜을 가장 많이 구입할 때, 구입 가능한 볼펜의 최소 개수는 첫 번째 경우로 $51+2=53$개이다.

05

제시된 수열은 홀수 항은 ×5, 짝수 항은 +7을 하는 수열이다.
따라서 (   )=50×5=250이다.

06

제시된 수열은 홀수 항은 +2, 짝수 항은 ×2를 하는 수열이다.

H	ㄷ	(J)	ㅂ	L	ㅌ
8	3	10	6	12	12

07

첫 번째 문장에서는 신비적 경험이 살아갈 수 있는 힘으로 밝혀진다면 그가 다른 방식으로 살아야 한다고 주장할 근거는 어디에도 없다고 하였으며, 이어지는 내용은 신비적 경험이 신비주의자들에게 살아갈 힘이 된다는 근거를 제시하고 있다. 따라서 빈칸에 들어갈 내용으로는 '신비주의자들의 삶의 방식이 수정되어야 할 불합리한 것이라고 주장할 수 없다.'가 가장 적절하다.

08

제시된 그림에서 연결되어 있는 기어는 저단(Low)이다.

09

아들자의 영점이 어미자 눈금의 44mm와 45mm 사이에 있다. 또한 아들자의 눈금과 어미자의 눈금이 일치하는 곳은 아들자 눈금 0.15mm 부분이므로 나사의 길이는 44+0.15=44.15mm이다.

10

오답분석

①   ②   ③   ④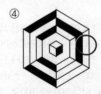

11

오답분석

ㄴ. 열기관은 고열원에서 저열원으로 이동한다. 저열원에서 고열원으로 이동시키는 기관은 열펌프이다.

12

정답 ②

정류회로에서 다이오드를 여러 개 접속하는 경우 직렬은 다이오드를 과전압으로부터 보호할 수 있으며, 병렬은 다이오드를 과전류로부터 보호할 수 있다.

13

정답 ④

개선 전 부품 1단위 생산 시 비용은 총 40,000원이었다. 설정하고자 하는 생산 비용 감소율이 30%이므로 개선 후 총비용은 $40,000 \times (1-0.3)=28,000$원이어야 한다.
따라서 (가)+(나)의 값은 10,000원이다.

14

정답 ④

마스터 백은 유압식 제동장치의 구성 부품이다.

15

정답 ④

• (초속)$=\dfrac{1.6 \times 1,000}{40}=40\text{m/s}$
• (시속)$=40\text{m/s} \times 60초 \times 60분 = 144,000\text{m/h} = 144\text{km/h}$

16

정답 ②

전동식 동력조향장치의 특징
• 유압제어를 하지 않으므로 오일이 필요 없다.
• 엔진동력손실이 적어져 연비가 향상된다.
• 전자제어식 유압제어 장치보다 부품 수가 적다.
• 오일펌프가 필요 없다.
• 유압식 동력조향장치에 비해 핸들 복원력이 약해 주행 중에 지속적인 조작이 필요하다.

17

정답 ④

주어진 회로는 단상 전파 정류 회로이므로, $E_d=0.9E=9$이다. 따라서 $I_d=\dfrac{E_d}{R}=\dfrac{9}{5,000}=1.8\text{mA}$이다.($\because$ 1mA=1,000A)

18

정답 ④

제시문은 국제사회에서의 개인의 위상과 국력의 관계를 통하여 국력의 중요성을 말하고 있다. 따라서 글의 주제로 '국력을 키우자.'가 가장 적절하다.

19

정답 ③

- 1층 : 5×5=25개
- 2층 : 25-4=21개
- 3층 : 25-9=16개
- 4층 : 25-10=15개

∴ 25+21+16+15=77개

20

정답 ④

A제품의 생산 개수를 x개, B제품의 생산 개수는 $(40-x)$개라고 하면 다음과 같다.
- $3,600 \times x + 1,200 \times (40-x) \leq 120,000 \rightarrow x \leq 30$
- $1,600 \times x + 2,000 \times (40-x) \leq 70,000 \rightarrow x \geq 25 \rightarrow 25 \leq x \leq 30$

따라서 A제품은 최대 30개까지 생산할 수 있다.

21

정답 ③

$PIV = \sqrt{2} V = \sqrt{2} \times 100 \fallingdotseq 141.4V$

22

정답 ⑤

'회계팀 팀원'을 p, '회계 관련 자격증을 가지고 있다.'를 q, '돈 계산이 빠르다.'를 r이라고 하면, 첫 번째 명제는 $p \rightarrow q$이며, 마지막 명제는 $\sim r \rightarrow \sim p$이다. 이때, 마지막 명제의 대우는 $p \rightarrow r$이므로 마지막 명제가 참이 되기 위해서는 $q \rightarrow r$이 필요하다. 따라서 빈칸에 들어갈 명제는 $q \rightarrow r$의 대우에 해당하는 ⑤이다.

23

정답 ①

- 에어백(Airbag) : 차량 추돌 시 승객을 보호하기 위해 전개되는 공기 주머니

24

정답 ④

스피커는 전기신호를 진동판의 진동으로 바꾸어 공기에 소밀파를 발생시켜 음파를 복사한다.

25

정답 ④

오답분석
① 고속전자의 흐름을 물질에 충돌시켰을 때 생기는 파장이 짧은 전자기파
② 태양광의 스펙트럼을 사진으로 찍었을 때, 가시광선의 단파장보다 바깥쪽에 나타나는 눈에 보이지 않는 빛
③ 가시광선보다 파장이 길며, $0.75\mu m$에서 1mm 범위에 속하는 전자기파
⑤ 파장이 X선보다 짧은 영역의 전자기파이며, 방사성원소로부터 나오는 자연 방사선

26

오답분석

② 환자의 몸 안에서 들리는 소리를 들어서 질병의 진단을 하는 데 사용하는 의료기기
③ 신체에서 발생한 열에 의한 몸의 온도 변화를 측정하는 기구
④ 동맥 혈류를 차단하여 간접적으로 동맥 혈압을 측정하는 기구
⑤ 초전도 현상을 이용한 자기공명 영상장치로 인체 내부를 들여다보는 기구

27

정답 ⑤

비품은 기관의 비품이나 차량 등을 관리하는 총무지원실에 신청해야 하며, 교육 일정은 사내 직원의 교육 업무를 담당하는 인사혁신실에서 확인해야 한다.

오답분석

기획조정실은 전반적인 조직 경영과 조직문화 형성, 예산 업무, 이사회, 국외 협력 업무, 법무 관련 업무를 담당한다.

28

정답 ③

오답분석

• A계열사의 제품이 불량일 확률 : $\dfrac{3}{10} \times \dfrac{2}{100} = \dfrac{6}{1,000}$

• B계열사의 제품이 불량일 확률 : $\dfrac{7}{10} \times \dfrac{3}{100} = \dfrac{21}{1,000}$

• 불량품인 부품을 선정할 확률 : $\dfrac{6}{1,000} + \dfrac{21}{1,000} = \dfrac{27}{1,000}$

따라서 B계열사의 불량품일 확률은 $\dfrac{21}{27} = \dfrac{7}{9}$ 이다.

29

정답 ④

태양광 발전은 발전기의 도움 없이 태양 전지를 이용하여 태양의 빛에너지를 직접 전기 에너지로 전환시키는 발전 방식이다. 태양광을 이용하면 고갈될 염려가 없고, 환경오염 물질을 배출하지 않아서 친환경 발전이라 할 수 있다.

30

정답 ③

31

정답 ⑤

• Gasoline : 휘발유

32

정답 ④

T자동차는 소비자의 관점이 아닌 생산자의 관점에서 문제를 해결하려다 소비자들의 신뢰를 잃게 됐다. 따라서 기업은 생산자가 아닌 소비자의 관점에서 문제를 해결하기 위해 노력해야 한다.

33

정답 ②

갑과 을이 1시간 동안 만들 수 있는 곰 인형의 수는 각각 $\frac{100}{4}=25$개, $\frac{25}{10}=2.5$개이다.

함께 곰 인형 132개를 만드는 데 걸린 시간을 x시간이라고 하면 식은 다음과 같다.

$(25+2.5)\times0.8\times x=132$

$\rightarrow 27.5x=165$

$\therefore x=6$

따라서 갑과 을이 함께 곰 인형 132개를 만드는 데 6시간이 걸린다.

34

정답 ①

Truth와 Fact 모두 '사실'을 의미한다.

[오답분석]

② 대화

③ 신뢰

④ 공원

⑤ 휴식

35

정답 ①

[오답분석]

②・③・④・⑤ 전동용 기계요소에 속한다.

36

정답 ④

제시문은 '원님재판'이라 불리는 죄형전단주의의 정의와 한계, 그와 대립되는 죄형법정주의의 정의와 탄생 그리고 파생원칙에 대하여 설명하고 있다. 제시된 글에서는 '원님재판'이라는 용어의 원류에 대해 설명하고 있으므로 이어지는 문단으로는 원님재판의 한계에 대해 설명하고 있는 (다)가 오는 것이 적절하다. 따라서 (다) 원님재판의 한계와 죄형법정주의 – (가) 죄형법정주의의 정의 – (라) 죄형법정주의의 탄생 – (나) 죄형법정주의의 정립에 따른 파생원칙의 등장의 순으로 나열하는 것이 적절하다.

37

정답 ③

실린더 보링 후 표면조도 향상을 위해 호닝작업을 실시한다.

38

정답 ①

36km/h=10m/s

$a = \dfrac{0-10}{10} = -1\text{m/s}^2$

39

정답 ①

(종감속비)=$\dfrac{(\text{링기어 잇수})}{(\text{구동 피니언 잇수})}$이므로 종감속비는 $\dfrac{30}{6}=5$이다.

양 바퀴의 직진 시 회전수는 $\dfrac{1,000}{5}$이므로 200rpm이다.

따라서 차동장치의 한쪽 바퀴의 회전수가 증가하면 반대쪽 바퀴의 회전수가 증가한 양만큼 감소하므로 왼쪽 바퀴의 회전수가 150rpm이면 오른쪽 바퀴의 회전수는 250rpm이다.

40

정답 ③

A, B, C, D연구원의 나이를 각각 a, b, c, d살이라고 하면 다음과 같다.

$a+d-5=b+c \cdots$ ㉠

$c=a-2 \cdots$ ㉡

$d=a+5 \cdots$ ㉢

㉡, ㉢에서 각각 C연구원은 30−2=28살이고, D연구원은 30+5=35살임을 알 수 있다.

㉠에 A, C, D연구원 나이를 대입하면 다음과 같다.

30+35−5=b+28

∴ $b=32$

따라서 A연구원이 30살이라고 할 때 B연구원의 나이는 32살이다.

4일 차 기출응용 모의고사 정답 및 해설

제1회

01	02	03	04	05	06	07	08	09	10	11	12	13	14	15	16	17	18	19	20
③	①	③	①	③	④	③	①	③	③	①	④	②	①	①	⑤	③	④	④	②
21	22	23	24	25	26	27	28	29	30	31	32	33	34	35	36	37	38	39	40
⑤	⑤	①	③	①	⑤	④	④	③	④	④	②	③	①	③	②	④	②	②	②

01
정답 ③

외접 기어는 회전 방향이 반대이고, 내접 기어는 회전 방향이 같다.

02
정답 ①

기어잇수는 선기어<링기어<캐리어 순이므로 선기어 고정에 링기어 구동 시 캐리어의 회전 상태는 감속된다.

03
정답 ③

제시문은 '디드로 효과'라는 개념에 대해 설명하는 글이다. 디드로가 친구로부터 받은 실내복을 입게 되면서 벌어진 일련의 일들에 대하여 '친구로부터 실내복을 받음 → 옛 실내복을 버림 → 실내복에 어울리게끔 책상을 바꿈 → 서재의 벽장식을 바꿈 → 결국 모든 걸 바꾸게 됨'의 과정으로 인과관계에 따라 서술하고 있다. 친구로부터 실내복을 받은 것이 첫 번째 원인이 되고 그 이후의 일들은 그것의 결과이자 새로운 원인이 되어 일어나게 된다.

04
정답 ①

이팀장의 지시 사항에 따라 강대리가 해야 할 일은 회사 차 반납, D은행 김팀장에게 서류 제출, 최팀장에게 회의 자료 전달, 대표 결재이다. 이 중 대표의 결재를 오전 중으로 받아야 하므로 강대리는 가장 먼저 대표에게 결재를 받아야 한다. 이후 2시에 출근하는 최팀장에게 회의 자료를 전달하고, 이팀장에게 들러 회사 차를 찾아 차 안의 서류를 D은행 김팀장에게 제출한 뒤 회사 차를 반납해야 한다. 즉, 강대리가 해야 할 일의 순서를 정리하면 '대표에게 결재받기 → 최팀장에게 회의 자료 전달 → D은행 김팀장에게 서류 제출 → 회사 차 반납'이다.

05
정답 ③

스탠딩 웨이브 현상이 지속되면 타이어가 과열되고 고온 상태에서의 주행은 타이어 소재가 변질되고 타이어의 수명을 감소시키며 갑작스런 타이어의 박리현상이나 파열 발생 가능성을 높인다.

① 스탠딩 웨이브는 레이디얼 타이어보다 바이어스 타이어에서 많이 발생한다.
② 스탠딩 웨이브를 줄이기 위해 고속주행 시 타이어 내부 기압을 10% 정도 높여준다.
④ 스탠딩 웨이브는 하중과 상관있다.
⑤ 스탠딩 웨이브는 여름철에 더욱 자주 발생한다.

06
정답 ④

아들자의 영점이 어미자 눈금의 12mm와 13mm 사이에 있다. 또한 아들자의 눈금과 어미자의 눈금이 일치하는 곳은 아들자 눈금 0.52mm 부분이므로 나사의 직경은 12+0.52=12.52mm이다.

07
정답 ③

'205 / 60 R 18 95 W'에서 205는 단면폭[mm], 60은 편평비, R은 래디얼 구조, 18은 림의 외경, 95는 하중지수, W는 속도지수를 의미한다.
속도지수는 보통 H, V, W, Y 등으로 표기하며 각각 210km/h, 240km/h, 270km/h, 300km/h까지 버틸 수 있음을 의미한다.

08
정답 ①

제시된 그림에서 연결되어 있는 기어는 주행(Drive)이다.

09
정답 ③

- 1층 : $6 \times 3 = 18$개
- 2층 : $18 - 4 = 14$개
- 3층 : $18 - 5 = 13$개
- 4층 : $18 - 10 = 8$개
∴ $18 + 14 + 13 + 8 = 53$개

10
정답 ③

A가 10회전한 거리는 $2 \times 24 \times 10 \times \pi = 480\pi$cm이다.
서로 맞물려 돌고 있으므로 A와 D의 회전한 거리는 같다.
D바퀴의 회전수를 x회라 하면 다음과 같다.
$2 \times 12 \times x \times \pi = 480\pi$
∴ $x = 20$
따라서 D바퀴는 1분에 20회전한다.

11
정답 ①

톱니바퀴 수와 톱니바퀴의 회전수는 서로 반비례 관계이며 서로의 곱은 일정하다.
따라서 A는 6(톱니 수)×12(회전수)=72로 일정하다고 하면, B는 $\frac{72}{8} = 9$회전하고, D는 $\frac{72}{12} = 6$회전한다.

12

정답 ④

제시된 수열은 홀수 항은 ×3, 짝수 항은 ×4를 하는 수열이다.
따라서 (   )=12×3=36이다.

13

정답 ②

제시된 수열은 앞의 문자에 각각 +1, −2, +3, −4, +5, …를 하는 수열이다.

F	G	E	H	D	(I)	C
6	7	5	8	4	9	3

14

정답 ①

수동변속 자동차의 페달 중 가장 왼쪽에 있는 페달의 명칭은 클러치(Clutch)이다.

15

정답 ①

8초 후 속도는 $5\text{m/s}+4\text{m/s}^2\times8\text{s}=37\text{m/s}$이며, 평균속도는 $\dfrac{(\text{처음속도})+(\text{나중속도})}{2}=\dfrac{5\text{m/s}+37\text{m/s}}{2}=21\text{m/s}$이다.

16

정답 ⑤

실린더 벽 마멸 시 발생하는 현상
• 압축압력 저하
• 피스톤 슬랩 발생
• 블로바이 가스 발생
• 오일 희석 및 연소
• 연료 소모량 증대

17

정답 ③

마지막 문단에서 '선비들은 어려서부터 머리가 희어질 때까지 오직 글쓰기나 서예 등만 익혔을 뿐이므로 갑자기 지방 관리가 되면 당황하여 어찌할 바를 모른다.'고 하여 형벌에 대한 사대부들의 무지를 비판하고 있음을 알 수 있다.

18

정답 ④

$(\text{역학적에너지})=(\text{운동에너지})+(\text{위치에너지})=\dfrac{1}{2}\text{mv}^2+\text{mgh}=\dfrac{1}{2}\times2\text{kg}\times(3\text{m/s}^2)^2+2\text{kg}\times10\text{m/s}^2\times5\text{m}=109\text{J}$

19

20

• A의 진술이 참인 경우 : A가 1위, C가 2위이다. 그러면 B의 진술은 참이다. 그러므로 B가 3위, D가 4위이다. 그러나 D가 C보다 순위가
  낮음에도 C의 진술은 거짓이다. 이는 제시된 조건에 위배된다.
• A의 진술이 거짓인 경우 : 제시된 조건에 따라 A의 진술이 거짓이라면 C는 3위 또는 4위일 것인데, 자신보다 높은 순위의 사람에 대한
  진술이 거짓이므로 C는 3위, A는 4위이다. 그러면 B의 진술은 거짓이므로, D가 1위, B가 2위이다.

21

투자한 100,000원에 대한 주가 등락률과 그에 따른 주식가격을 계산하면 다음과 같다.

구분	1월 3일	1월 4일	1월 5일	1월 6일	1월 9일
등락률	×1.1	×1.2	×0.9	×0.8	×1.1
주식가격	100,000×1.1 =110,000	110,000×1.2 =132,000	132,000×0.9 =118,800	118,800×0.8 =95,040	95,040×1.1 =104,544

오답분석

① 1월 5일 주식가격은 118,800원이므로, 매도할 경우 118,800−100,000=18,800원 이익이다.

②·④ 1월 6일 주식 가격은 95,040원이므로, 매도할 경우 100,000−95,040=4,960원 손실이며, 1월 2일 대비 주식가격 감소율(이익률)
은 $\dfrac{100,000-95,040}{100,000}\times100=4.96\%$이다.

③ 1월 4일 주식가격은 132,000원이므로, 매도할 경우 이익률은 $\dfrac{132,000-100,000}{100,000}\times100=32\%$이다.

22

디젤 엔진 및 가솔린 엔진과 비교하여 엔진 소음이 줄어든다.

가스연료 엔진의 장점
• 디젤기관과 비교 시 매연(SMOKE)이 100% 감소한다.
• 가솔린 엔진에 비해 이산화탄소는 20～30%, 일산화탄소는 30～50% 감소한다.
• 저온 시동성이 우수하고, 옥탄가가 130으로 가솔린보다 높다.
• 질소산화물 등 오존 영향 물질을 70% 이상 감소시킬 수 있다.
• 엔진 소음이 저감된다.

23

타이어는 트레드 부분이 노면과 직접 접촉하며 그 형상에 따라 리브형, 러그형, 블록형 등으로 구분한다.

24

정답 ③

- Park : 공원
- Hospital : 병원

25

정답 ①

글쓴이는 우리의 전통음악인 정악에 대해 설명하면서 정악을 우리의 음악으로 받아들이지 않는 혹자의 의견을 예상하고 있으며, 이에 대해 종묘제례악과 풍류음악을 근거로 들어 정악은 우리의 전통음악임을 주장하고 있다.

26

정답 ⑤

ㄱ. 3초부터 8초 사이에는 엘리베이터가 등속운동을 하고 있으므로 혜린이의 몸무게는 원래 몸무게를 유지한다.

ㄴ. 8초부터 10초 사이에 가속도 a는 $\dfrac{0-10}{2}=-5\text{m/s}^2$이므로 저울이 가리키는 눈금은 $50\times(10-5)=250\text{N}$이다.

ㄷ. 엘리베이터가 1층부터 맨 위층까지 이동한 거리는 그래프의 면적과 같다. 따라서 $\left(3\times10\times\dfrac{1}{2}\right)+(5\times10)+\left(2\times10\times\dfrac{1}{2}\right)=75\text{m}$이므로 이 건물의 높이는 70m 이상이다.

27

정답 ④

프로젝트를 끝내는 일의 양을 1이라고 가정하자.

혼자 할 경우 서주임이 하루에 할 수 있는 일의 양은 $\dfrac{1}{24}$이고, 김대리는 $\dfrac{1}{16}$이며, 함께 할 경우 $\dfrac{1}{24}+\dfrac{1}{16}=\dfrac{5}{48}$만큼 할 수 있다.

이들이 함께 일한 날은 3일이며, 김대리 혼자 일한 날을 x일이라 하면 총 일의 양에 대한 식은 다음과 같다.

$\dfrac{5}{48}\times3+\dfrac{1}{16}\times x=1 \rightarrow \dfrac{5}{16}+\dfrac{1}{16}\times x=1 \rightarrow \dfrac{1}{16}\times x=\dfrac{11}{16}$

$\therefore x=11$

따라서 김대리가 혼자 일하는 기간은 11일이고, 보고서를 제출할 때까지 총 3+11=14일이 걸린다.

28

정답 ④

제시된 조건에 따르면 '지은, 지영, 수지, 주현, 진리'의 순서대로 서 있다. 따라서 수지가 3번째로 서 있음을 알 수 있고, 지영이는 수지 옆에 있으므로 A와 B 둘 다 틀리다.

29

정답 ③

공기 현가장치는 스프링 정수가 자동으로 조정되므로 하중의 증감에 관계없이 고유 진동수를 거의 일정하게 유지할 수 있으며 차고조절 및 작은 진동 흡수 효과가 우수하다.

30

정답 ④

- 방향 지시등(Turn Signal) : 도로에서 차선 변경 시 다른 차량에 신호하기 위해 사용하는 점멸등

31

정답 ④

32

정답 ②

- 어른들이 원탁에 앉는 경우의 수 : $(3-1)!=2$가지
- 어른들 사이에 아이들이 앉는 경우의 수 : $3!=6$가지
따라서 원탁에 앉을 수 있는 모든 경우의 수는 $2×6=12$가지이다.

> **원순열**
> 서로 다른 물건들을 원형으로 배열하는 순열이다. 이때 서로 다른 n개의 물건을 원형으로 배열하는 경우의 수는 $(n-1)!$가지이다.

33

정답 ③

$$(라디에이터\ 코어\ 막힘률)=\frac{(신품용량)-(구품용량)}{(신품용량)}×100=\frac{30-15}{30}×100=50\%$$

34

정답 ①

자동화재 탐지설비는 감지기, 중계기, 수신기, 음향장치, 표시램프, 전원 등으로 구성된다.

35

정답 ③

역학적에너지 보존으로 감소한 운동 에너지는 증가한 위치 에너지와 같다.
따라서 (위치 에너지)=(질량)×(중력가속도)×(높이)$=2$kg$×9.8$m/s$^2×3$m$=58.8$J이다.

36

정답 ②

문제해결에 도움이 될 만한 자료를 모으는 것은 필수이다. 그러나 자료를 모으는 데만 너무 신경을 쓰면 정작 어떤 것이 쓸모 있고 적절한 자료인지 혼동되기 쉽다. 그리고 문제해결을 위한 시간은 한계가 있는데, 자료를 모으는 데 너무 시간을 쓰면 자료를 활용해서 문제해결을 할 시간은 당연히 줄어들 수밖에 없다. 그러므로 자료를 모을 때는 자신이 무엇 때문에 자료를 모으는지 유의해야 하며, 양에 집착할 필요는 없다.

37

정답 ④

저항체의 필요조건
- 저항의 온도 계수가 작을 것
- 구리에 대한 열기전력이 적을 것
- 고유 저항이 클 것
- 내구성이 좋을 것
- 값이 쌀 것

38

정답 ②

전류를 흐르게 하는 원동력을 기전력이라 하며 단위는 V이다.

$E = \dfrac{W}{Q} [V]$ (Q : 전기량, W : 일의 양)

39

정답 ②

오답분석

① 제시문에서 힘의 반대 방향으로 오목하게 들어갈 경우 효과적으로 견딜 수 있다는 것을 알 수 있다.
③ · ⑤ 제시문에서 원기둥 모양의 캔이 재료를 가장 적게 사용할 수 있다는 것을 알 수 있다.
④ 갈비뼈는 외부를 향해 오목한 모양이므로 외부로부터의 충격에 효과적으로 견딜 수 있다.

40

정답 ②

Exhausted와 Tired 모두 '피곤한'을 의미한다.

오답분석

① 빛나는
③ 기회
④ 대회
⑤ 차이

01	02	03	04	05	06	07	08	09	10	11	12	13	14	15	16	17	18	19	20
①	④	④	⑤	③	④	③	②	③	④	③	①	②	③	②	④	①	③	③	②
21	22	23	24	25	26	27	28	29	30	31	32	33	34	35	36	37	38	39	40
①	①	②	④	①	③	③	③	①	④	②	⑤	②	②	②	②	⑤	②	③	③

01
정답 ①

'늦잠을 잠 : p', '부지런함 : q', '건강함 : r', '비타민을 챙겨먹음 : s'라 하면, 각각 '~p → q', 'p → ~r', 's → r'이다. 어떤 명제가 참이면 그 대우도 참이므로, 첫 번째·세 번째 명제와 두 번째 명제의 대우를 연결하면 's → r → ~p → q'가 된다. 따라서 's → q'인 '비타민을 챙겨먹으면 부지런하다.'는 항상 참이다.

오답분석
② s → q의 역이며, 참인 명제의 역은 참일 수도, 거짓일 수도 있다.
③ p → s이므로 참인지 거짓인지 알 수 없다.
④ ~p → q의 이이며, 참인 명제의 이는 참일 수도, 거짓일 수도 있다.
⑤ r → q의 역이며, 참인 명제의 역은 참일 수도, 거짓일 수도 있다.

02
정답 ④

제시된 수열은 11, 12, 13, 14, 15, 16의 제곱수를 나열한 수열이다.
따라서 (　　)$=14^2=196$이다.

03
정답 ④

제시된 수열은 앞의 항에 $\times 2$, -1을 하는 수열이다.

B	C	E	I	Q	(G)
2	3	5	9	17	(33)(=26+7)

04
정답 ⑤

오답분석

① 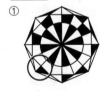 ② ③ 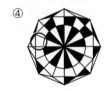 ④

05
정답 ③

단위 면적당 작용하는 힘을 감지하고, 터치스크린이나 디지털 저울에 이용되는 센서는 '압력 센서'이다. 영어로는 'Pressure Sensor'라고 한다.

06

정답 ④

3대의 버스 중 출근 시각보다 일찍 도착할 2대의 버스를 고르는 경우의 수는 $_3C_2=3$이다.

따라서 구하고자 하는 확률은 $3\times\frac{3}{8}\times\frac{3}{8}\times\frac{1}{2}=\frac{27}{128}$ 이다.

07

정답 ③

제시문을 요약하면 다음과 같다.
• 얼굴을 맞대고 하는 접촉이 매체를 통한 접촉보다 결정적인 영향력을 미친다.
• 새 어형이 전파되는 것은 매체를 통해서보다 사람과의 직접적인 접촉에 의해서라는 것이 더 일반적인 견해이다.
• 매체를 통한 것보다 자주 접촉하는 사람들을 통해 언어 변화가 진전된다는 사실은 언어 변화의 여러 면을 바로 이해하는 핵심적인 내용이라 해도 좋을 것이다.
따라서 빈칸에는 직접 접촉과 간접 접촉에 따라 언어 변화의 영향력에 차이가 있다는 내용이 오는 것이 적절하다.

08

정답 ②

수동변속 자동차의 페달 중 오른편에서 왼쪽에 있는 페달은 브레이크(Brake)이다.

09

정답 ③

아들자의 영점이 어미자 눈금의 25mm와 26mm 사이에 있다. 또한 아들자의 눈금과 어미자의 눈금이 일치하는 곳은 아들자 눈금 0.05mm 부분이므로 실린더의 내경은 $25+0.05=25.05$mm이다.

10

정답 ④

$\frac{1}{2}mv^2=\mu mgd$d이므로 $d=\frac{v^2}{2\mu g}=\frac{10^2}{2\times0.3\times9.8}\fallingdotseq17$m이다.

[다른풀이]

$S_b=\frac{v^2}{254\mu}$ 이고 10m/s=36km/h이므로 제동거리는 $\frac{36^2}{254\times0.3}\fallingdotseq17$m이다.

11

정답 ③

비품은 회사 업무상에 사용되는 물품을 의미하는데, 대체로 기업에서는 사전에 품목을 정해 놓고 필요한 자에게 보급한다. 만약 품목에 해당하지 않는 비품이 필요할 경우에는 그 사용 용도가 명확하고 업무에 필요한 것인지를 먼저 판단한 후, 예산을 고려하여 구매하는 것이 적절한 처리 과정이다. ③과 같이 단순히 품목에 없다는 이유로 제외하는 것은 적절하지 않다.

12

정답 ①

$T=716\times\frac{[출력(PS)]}{[회전속도(N)]}=716\times\frac{65}{2,000}=23.27m\cdot$kg$_f$

13

외접 기어는 회전 방향이 반대이고, 내접 기어는 회전 방향이 같다.

14

정답 ③

전해액면이 낮아지면 증류수를 넣어 보충하여야 하며, 전해액은 강한 화학물질이므로 피부, 의복에 노출되지 않도록 유의해야 한다.

15

정답 ②

• 펜더(Fender) : 바퀴가 구르며 튀어 오르는 이물질을 막는 외장 부품

16

정답 ④

매월 갑, 을팀의 총득점과 병, 정팀의 총득점이 같다.
따라서 빈칸에 들어갈 적절한 수는 $1,156+2,000-1,658=1,498$이다.

17

정답 ①

합리주의적인 언어 습득의 이론에 의하면, 어린이가 언어를 습득하는 것은 거의 전적으로 타고난 특수한 언어 학습 능력과 일반 언어 구조에 대한 추상적인 선험적 지식에 의해서 이루어지는 것이다. 반면 경험주의 이론은 경험적인 훈련(후천적)이 핵심이므로, ①은 경험주의적 입장에 해당한다.

18

정답 ③

• 1층 : $5×5-1=24$개
• 2층 : $25-4=21$개
• 3층 : $25-7=18$개
• 4층 : $25-13=12$개
∴ $24+21+18+12=75$개

19

정답 ③

길이가 6분인 곡이 길이가 4분, 5분인 곡을 합한 것보다 1곡 더 많이 연주되었으므로 식은 다음과 같다.
$z=x+y+1$ … ㉠
음악회 전체에 걸린 시간은 총 92분이고 연주곡 사이의 준비시간은 가장 마지막 곡에는 포함되지 않는다.
$4x+5y+6z+(x+y+z-1)=92$ … ㉡
㉠과 ㉡을 연립하면 $12x+13y=86$이 되는데, 이를 만족하는 13의 배수 y는 짝수이므로 $x=5$, $y=2$이다.
따라서 길이가 6분인 곡은 $z=5+2+1=8$곡이 연주되었다.

20

정답 ②

제시된 조건에 따라 A ~ D 4명의 사무실 위치를 정리하면 다음과 같다.

구분	2층	3층	4층	5층
경우 1	부장	B과장	대리	A부장
경우 2	B과장	대리	부장	A부장
경우 3	B과장	부장	대리	A부장

B가 과장이므로 대리가 아닌 A는 부장의 직책을 가진다.

오답분석

① A부장 외의 또 다른 부장은 2층, 3층 또는 4층에 근무한다.
③ 대리는 3층 또는 4층에 근무한다.
④ B는 2층 또는 3층에 근무한다.
⑤ C의 직책은 알 수 없다.

21

정답 ①

정류 작용은 통전 방향에 따라 전류가 잘 흐르는 정도가 달라지는 성질로, 좁은 의미로 한쪽 방향으로는 전류가 잘 흐르지만 반대 방향으로는 전류가 흐르지 않게 하는 성질을 말한다.

22

정답 ①

H씨의 행동을 살펴보면, 무계획적인 업무처리로 인하여 일이 늦어지거나 누락되는 경우가 많다는 것을 알 수 있다. 이러한 행동에 대한 피드백으로는 업무를 계획적으로 진행하라는 내용인 ①이 가장 적절하다.

23

정답 ②

일의 양을 1이라고 가정하면, A는 하루에 $\frac{1}{6}$, B는 하루에 $\frac{1}{8}$ 만큼 일을 한다.

B 혼자 일한 기간을 x일이라 하면 식은 다음과 같다.

$\frac{1}{6} + \left(\frac{1}{6} + \frac{1}{8} \right) \times 2 + \frac{1}{8}x = 1$

$\rightarrow \frac{1}{2} + \frac{1}{4} + \frac{x}{8} = 1$

$\rightarrow \frac{4+2+x}{8} = 1$

$\therefore x = 2$

따라서 B가 혼자 일해야 하는 기간은 2일이다.

24

정답 ④

오답분석

① Seat Belt
② Radiator Grille
③ Battery
⑤ Seat

25

등속 조인트 종류

트랙터형, 이중 십자형, 벤딕스 와이스형, 제파형, 버필드형

26

$[\text{스프링 정수}(k)] = \dfrac{[\text{작용하중}(w)]}{[\text{처짐량}(\delta)]}$ 이므로 $5 = \dfrac{w}{10}$ 에서 $w = 5 \times 10 = 50\text{kg}_f$ 이다.

27

$S_{20} = S_t + 0.0007 \times (t - 20)$

$S_{20} = 1.276 + 0.0007 \times (30 - 20) = 1.283$

28

펠티어 효과는 두 종류의 금속으로 하나의 폐회로를 만들고, 여기에 전류를 흘리면 양 접속점에서 한쪽은 온도가 올라가고 다른 쪽은 온도가 내려가서 열의 발생 또는 흡수가 생기며, 전류를 반대 방향으로 변화시키면 열의 발생과 흡수했던 곳이 바뀌는 현상이다.

29

제시문은 고전 범주화 이론에 바탕을 두고 있는 성분 분석 이론이 단어의 의미를 충분히 설명하지 못한다는 것을 말하고 있다. 따라서 글의 주제로 '고전 범주화 이론의 한계'가 가장 적절하다.

[오답분석]

②・③・⑤ '새'는 고전적인 성분 분석의 예로써 언급되는 것이기 때문에 글의 주제가 될 수 없다.

④ 성분 분석 이론의 바탕은 고전 범주화 이론이고, 이는 너무 포괄적이기 때문에 글의 주제가 될 수 없다.

30

자기 기록 매체에 정보가 기록(저장)될 때에는 전자석의 원리가 이용되며, 기록(저장)된 정보의 재생은 전자기 유도 현상이 이용된다.

31

전기자 반작용은 권선에 흐르는 전류에 의한 자기장이 계자 권선의 주자속에 영향을 주는 현상을 말한다.

32

Hope와 Wish 모두 '희망'을 의미한다.

오답분석

① 분노
② 공황
③ 기쁨
④ 두려움

33

$P=I^2R$에서

$I= \sqrt{\dfrac{R}{P}} = \sqrt{\dfrac{10 \times 10^3}{10 \times 10^3}} = 1A$

34

• 국내 여행을 선호하는 남학생 수 : 30−16=14명
• 국내 여행을 선호하는 여학생 수 : 20−14=6명

따라서 국내 여행을 선호하는 학생 수는 14+6=20명이므로 구하고자 하는 확률은 $\dfrac{14}{20} = \dfrac{7}{10}$ 이다.

35

제시문의 마지막 문단에서 '말이란 결국 생각의 일부분을 주워 담는 작은 그릇'이고, '말을 통하지 않고는 생각을 전달할 수가 없는 것'이라고 하며 말은 생각을 전달하기 위한 수단임을 주장하고 있다.

36

볼펜은 1개가 부족하고, 지우개와 샤프는 각각 2개가 남아 볼펜 30자루, 지우개 36개, 샤프 24개를 학생들에게 똑같이 나눠주는 경우와 같다.

따라서 30, 36, 24의 최대공약수는 6이므로, 학생 수는 총 6명이다.

37

$H= \dfrac{1}{2\pi r}AT/m$에서 $I=2\pi rH=2 \times \pi \times 0.8 \times 20 = 32\pi A$

38

옴의 법칙(Ohm's Law)에 따르면 전기 회로에 흐르는 전류의 세기는 전압(전위차)에 비례하고 도체의 저항(R)에 반비례한다.

$I= \dfrac{V}{R}[A]$ (R : 회로에 따라 정해지는 상수)

39

$1\text{PS} \fallingdotseq 735\text{W} \fallingdotseq 176\text{cal/s}(\because 1\text{J}=0.24\text{cal})$

40

현대자동차 모빌리티 생산직/기술인력 답안지

문번	1	2	3	4	5		문번	1	2	3	4	5	
1	①	②	③	④	⑤		21	①	②	③	④	⑤	
2	①	②	③	④	⑤		22	①	②	③	④	⑤	
3	①	②	③	④	⑤		23	①	②	③	④	⑤	
4	①	②	③	④	⑤		24	①	②	③	④	⑤	
5	①	②	③	④	⑤		25	①	②	③	④	⑤	
6	①	②	③	④	⑤		26	①	②	③	④	⑤	
7	①	②	③	④	⑤		27	①	②	③	④	⑤	
8	①	②	③	④	⑤		28	①	②	③	④	⑤	
9	①	②	③	④	⑤		29	①	②	③	④	⑤	
10	①	②	③	④	⑤		30	①	②	③	④	⑤	
11	①	②	③	④	⑤		31	①	②	③	④	⑤	
12	①	②	③	④	⑤		32	①	②	③	④	⑤	
13	①	②	③	④	⑤		33	①	②	③	④	⑤	
14	①	②	③	④	⑤		34	①	②	③	④	⑤	
15	①	②	③	④	⑤		35	①	②	③	④	⑤	
16	①	②	③	④	⑤		36	①	②	③	④	⑤	
17	①	②	③	④	⑤		37	①	②	③	④	⑤	
18	①	②	③	④	⑤		38	①	②	③	④	⑤	
19	①	②	③	④	⑤		39	①	②	③	④	⑤	
20	①	②	③	④	⑤		40	①	②	③	④	⑤	

고사장

성 명

수험번호

⓪	①	②	③	④	⑤	⑥	⑦	⑧	⑨
⓪	①	②	③	④	⑤	⑥	⑦	⑧	⑨
⓪	①	②	③	④	⑤	⑥	⑦	⑧	⑨
⓪	①	②	③	④	⑤	⑥	⑦	⑧	⑨
⓪	①	②	③	④	⑤	⑥	⑦	⑧	⑨
⓪	①	②	③	④	⑤	⑥	⑦	⑧	⑨
⓪	①	②	③	④	⑤	⑥	⑦	⑧	⑨

감독위원 확인

인

※ 점취선을 따라 분리하여 실제 시험과 같이 사용하면 더욱 효과적입니다.

현대자동차 모빌리티 생산직/기술인력 답안지

고사장

성 명

수험번호

⓪	⓪	⓪	⓪	⓪	⓪	⓪
①	①	①	①	①	①	①
②	②	②	②	②	②	②
③	③	③	③	③	③	③
④	④	④	④	④	④	④
⑤	⑤	⑤	⑤	⑤	⑤	⑤
⑥	⑥	⑥	⑥	⑥	⑥	⑥
⑦	⑦	⑦	⑦	⑦	⑦	⑦
⑧	⑧	⑧	⑧	⑧	⑧	⑧
⑨	⑨	⑨	⑨	⑨	⑨	⑨

감독위원 확인

(인)

문번	1	2	3	4	5
1	①	②	③	④	⑤
2	①	②	③	④	⑤
3	①	②	③	④	⑤
4	①	②	③	④	⑤
5	①	②	③	④	⑤
6	①	②	③	④	⑤
7	①	②	③	④	⑤
8	①	②	③	④	⑤
9	①	②	③	④	⑤
10	①	②	③	④	⑤
11	①	②	③	④	⑤
12	①	②	③	④	⑤
13	①	②	③	④	⑤
14	①	②	③	④	⑤
15	①	②	③	④	⑤
16	①	②	③	④	⑤
17	①	②	③	④	⑤
18	①	②	③	④	⑤
19	①	②	③	④	⑤
20	①	②	③	④	⑤

문번	1	2	3	4	5
21	①	②	③	④	⑤
22	①	②	③	④	⑤
23	①	②	③	④	⑤
24	①	②	③	④	⑤
25	①	②	③	④	⑤
26	①	②	③	④	⑤
27	①	②	③	④	⑤
28	①	②	③	④	⑤
29	①	②	③	④	⑤
30	①	②	③	④	⑤
31	①	②	③	④	⑤
32	①	②	③	④	⑤
33	①	②	③	④	⑤
34	①	②	③	④	⑤
35	①	②	③	④	⑤
36	①	②	③	④	⑤
37	①	②	③	④	⑤
38	①	②	③	④	⑤
39	①	②	③	④	⑤
40	①	②	③	④	⑤

※ 본 답안지는 마킹연습용 모의 답안지입니다.

현대자동차 모빌리티 생산직/기술인력 답안지

문번	1	2	3	4	5		문번	1	2	3	4	5
1	①	②	③	④	⑤		21	①	②	③	④	⑤
2	①	②	③	④	⑤		22	①	②	③	④	⑤
3	①	②	③	④	⑤		23	①	②	③	④	⑤
4	①	②	③	④	⑤		24	①	②	③	④	⑤
5	①	②	③	④	⑤		25	①	②	③	④	⑤
6	①	②	③	④	⑤		26	①	②	③	④	⑤
7	①	②	③	④	⑤		27	①	②	③	④	⑤
8	①	②	③	④	⑤		28	①	②	③	④	⑤
9	①	②	③	④	⑤		29	①	②	③	④	⑤
10	①	②	③	④	⑤		30	①	②	③	④	⑤
11	①	②	③	④	⑤		31	①	②	③	④	⑤
12	①	②	③	④	⑤		32	①	②	③	④	⑤
13	①	②	③	④	⑤		33	①	②	③	④	⑤
14	①	②	③	④	⑤		34	①	②	③	④	⑤
15	①	②	③	④	⑤		35	①	②	③	④	⑤
16	①	②	③	④	⑤		36	①	②	③	④	⑤
17	①	②	③	④	⑤		37	①	②	③	④	⑤
18	①	②	③	④	⑤		38	①	②	③	④	⑤
19	①	②	③	④	⑤		39	①	②	③	④	⑤
20	①	②	③	④	⑤		40	①	②	③	④	⑤

고사장

성 명

수험번호

⓪	①	②	③	④	⑤	⑥	⑦	⑧	
⓪	①	②	③	④	⑤	⑥	⑦	⑧	⑨
⓪	①	②	③	④	⑤	⑥	⑦	⑧	⑨
⓪	①	②	③	④	⑤	⑥	⑦	⑧	⑨
⓪	①	②	③	④	⑤	⑥	⑦	⑧	⑨
⓪	①	②	③	④	⑤	⑥	⑦	⑧	⑨
⓪	①	②	③	④	⑤	⑥	⑦	⑧	⑨

감독위원 확인

인

※ 정책선을 따라 분리하여 실제 시험과 같이 사용하면 더욱 효과적입니다.

※ 본 답안지는 마킹연습용 모의 답안지입니다.

현대자동차 모빌리티 생산직/기술인력 답안지

고사장								

성 명								

수험번호

⓪		⓪	⓪	⓪	⓪	⓪
①	①	①	①	①	①	①
②	②	②	②	②	②	②
③	③	③	③	③	③	③
④	④	④	④	④	④	④
⑤	⑤	⑤	⑤	⑤	⑤	⑤
⑥	⑥	⑥	⑥	⑥	⑥	⑥
⑦	⑦	⑦	⑦	⑦	⑦	⑦
⑧	⑧	⑧	⑧	⑧	⑧	⑧
⑨	⑨	⑨	⑨	⑨	⑨	⑨

감독위원 확인

(인)

문번	1	2	3	4	5	문번	1	2	3	4	5
1	①	②	③	④	⑤	21	①	②	③	④	⑤
2	①	②	③	④	⑤	22	①	②	③	④	⑤
3	①	②	③	④	⑤	23	①	②	③	④	⑤
4	①	②	③	④	⑤	24	①	②	③	④	⑤
5	①	②	③	④	⑤	25	①	②	③	④	⑤
6	①	②	③	④	⑤	26	①	②	③	④	⑤
7	①	②	③	④	⑤	27	①	②	③	④	⑤
8	①	②	③	④	⑤	28	①	②	③	④	⑤
9	①	②	③	④	⑤	29	①	②	③	④	⑤
10	①	②	③	④	⑤	30	①	②	③	④	⑤
11	①	②	③	④	⑤	31	①	②	③	④	⑤
12	①	②	③	④	⑤	32	①	②	③	④	⑤
13	①	②	③	④	⑤	33	①	②	③	④	⑤
14	①	②	③	④	⑤	34	①	②	③	④	⑤
15	①	②	③	④	⑤	35	①	②	③	④	⑤
16	①	②	③	④	⑤	36	①	②	③	④	⑤
17	①	②	③	④	⑤	37	①	②	③	④	⑤
18	①	②	③	④	⑤	38	①	②	③	④	⑤
19	①	②	③	④	⑤	39	①	②	③	④	⑤
20	①	②	③	④	⑤	40	①	②	③	④	⑤

시대에듀 사이다 모의고사 현대자동차 모빌리티 생산직 / 기술인력

개정3판1쇄 발행	2025년 05월 20일 (인쇄 2025년 04월 22일)
초 판 발 행	2023년 03월 15일 (인쇄 2023년 03월 06일)
발 행 인	박영일
책 임 편 집	이해욱
편 저	SDC(Sidae Data Center)
편 집 진 행	안희선 · 윤지원
표지디자인	김도연
편집디자인	유가영 · 고현준
발 행 처	(주)시대고시기획
출 판 등 록	제10-1521호
주 소	서울시 마포구 큰우물로 75 [도화동 538 성지 B/D] 9F
전 화	1600-3600
팩 스	02-701-8823
홈 페 이 지	www.sdedu.co.kr
I S B N	979-11-383-9215-0 (13320)
정 가	18,000원

사이다

사일 동안
이것만 풀면
다 합격!

현대자동차 모빌리티
생산직 / 기술인력

고졸/전문대졸 필기시험 시리즈

고졸 / 전문대졸 취업 기초부터 합격까지! 취업의 문을 여는 **Master Key!**

포스코그룹
생산기술직 / 직업훈련생

삼성
GSAT 4급

현대자동차
생산직 / 기술인력

SK그룹 생산직
고졸 / 전문대졸

SK이노베이션
생산직 / 기술직 / 교육·훈련생

SK하이닉스
고졸 / 전문대졸

※ 도서의 이미지 및 구성은 변동될 수 있습니다.

NEXT STEP

시대에듀가 합격을 준비하는
당신에게 제안합니다.

성공의 기회
시대에듀를 잡으십시오.

시대에듀

기회란 포착되어 활용되기 전에는 기회인지조차 알 수 없는 것이다.

– 마크 트웨인 –

THE LAST

모의고사

현대자동차 생산직

온라인 모의고사

응시방법

01
합격시대
홈페이지 접속
(sdedu.co.kr/pass_sidae_new)

02
홈페이지 우측 상단
「쿠폰 입력하고 모의고사 받자」
클릭

03
도서 앞표지
안쪽에 위치한
쿠폰번호 확인 후 등록

04
내강의실 →
모의고사 → 합격시대 모의고사
클릭 후 응시

www.sdedu.co.kr/pass_sidae_new

사일 동안
이것만 풀면
다 합격!

현대자동차 모빌리티
생산직 / 기술인력

합격의 모든 것!

대기업 인적성검사 누적 판매량 1위

[판매량] 2005년부터 21년간 누적 판매 1위
[출간량] 최다 품목 발간 1위(1,543종)

누적 판매량
1위

시대에듀

정가 **18,000원**

발행일 2025년 5월 20일 | **발행인** 박영일 | **책임편집** 이해욱

편저 SDC(Sidae Data Center) | **발행처** (주)시대고시기획

등록번호 제10-1521호 | **대표전화** 1600-3600 | **팩스** (02)701-8823

주소 서울시 마포구 큰우물로 75 [도화동 538 성지B/D] 9F

학습문의 www.sdedu.co.kr

13320

ISBN 979-11-383-9215-0

9 791138 392150

신한은행 SLT

합격의 모든 것!

YES24 신한은행 SLT 부문 판매량 1위
(23년 4월 ~ 25년 1월)

판매량
1위
YES24 신한은행 SLT
부문

시대에듀

정가 **25,000원**

발행일 2025년 3월 20일 | **발행인** 박영일 | **책임편집** 이해욱

편저 SDC(Sidae Data Center) | **발행처** (주)시대고시기획

등록번호 제10-1521호 | **대표전화** 1600-3600 | **팩스** (02)701-8823

주소 서울시 마포구 큰우물로 75 [도화동 538 성지B/D] 9F

학습문의 www.sdedu.co.kr

13320

9 791138 388900

ISBN 979-11-383-8890-0

언택트 시대의 새로운 합격전략!
온라인 모의고사

맞춤형 온라인 테스트, 합격시대

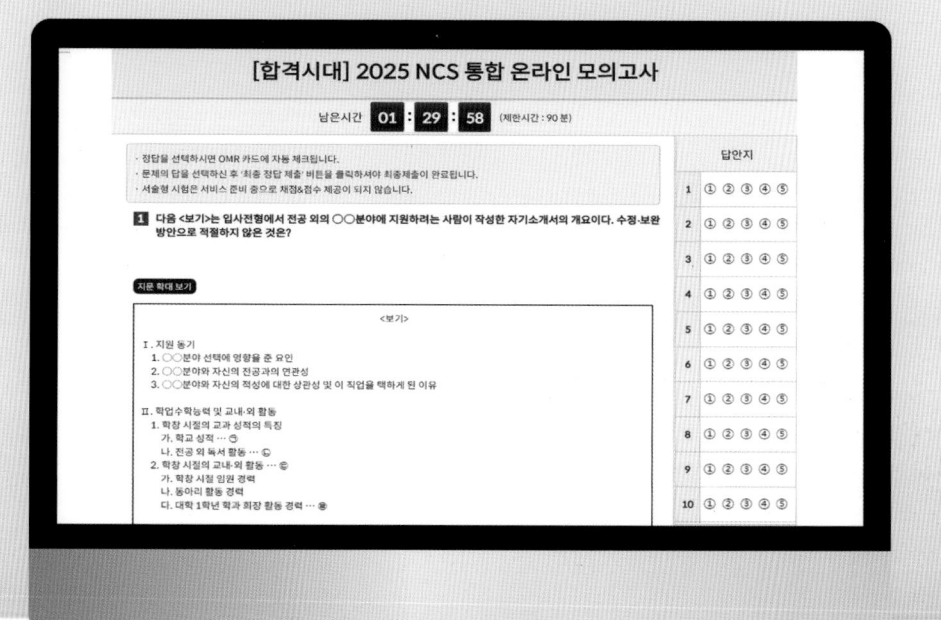

[합격시대] 2025 NCS 통합 온라인 모의고사

남은시간 **01 : 29 : 58** (제한시간 : 90분)

- 정답을 선택하시면 OMR 카드에 자동 체크됩니다.
- 문제의 답을 선택하신 후 '최종 정답 제출' 버튼을 클릭하셔야 최종제출이 완료됩니다.
- 서술형 시험은 서비스 준비 중으로 채점&점수 제공이 되지 않습니다.

답안지

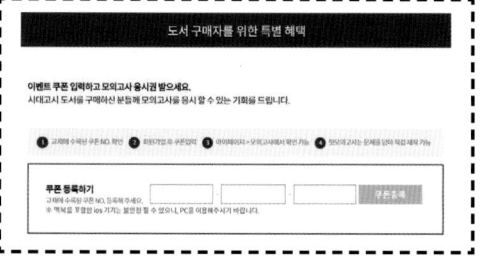

쿠폰번호를 등록하면 온라인 모의고사를 응시할 수 있습니다!

01 합격시대
홈페이지 접속
(sdedu.co.kr/pass_sidae_new)

02 홈페이지 우측 상단
「쿠폰 입력하고 모의고사 받자」
클릭

03 도서 앞표지
안쪽에 위치한
쿠폰번호 확인 후 등록

04 내강의실 →
모의고사 → 합격시대 모의고사
클릭 후 응시

시대에듀가 합격을 준비하는
당신에게 제안합니다.

결심하셨다면 지금 당장 실행하십시오.
시대에듀와 함께라면 문제없습니다.

성공의 기회!
시대에듀를 잡으십시오.

NEXT STEP!

- 마크 트웨인 -

기회란 포착되어 활용되기 전에는 기회인지조차 알 수 없는 것이다.

금융권 필기시험 "기본서" 시리즈

최신 기출유형을 반영한 NCS와 직무상식을 한 권에! 합격을 위한

Only Way!

금융권 필기시험 "봉투모의고사" 시리즈

실제 시험과 동일하게 구성된 모의고사로 마무리! 합격으로 가는

Last Spurt!

정답 및 해설

시원스쿨 SLT

2025 최신판 시대에듀 신한은행 SLT 필기시험
NCS 직업기초능력평가 + 금융상식
+ 디지털 리터러시 평가 + 무료NCS특강

개정12판1쇄 발행	2025년 03월 20일 (인쇄 2025년 02월 26일)
초 판 발 행	2018년 06월 05일 (인쇄 2018년 05월 17일)
발 행 인	박영일
책 임 편 집	이해욱
편 저	SDC(Sidae Data Center)
편 집 진 행	안희선·신주희
표지디자인	김지수
편집디자인	양혜련·장성복
발 행 처	(주)시대고시기획
출 판 등 록	제10-1521호
주 소	서울시 마포구 큰우물로 75 [도화동 538 성지 B/D] 9F
전 화	1600-3600
팩 스	02-701-8823
홈 페 이 지	www.sdedu.co.kr
I S B N	979-11-383-8890-0 (13320)
정 가	25,000원

신한은행 SLT 필기시험 OMR 답안카드

성 명

지원 분야

문제지 형별기재란

( )형   Ⓐ Ⓑ

수험번호

⑨	⑨	⑨	⑨	⑨	⑨	⑨
⑧	⑧	⑧	⑧	⑧	⑧	⑧
⑦	⑦	⑦	⑦	⑦	⑦	⑦
⑥	⑥	⑥	⑥	⑥	⑥	⑥
⑤	⑤	⑤	⑤	⑤	⑤	⑤
④	④	④	④	④	④	④
③	③	③	③	③	③	③
②	②	②	②	②	②	②
①	①	①	①	①	①	①
⓪	⓪	⓪	⓪	⓪	⓪	⓪

감독위원 확인

(인)

1	① ② ③ ④ ⑤	21	① ② ③ ④ ⑤	41	① ② ③ ④ ⑤	61	① ② ③ ④ ⑤
2	① ② ③ ④ ⑤	22	① ② ③ ④ ⑤	42	① ② ③ ④ ⑤	62	① ② ③ ④ ⑤
3	① ② ③ ④ ⑤	23	① ② ③ ④ ⑤	43	① ② ③ ④ ⑤	63	① ② ③ ④ ⑤
4	① ② ③ ④ ⑤	24	① ② ③ ④ ⑤	44	① ② ③ ④ ⑤	64	① ② ③ ④ ⑤
5	① ② ③ ④ ⑤	25	① ② ③ ④ ⑤	45	① ② ③ ④ ⑤	65	① ② ③ ④ ⑤
6	① ② ③ ④ ⑤	26	① ② ③ ④ ⑤	46	① ② ③ ④ ⑤	66	① ② ③ ④ ⑤
7	① ② ③ ④ ⑤	27	① ② ③ ④ ⑤	47	① ② ③ ④ ⑤	67	① ② ③ ④ ⑤
8	① ② ③ ④ ⑤	28	① ② ③ ④ ⑤	48	① ② ③ ④ ⑤	68	① ② ③ ④ ⑤
9	① ② ③ ④ ⑤	29	① ② ③ ④ ⑤	49	① ② ③ ④ ⑤	69	① ② ③ ④ ⑤
10	① ② ③ ④ ⑤	30	① ② ③ ④ ⑤	50	① ② ③ ④ ⑤	70	① ② ③ ④ ⑤
11	① ② ③ ④ ⑤	31	① ② ③ ④ ⑤	51	① ② ③ ④ ⑤		
12	① ② ③ ④ ⑤	32	① ② ③ ④ ⑤	52	① ② ③ ④ ⑤		
13	① ② ③ ④ ⑤	33	① ② ③ ④ ⑤	53	① ② ③ ④ ⑤		
14	① ② ③ ④ ⑤	34	① ② ③ ④ ⑤	54	① ② ③ ④ ⑤		
15	① ② ③ ④ ⑤	35	① ② ③ ④ ⑤	55	① ② ③ ④ ⑤		
16	① ② ③ ④ ⑤	36	① ② ③ ④ ⑤	56	① ② ③ ④ ⑤		
17	① ② ③ ④ ⑤	37	① ② ③ ④ ⑤	57	① ② ③ ④ ⑤		
18	① ② ③ ④ ⑤	38	① ② ③ ④ ⑤	58	① ② ③ ④ ⑤		
19	① ② ③ ④ ⑤	39	① ② ③ ④ ⑤	59	① ② ③ ④ ⑤		
20	① ② ③ ④ ⑤	40	① ② ③ ④ ⑤	60	① ② ③ ④ ⑤		

※ 본 답안카드는 마킹연습용 모의 답안카드입니다.

신한은행 SLT 필기시험 OMR 답안카드

번호	답란					번호	답란					번호	답란					번호	답란				
1	①	②	③	④	⑤	21	①	②	③	④	⑤	41	①	②	③	④	⑤	61	①	②	③	④	⑤
2	①	②	③	④	⑤	22	①	②	③	④	⑤	42	①	②	③	④	⑤	62	①	②	③	④	⑤
3	①	②	③	④	⑤	23	①	②	③	④	⑤	43	①	②	③	④	⑤	63	①	②	③	④	⑤
4	①	②	③	④	⑤	24	①	②	③	④	⑤	44	①	②	③	④	⑤	64	①	②	③	④	⑤
5	①	②	③	④	⑤	25	①	②	③	④	⑤	45	①	②	③	④	⑤	65	①	②	③	④	⑤
6	①	②	③	④	⑤	26	①	②	③	④	⑤	46	①	②	③	④	⑤	66	①	②	③	④	⑤
7	①	②	③	④	⑤	27	①	②	③	④	⑤	47	①	②	③	④	⑤	67	①	②	③	④	⑤
8	①	②	③	④	⑤	28	①	②	③	④	⑤	48	①	②	③	④	⑤	68	①	②	③	④	⑤
9	①	②	③	④	⑤	29	①	②	③	④	⑤	49	①	②	③	④	⑤	69	①	②	③	④	⑤
10	①	②	③	④	⑤	30	①	②	③	④	⑤	50	①	②	③	④	⑤	70	①	②	③	④	⑤
11	①	②	③	④	⑤	31	①	②	③	④	⑤	51	①	②	③	④	⑤						
12	①	②	③	④	⑤	32	①	②	③	④	⑤	52	①	②	③	④	⑤						
13	①	②	③	④	⑤	33	①	②	③	④	⑤	53	①	②	③	④	⑤						
14	①	②	③	④	⑤	34	①	②	③	④	⑤	54	①	②	③	④	⑤						
15	①	②	③	④	⑤	35	①	②	③	④	⑤	55	①	②	③	④	⑤						
16	①	②	③	④	⑤	36	①	②	③	④	⑤	56	①	②	③	④	⑤						
17	①	②	③	④	⑤	37	①	②	③	④	⑤	57	①	②	③	④	⑤						
18	①	②	③	④	⑤	38	①	②	③	④	⑤	58	①	②	③	④	⑤						
19	①	②	③	④	⑤	39	①	②	③	④	⑤	59	①	②	③	④	⑤						
20	①	②	③	④	⑤	40	①	②	③	④	⑤	60	①	②	③	④	⑤						

※ 본 답안카드는 마킹연습용 모의 답안카드입니다.

성 명

지원분야

문제지 형별기재란

(형)

Ⓐ
Ⓑ

수험번호

⓪	①	②	③	④	⑤	⑥	⑦	⑧	⑨
⓪	①	②	③	④	⑤	⑥	⑦	⑧	⑨
⓪	①	②	③	④	⑤	⑥	⑦	⑧	⑨
⓪	①	②	③	④	⑤	⑥	⑦	⑧	⑨
⓪	①	②	③	④	⑤	⑥	⑦	⑧	⑨
⓪	①	②	③	④	⑤	⑥	⑦	⑧	⑨
⓪	①	②	③	④	⑤	⑥	⑦	⑧	⑨

감독위원 확인

(인)

신한은행 SLT 필기시험 OMR 답안카드

성 명

지원 분야

문제지 형별기재란

( )형 Ⓐ Ⓑ

수 험 번 호

⓪	⓪	⓪	⓪	⓪	⓪	⓪
①	①	①	①	①	①	①
②	②	②	②	②	②	②
③	③	③	③	③	③	③
④	④	④	④	④	④	④
⑤	⑤	⑤	⑤	⑤	⑤	⑤
⑥	⑥	⑥	⑥	⑥	⑥	⑥
⑦	⑦	⑦	⑦	⑦	⑦	⑦
⑧	⑧	⑧	⑧	⑧	⑧	⑧
⑨	⑨	⑨	⑨	⑨	⑨	⑨

감독위원 확인

㊞

1	① ② ③ ④ ⑤	21	① ② ③ ④ ⑤	41	① ② ③ ④ ⑤	61	① ② ③ ④ ⑤
2	① ② ③ ④ ⑤	22	① ② ③ ④ ⑤	42	① ② ③ ④ ⑤	62	① ② ③ ④ ⑤
3	① ② ③ ④ ⑤	23	① ② ③ ④ ⑤	43	① ② ③ ④ ⑤	63	① ② ③ ④ ⑤
4	① ② ③ ④ ⑤	24	① ② ③ ④ ⑤	44	① ② ③ ④ ⑤	64	① ② ③ ④ ⑤
5	① ② ③ ④ ⑤	25	① ② ③ ④ ⑤	45	① ② ③ ④ ⑤	65	① ② ③ ④ ⑤
6	① ② ③ ④ ⑤	26	① ② ③ ④ ⑤	46	① ② ③ ④ ⑤	66	① ② ③ ④ ⑤
7	① ② ③ ④ ⑤	27	① ② ③ ④ ⑤	47	① ② ③ ④ ⑤	67	① ② ③ ④ ⑤
8	① ② ③ ④ ⑤	28	① ② ③ ④ ⑤	48	① ② ③ ④ ⑤	68	① ② ③ ④ ⑤
9	① ② ③ ④ ⑤	29	① ② ③ ④ ⑤	49	① ② ③ ④ ⑤	69	① ② ③ ④ ⑤
10	① ② ③ ④ ⑤	30	① ② ③ ④ ⑤	50	① ② ③ ④ ⑤	70	① ② ③ ④ ⑤
11	① ② ③ ④ ⑤	31	① ② ③ ④ ⑤	51	① ② ③ ④ ⑤		
12	① ② ③ ④ ⑤	32	① ② ③ ④ ⑤	52	① ② ③ ④ ⑤		
13	① ② ③ ④ ⑤	33	① ② ③ ④ ⑤	53	① ② ③ ④ ⑤		
14	① ② ③ ④ ⑤	34	① ② ③ ④ ⑤	54	① ② ③ ④ ⑤		
15	① ② ③ ④ ⑤	35	① ② ③ ④ ⑤	55	① ② ③ ④ ⑤		
16	① ② ③ ④ ⑤	36	① ② ③ ④ ⑤	56	① ② ③ ④ ⑤		
17	① ② ③ ④ ⑤	37	① ② ③ ④ ⑤	57	① ② ③ ④ ⑤		
18	① ② ③ ④ ⑤	38	① ② ③ ④ ⑤	58	① ② ③ ④ ⑤		
19	① ② ③ ④ ⑤	39	① ② ③ ④ ⑤	59	① ② ③ ④ ⑤		
20	① ② ③ ④ ⑤	40	① ② ③ ④ ⑤	60	① ② ③ ④ ⑤		

※ 본 답안카드는 마킹연습용 모의 답안카드입니다.

신한은행 SLT 필기시험 OMR 답안카드

						문항
성 명						
지원 분야						
문제지 형별기재란	Ⓐ Ⓑ ( )형					
수 험 번 호						
감독위원 확인	(인)					

번호	답란	번호	답란	번호	답란	번호	답란
1	① ② ③ ④ ⑤	21	① ② ③ ④ ⑤	41	① ② ③ ④ ⑤	61	① ② ③ ④ ⑤
2	① ② ③ ④ ⑤	22	① ② ③ ④ ⑤	42	① ② ③ ④ ⑤	62	① ② ③ ④ ⑤
3	① ② ③ ④ ⑤	23	① ② ③ ④ ⑤	43	① ② ③ ④ ⑤	63	① ② ③ ④ ⑤
4	① ② ③ ④ ⑤	24	① ② ③ ④ ⑤	44	① ② ③ ④ ⑤	64	① ② ③ ④ ⑤
5	① ② ③ ④ ⑤	25	① ② ③ ④ ⑤	45	① ② ③ ④ ⑤	65	① ② ③ ④ ⑤
6	① ② ③ ④ ⑤	26	① ② ③ ④ ⑤	46	① ② ③ ④ ⑤	66	① ② ③ ④ ⑤
7	① ② ③ ④ ⑤	27	① ② ③ ④ ⑤	47	① ② ③ ④ ⑤	67	① ② ③ ④ ⑤
8	① ② ③ ④ ⑤	28	① ② ③ ④ ⑤	48	① ② ③ ④ ⑤	68	① ② ③ ④ ⑤
9	① ② ③ ④ ⑤	29	① ② ③ ④ ⑤	49	① ② ③ ④ ⑤	69	① ② ③ ④ ⑤
10	① ② ③ ④ ⑤	30	① ② ③ ④ ⑤	50	① ② ③ ④ ⑤	70	① ② ③ ④ ⑤
11	① ② ③ ④ ⑤	31	① ② ③ ④ ⑤	51	① ② ③ ④ ⑤		
12	① ② ③ ④ ⑤	32	① ② ③ ④ ⑤	52	① ② ③ ④ ⑤		
13	① ② ③ ④ ⑤	33	① ② ③ ④ ⑤	53	① ② ③ ④ ⑤		
14	① ② ③ ④ ⑤	34	① ② ③ ④ ⑤	54	① ② ③ ④ ⑤		
15	① ② ③ ④ ⑤	35	① ② ③ ④ ⑤	55	① ② ③ ④ ⑤		
16	① ② ③ ④ ⑤	36	① ② ③ ④ ⑤	56	① ② ③ ④ ⑤		
17	① ② ③ ④ ⑤	37	① ② ③ ④ ⑤	57	① ② ③ ④ ⑤		
18	① ② ③ ④ ⑤	38	① ② ③ ④ ⑤	58	① ② ③ ④ ⑤		
19	① ② ③ ④ ⑤	39	① ② ③ ④ ⑤	59	① ② ③ ④ ⑤		
20	① ② ③ ④ ⑤	40	① ② ③ ④ ⑤	60	① ② ③ ④ ⑤		

수험번호 기입란: ⓪ ① ② ③ ④ ⑤ ⑥ ⑦ ⑧ ⑨

〈절취선〉

대표기출유형 01 기출응용문제

01

보기의 '이'는 앞 문장의 내용을 가리키므로, 기업의 이익 추구가 사회 전체의 이익과 관련된 결과를 가져왔다는 내용이 앞에 와야 한다. 따라서 (다) 앞의 '가장 저렴한 가격으로 상품 공급'이 '사회 전체의 이익'과 연관되므로 보기는 (다)에 들어가는 것이 가장 적절하다.

02

보기는 아쿠아포닉스의 단점에 대해 설명하고 있다. 그러므로 보기의 앞에는 아쿠아포닉스의 장점이 설명되고, 단락 뒤에는 단점을 해결하는 방법이나 추가적인 단점 등이 오는 것이 적절하다. 또한 세 번째 문단의 '이러한 수고로움'이 앞에 제시되어야 하므로, 보기는 (라)에 들어가는 것이 가장 적절하다.

03

(가) 문단에서 피타고라스학파가 '근본적인 것'으로 '수(數)'를 선택했음을 알 수 있다. 그러므로 이후 전개될 내용으로는 피타고라스학파가 왜 '수(數)'를 가장 '근본적인 것'으로 생각했는지의 이유가 나와야 한다. 따라서 수(數)의 중요성과 왜 근본적인지에 대한 내용의 보기는 (가) 문단의 뒤에 들어가는 것이 가장 적절하다.

04

㉠ : 두 번째 문단의 내용처럼 '디지털 환경에서는 저작물을 원본과 동일하게 복제할 수 있고 용이하게 개작할 수 있기 때문에' ㉠과 같은 문제가 생겼다. 또한 이에 대한 결과로 (나) 바로 뒤의 내용처럼 '디지털화된 저작물의 이용 행위가 공정 이용의 범주에 드는 것인지 가늠하기가 더 어려워졌고 그에 따른 처벌 위험'도 커진 것이다. 따라서 ㉠의 위치는 (나)가 가장 적절하다.
㉡ : ㉡에서 말하는 '이들'은 '저작물의 공유' 캠페인을 소개하는 네 번째 문단에서 언급한 캠페인 참여자들을 가리킨다. 따라서 ㉡의 위치는 (마)가 가장 적절하다.

05

(가) : 계몽의 작업이 공포를 몰아내는 작업이라는 것이 명시되어 있듯이, ㉢은 인간의 계몽 작업이 왜 이루어져 왔는지를 요약하는 문장이다.
(나) : 이해가 역사 속에서 가능하다는 ㉠은 제시문의 두 번째 입장을 잘 요약하고 있는 문장이다.
(다) : 권력과 지식의 관계가 대립이 아니라는 제시문의 세 번째 입장에 비추어 볼 때, ㉡이 들어가는 것이 적절하다.

01

정답 ③

빈칸 뒤의 문장은 최근 선진국에서는 스마트팩토리로 인해 해외로 나간 자국 기업들이 다시 본국으로 돌아오는 현상인 '리쇼어링'이 가속화되고 있다는 내용이다. 따라서 스마트팩토리의 발전이 공장의 위치를 해외에서 본국으로 변화시키고 있으므로 빈칸에는 ③이 가장 적절하다.

02

정답 ③

인플레이션이란 물가수준이 계속하여 상승하는 현상이다. 제시문에서 새해 공공요금의 인상의 영향으로 농축산물과 가공식품 등 물가가 계속하여 상승하고 있다고 우려하고 있다. 따라서 빈칸에 들어갈 가장 적절한 단어는 '인플레이션'이다.

오답분석

① E플레이션은 에너지 자원의 수요는 증가하는데 공급이 이에 충분하지 않아 이것이 물가 상승으로 이어지는 현상이다. 제시문은 에너지 자원 요금의 상승이 물가 상승에 영향을 끼치고 있다는 내용을 다루고는 있지만, 에너지 자원만의 문제점으로는 보고 있지 않다.
② 디플레이션은 물가수준이 계속하여 하락하는 현상으로, 계속하여 물가가 상승하고 있다는 제시문의 취지와 맞지 않는 내용이다.
④ 디스인플레이션은 물가를 현재 수준으로 유지하면서 인플레이션 상황을 극복하기 위한 경제조정정책이다. 제시문은 인플레이션 상황에 대해 다루고 있지만, 이를 극복하기 위한 경제조정정책에 대해서는 다루고 있지는 않다.
⑤ 스태그네이션은 장기적인 경제 침체를 뜻하는 말로 일반적으로 연간 경제 성장률이 2 ~ 3% 이하로 하락하였을 때를 말한다. 제시문은 경제 성장률이 아닌 물가 상승률에 대해 다루고 있으므로 적절하지 않다.

03

정답 ③

개별존재로서 생명의 권리를 갖기 위해서는 개별존재로서 생존을 지속시키고자 하는 욕망을 가질 수 있어야 하며, 이를 위해서는 자신을 일정한 시기에 걸쳐 존재하는 개별존재로서 파악해야 한다. 따라서 '자신을 일정한 시기에 걸쳐 존재하는 개별존재로서 파악할 수 있는 존재만이 생명에 대한 권리를 가질 수 있다.'는 빈칸 앞의 결론을 도출하기 위해서는 개별존재로서 생존을 지속시키고자 하는 욕망이 개별존재로서의 인식을 가능하게 한다는 내용이 있어야 하므로 빈칸에는 ③이 들어가는 것이 적절하다.

04

정답 ④

제시문의 내용상 빈칸 (라)에 '보편화된 언어 사용'이 들어가는 것은 적절하지 않다.

오답분석

① 표준어를 사용하는 이유에 대한 상세한 설명이 들어가야 하므로 적절하다.
②·③ 제시문에서 개정안에 대한 부정적인 입장을 취하고 있으므로 적절하다.
⑤ '다만' 이후로 언론이 지양해야 할 방향을 제시하는 것이 자연스러우므로 적절하다.

05

정답 ②

(가) : 빈칸 다음 문장에서 사회의 기본 구조를 통해 이것을 공정하게 분배해야 된다고 했으므로 ⓒ이 가장 적절하다.
(나) : '원초적 상황'에서 합의 당사자들은 인간의 심리, 본성 등에 대한 지식 등 사회에 대한 일반적인 지식은 알고 있지만, 이것에 대한 정보를 모르는 무지의 베일 상태에 놓인다고 했으므로 사회에 대한 일반적인 지식과 반대되는 개념, 즉 개인적 측면의 정보인 ㉠이 가장 적절하다.
(다) : 빈칸에 대하여 사회에 대한 일반적인 지식이라고 하였으므로 ⓒ이 가장 적절하다.

01

정답 ①

선물환거래는 금리차익을 얻는 것과 투기적 목적 등도 가지고 있다.

오답분석
②·④ 선물환거래에 대한 내용이다.
③·⑤ 옵션에 대한 내용이다.

02

정답 ④

전자정부 서비스 만족 이유에 대한 답변으로 '신속하게 처리할 수 있어서(55.1%)', '편리한 시간과 장소에서 이용할 수 있어서 (54.7%)', '쉽고 간편해서(45.1%)'로 나타났다. 따라서 '신속하게 처리할 수 있어서'가 55.1%로 가장 높았다.

오답분석
① 두 번째 문단에 따르면 전자정부 서비스 이용 목적으로 '정보 검색 및 조회'가 86.7%를 차지했다.
② 두 번째 문단에 따르면 전자정부 서비스를 이용하는 이들의 98.9%가 향후에도 계속 이용할 의향이 있다고 답했다.
③ 전자정부 서비스 실태를 인지도와 이용률, 만족도로 분류하여 조사하였다.
⑤ 마지막 문단에 따르면 고령층으로 갈수록 인지도와 이용률은 낮은 반면 만족도는 전 연령층에서 고르게 높았다.

03

정답 ⑤

ㄷ. 온라인은 복지로 홈페이지, 오프라인은 읍면동 주민센터에서 보조금 신청서를 작성 후 제출하면 되며, 카드사의 홈페이지에서
　 는 보조금 신청서 작성이 불가능하다.
ㄹ. 오프라인으로 신청한 경우, 읍면동 주민센터 외에도 해당 카드사 지점을 방문하여 카드를 발급받을 수 있다.

오답분석
ㄱ. 어린이집 보육료 및 유치원 유아학비는 신청자가 별도로 인증하지 않아도 보조금 신청 절차에서 인증된다.
ㄴ. 오프라인과 온라인 신청 모두 연회비가 무료임이 명시되어 있다.

04

정답 ④

비정규직 중 시간제업무보조원을 폐지하고 일반직이 아닌 단순 파트타이머로 대체·운용한다.

05

정답 ⑤

제10조 제3항에 따르면 차주등급은 '정상차주에 대하여 7개 이상, 부도차주에 대하여 1개 이상'으로 등급을 세분화하므로, 정상차 주와 부도차주 모두 7개로 동일할 수도 있다. 따라서 적절하지 않은 설명이다.

오답분석
① 제7조 제2항에 따르면 '비소매 신용평가자는 경기변동이 반영된 1년 이상의 장기간을 대상으로 신용평가를 실시'하므로 적절한
　 설명이다.
② 제8조 제2항에 따라 적절한 설명이다.
③ 제9조 제3항에 따라 적절한 설명이다.
④ 제9조 제2항에 따라 적절한 설명이다.

01

정답 ②

첫 번째 문단은 최근 행동주의펀드가 기업의 주가에 영향을 미치고 있다는 내용을 담고 있으므로 이어지는 내용으로 행동주의펀드가 어떻게 기업에 그 영향을 미치는지에 대해 서술하는 (나) 문단이 와야 하고, 다음에는 이에 대한 대표적인 사례를 서술하는 (가) 문단이 이어지는 것이 적절하다. (다) 문단의 내용을 살펴보면 일부 은행에서는 A자산운용의 제안을 수락했고, 특정 은행에서는 이를 거부했다는 내용을 언급하고 있으므로 해당 제안에 대한 구체적인 내용을 다루고 있는 (라) 문단이 먼저 오는 것이 더 자연스럽다. 따라서 (나) - (가) - (라) - (다) 순으로 나열하는 것이 적절하다.

02

정답 ③

제시문은 고전주의의 예술관을 설명한 후 이에 반하는 수용미학의 등장을 설명하고, 수용미학을 처음 제시한 야우스의 주장에 대해 설명한다. 이어서 이것을 체계화한 이저의 주장을 소개하고 이저가 생각한 독자의 역할을 제시한 뒤 이것의 의의에 대해 설명하고 있는 글이다. 따라서 (가) 고전주의 예술관과 이에 반하는 수용미학의 등장 - (라) 수용미학을 제기한 야우스의 주장 - (다) 야우스의 주장을 정리한 이저 - (나) 이저의 이론 속 텍스트와 독자의 상호작용의 의의 순으로 나열하는 것이 적절하다.

03

정답 ③

세조의 집권과 추락한 왕권 회복을 위한 세조의 정책을 설명하는 (나) 문단이 첫 번째 문단으로 적절하며, 다음으로 세조의 왕권 강화 정책 중 특히 주목되는 술자리 모습을 소개하는 (라) 문단이 와야 한다. 이후 당시 기록을 통해 세조의 술자리 모습을 설명하는 (가) 문단이 와야하며, 마지막으로 세조의 술자리가 가지는 의미를 해석하는 (다) 문단이 와야 한다. 따라서 (나) - (라) - (가) - (다) 순으로 나열하는 것이 적절하다.

04

정답 ⑤

(다)는 '다시 말하여'라는 뜻의 부사 '즉'으로 시작하여, '경기적 실업은 자연스럽게 해소될 수 없다.'는 주장을 다시 한 번 설명해 주는 역할을 하므로 제시된 글 바로 다음에 위치하는 것이 자연스럽다. 다음으로는 경기적 실업이 자연스럽게 해소될 수 없는 이유 중 하나인 화폐환상현상을 설명하는 (나) 문단이 오는 것이 적절하다. 마지막으로 화폐환상현상으로 인해 실업이 지속되는 것을 설명하고, 정부의 적극적 역할을 해결책으로 제시하는 케인스학파의 주장을 이야기하는 (가) 문단이 오는 것이 적절하다. 따라서 (다) - (나) - (가) 순으로 나열하는 것이 적절하다.

05

정답 ②

제시된 글은 신탁 원리의 탄생 배경인 12세기 영국의 상황에 대해 이야기하고 있다. 따라서 이어지는 문단은 (가) 신탁 제도의 형성과 위탁자, 수익자, 수탁자의 관계 등장 - (다) 불안정한 지위의 수익자 - (나) 적극적인 권리 행사가 허용되지 않는 연금 제도에 기반한 신탁 원리 - (라) 연금 운용 권리를 현저히 약화시키는 신탁 원리와 그 대신 부여된 수탁자 책임의 문제점 순으로 나열하는 것이 적절하다.

01

정답 ①

제시문의 첫 번째 문단에서는 '사회적 자본'이 늘어나면 정치 참여도가 높아진다는 주장을 하였고, 두 번째 문단에서는 '사회적 자본'의 개념을 사이버공동체에 도입하였으나 현실과 잘 맞지 않는다고 하면서 '사회적 자본'의 한계를 서술했다. 그리고 마지막 문단에서는 이 같은 사회적 자본만으로는 정치 참여가 늘어나기 어렵고 이른바 '정치적 자본'의 매개를 통해서만이 가능하다는 주장을 하고 있다. 따라서 ①이 제시문의 주제로 가장 적절하다.

02

정답 ①

제시문은 탈원전·탈석탄 공약에 맞는 제8차 전력공급기본계획(안) 수립 – 분산형 에너지 생산시스템으로의 정책 방향 전환 – 분산형 에너지 생산시스템에 대한 대통령의 강한 의지 – 중앙집중형 에너지 생산시스템의 문제점 노출 – 중앙집중형 에너지 생산시스템의 비효율성 순으로 전개되고 있다. 즉, 제시문은 일관되게 '에너지 분권의 필요성과 나아갈 방향을 모색해야 한다.'는 점을 말하고 있다. 따라서 제시문의 주제로 ①이 가장 적절하다.

[오답분석]
② 다양한 사회적 문제점들과 기후, 천재지변 등에 의한 문제점들을 언급하고 있으나, 이는 제시문의 주제를 뒷받침하기 위한 이슈이므로 제시문 전체의 주제로 보기는 어렵다.
③·④ 제시문에서 언급되지 않았다.
⑤ 전력수급기본계획의 수정 방안을 제시하고 있지는 않다.

03

정답 ②

제시문은 중세 유럽에서 유래된 로열티 제도가 산업 혁명부터 현재까지 지적 재산권에 대한 보호와 가치 확보를 위해 발전되었음을 설명하고 있다. 따라서 제목으로 '로열티 제도의 유래와 발전'이 가장 적절하다.

04

정답 ②

제시문은 화성의 운하를 사례로 들어 과학적 진실이란 무엇인지를 설명하고 있다. 존재하지 않는 화성의 운하 사례를 통해 사회적인 영향 때문에 오류를 사실로 착각해 진실을 왜곡하는 경우가 있음을 소개함으로써 사실을 추구해야 하는 과학자들에게는 객관적인 증거와 연구 태도가 필요함을 강조하고 있다. 따라서 제목으로 가장 적절한 것은 ②이다.

05

정답 ⑤

(마)의 핵심 주제는 공포증을 겪는 사람들의 상황 해석 방식과 공포증에서 벗어나는 방법이다. 공포증을 겪는 사람들의 행동 유형은 나타나 있지 않다.

01

정답 ⑤

전통적인 경제학은 외부성의 비효율성을 줄이기 위해 정부의 개입을 해결책으로 제시하고 있다. 따라서 정부의 개입이 오히려 비용을 높일 수 있다는 주장을 반박으로 제시할 수 있으므로 ⑤가 가장 적절하다.

오답분석

①·② 외부성에 대한 설명이다.

③·④ 전통적인 경제학의 주장이다.

02

정답 ①

제시문의 전통적인 경제학에서는 미시 건전성 정책에 집중하는데 이러한 미시 건전성 정책은 가격이 본질적 가치를 초과하여 폭등하는 버블이 존재하지 않는다는 효율적 시장 가설을 바탕으로 한다. 따라서 제시문에 나타난 주장에 대한 비판으로는 이러한 효율적 시장 가설에 대해 반박하는 ①이 가장 적절하다.

03

정답 ⑤

에피쿠로스의 주장에 따르면 신은 인간사에 개입하지 않으며, 육체와 영혼은 함께 소멸되므로 사후에 신의 심판도 받지 않는다. 그러므로 인간은 사후의 심판을 두려워할 필요가 없고, 이로 인해 죽음에 대한 모든 두려움에서 벗어날 수 있다고 주장한다. 따라서 제시문에 대한 비판으로 ⑤가 가장 적절하다.

04

정답 ⑤

벤담(ⓒ)은 걸인의 자유를 고려하지 않은 채 대다수의 사람을 위해 그들을 모두 강제 수용소에서 생활하도록 해야 한다고 주장하고 있다. 따라서 개인의 자유를 중시한 롤스(㉠)는 벤담의 주장에 대해 '개인의 자유를 침해하는 것은 정의롭지 않다.'고 비판할 수 있다.

오답분석

① 벤담은 최대 다수의 최대 행복을 정의로운 것으로 보았으므로 벤담의 입장과 동일하다.

②·③ 벤담은 개인의 이익보다 최대 다수의 이익을 정의로운 것으로 보았으므로 벤담의 입장과 동일하다.

④ 롤스는 개인이 정당하게 얻은 소유일지라도 그 이익의 일부는 사회적 약자에게 돌아가야 한다고 주장하였으므로 사회적 재화의 불균등한 분배를 정의롭다고 인정할 수 있다.

05

정답 ⑤

영화가 전통적인 예술이 지니는 아우라를 상실했다며 벤야민은 영화를 진정한 예술로 간주하지 않았다. 그러나 제시문에서는 영화가 우리 시대의 대표적인 예술 장르로 인정받고 있으며, 오늘날 문화의 총아로 각광받는 영화에 벤야민이 말한 아우라를 전면적으로 적용할 수 있을지는 미지수라고 지적한다. 이러한 벤야민의 견해에 대한 비판으로, 예술에 대한 기준에는 벤야민이 제시한 아우라뿐만 아니라 여러 가지가 있을 수 있으며, 예술에 대한 기준도 시대에 따라 변한다는 점을 들 수 있다. 따라서 벤야민의 주된 논지에 대한 비판으로 가장 적절한 것은 ⑤이다.

오답분석

벤야민은 카메라의 개입이 있는 영화라는 장르 자체는 어떤 변화가 있어도 아우라의 체험을 얻을 수 없다고 비판한다. 그러므로 ①의 영상미, ②의 영화배우의 연기, ③의 영화 규모, ④의 카메라 촬영 기법 등에서의 변화는 벤야민의 견해를 비판하는 근거가 될 수 없다.

01

현존하는 가장 오래된 실록은 전주 사고에 보관되어 있던 것으로, 강화도 마니산에 봉안되었다가 1936년 병자호란에 의해 훼손된 것을 현종 때 보수하여 숙종 때 강화도 정족산에 다시 봉안했다가 현재 S대학교에서 보관하고 있다.

오답분석

① 원본을 포함해 모두 5벌의 실록을 갖게 되었으므로 재인쇄하였던 실록은 모두 4벌이다.
② 강원도 태백산에 보관하였던 실록은 S대학교에 있다.
③ 현재 한반도에 남아있는 실록은 강원도 태백산, 강화도 정족산, 장서각의 것으로 모두 3벌이다.
④ 적상산에 보관하였던 실록은 구황국 장서각으로 옮겨졌으며, 이는 6·25 전쟁 때 북한으로 옮겨져 현재 K종합대학에서 소장하고 있다.

02

세 번째 문단과 마지막 문단을 통해 국가 주요 정책이나 환경에 대한 관심이 상표 출원에 많은 영향을 미치고 있음을 알 수 있다.

오답분석

② 친환경 상표가 가장 많이 출원된 제품이 화장품인 것은 맞지만 그 안전성에 대해서는 언급하고 있지 않기 때문에 유추하기 어렵다.
③ 환경과 건강에 대한 관심이 증가하면서 앞으로도 친환경 관련 상표 출원은 증가할 것으로 유추할 수 있다.
④ 2007년부터 2017년까지 영문자 ECO가 상표 출원실적이 가장 높았으며 그다음은 그린, 에코 순이다. 그러나 제시문의 내용만으로는 유추하기 어렵다.
⑤ 출원건수는 상품류를 기준으로 한다. ECO 달세제, ECO 별세제는 모두 친환경 세제라는 상품류에 속하므로 단류 출원 1건으로 계산한다.

03

재생 에너지 사업이 기하급수적으로 늘어남에 따라 전력계통설비의 연계용량 부족 문제가 또 발생하였는데, 이것은 설비 보강만으로는 해결하기 어렵기 때문에 최소부하를 고려한 설비 운영 방식으로 해결하고자 하였다.

오답분석

① 재생 에너지 확충으로 인해 기존 송배전 전력 설비가 과부하되는 문제가 있다고 하였다.
② 재생 에너지의 예시로 태양광이 제시되었다.
③ 탄소 중립을 위해 재생 에너지 발전 작업이 추진되고 있다고 하였으므로 적절한 추론이다.
④ 최소부하를 고려한 설비 운영 개념을 도입해 변전소나 배전선로 증설 없이 재생 에너지 접속용량을 확대하는 방안이 있다고 하였다.

04

ㄴ. FD 방식은 입자가 구별되지 않고 하나의 양자 상태에 하나의 입자만 있을 수 있다. 그러므로 두 개의 입자는 항상 다른 양자 상태에 존재하며 양자 상태의 수를 n이라고 할 때, 경우의 수는 $\dfrac{n(n-1)}{2}$이다. 따라서 양자 상태의 가짓수가 많아지면 두 입자가 서로 다른 양자 상태에 각각 있는 경우의 수는 커진다.

ㄷ. BE 방식에서는 두 입자가 구별되지 않고 하나의 양자 상태에 여러 개의 입자가 있을 수 있으므로, 이때의 경우의 수는 $n(n-1)$이다. MB 방식에서는 두 입자가 구별 가능하고 하나의 양자 상태에 여러 개의 입자가 있을 수 있으므로, 이때의 경우의 수는 n^2이다. 따라서 BE 방식에서보다 MB 방식에서의 경우의 수가 더 크다.

오답분석

ㄱ. 두 개의 입자에 대해 양자 상태가 두 가지인 경우 BE 방식이라면 두 입자가 구별되지 않고 하나의 양자 상태에 여러 개의 입자가 있을 수 있으므로, 경우의 수는 3이다.

05

도시재생 사업의 목표는 지역 역량의 강화와 지역 가치의 제고를 모두 달성하는 것이다. 첫 번째 단계는 공동체 역량 강화 과정으로 지역 강화와 지역 가치가 모두 낮은 상태에서 지역 역량을 키우는 것이다. 따라서 A에서 C로 가는 과정인 ⓒ이 공동체 역량 강화 과정이 되고 ㉠이 지역 역량이 됨을 알 수 있다. 두 번째 단계는 전문화 과정으로 강화된 지역 역량의 토대에서 지역 가치 제고를 이끌어내는 것이다. 따라서 C에서 A'로 가는 과정인 ㉣이 전문화 과정이 되고 ⓒ이 지역 가치가 됨을 알 수 있다. 또한 A에서 B로 가는 젠트리피케이션은 지역 역량이 강화되지 않은 채 지역 가치만 상승되는 현상으로 ⓒ이 지역 가치임을 확인할 수 있다.

| 대표기출유형 01 | 기출응용문제 |

01

평지의 거리를 $x$km, 평지에서 언덕 꼭대기까지의 거리를 $y$km라고 하면 다음과 같은 식이 성립한다.

$\dfrac{x}{4} + \dfrac{y}{3} + \dfrac{y}{6} + \dfrac{x}{4} = 6$

→ $\dfrac{x}{2} + \dfrac{y}{2} = 6$

∴ $x + y = 12$

따라서 지연이가 걸은 거리는 왕복한 거리이므로 $12 \times 2 = 24$km이다.

02

서울과 부산의 거리 490km에서 곡선 구간 거리를 제외한 직선 구간 거리는 $490 - 90 = 400$km이며, 걸린 시간은 $\dfrac{400}{200} = 2$시간이다. 직선 구간의 이동시간과 광명역, 대전역, 울산역에서의 정차시간을 제외하면, $3 - \left(2 + \dfrac{5 \times 3}{60}\right) = \dfrac{45}{60}$ 시간이 남는다.

따라서 남는 시간은 곡선 구간에서 이동한 시간이므로 곡선 구간에서의 속력은 $\dfrac{(거리)}{(시간)} = 90 \div \dfrac{45}{60} = 120$km/h이다.

03

철수가 출발하고 나서 영희를 따라잡은 시간을 x분이라고 하자.

철수와 영희는 $5 : 3$ 비율의 속력으로 간다고 했으므로 철수의 속력을 $5a$m/분이라고 할 때 영희의 속력은 $3a$m/분이다.

$5a \times x = 3a \times 30 + 3a \times x$

→ $5ax = 90a + 3ax$

→ $2ax = 90a$

∴ $x = 45$

따라서 철수가 영희를 따라잡은 시간은 철수가 출발하고 나서 45분 만이다.

01

증발한 물의 양을 xg이라 하면 다음과 같은 식이 성립한다.

$$\frac{4}{100} \times 400 = \frac{8}{100} \times (400-x)$$

$$\rightarrow 1,600 = 3,200 - 8x$$

$$\therefore x = 200$$

따라서 증발한 물의 양은 200g이다.

02

세제 1스푼의 양을 xg이라 하면 다음과 같은 식이 성립한다.

$$\frac{5}{1,000} \times 2,000 + 4x = \frac{9}{1,000} \times (2,000 + 4x)$$

$$\therefore x = \frac{2,000}{991}$$

물 3kg에 들어갈 세제의 양을 yg이라 하면 다음과 같은 식이 성립한다.

$$y = \frac{9}{1,000} \times (3,000 + y)$$

$$\rightarrow 1,000y = 27,000 + 9y$$

$$\therefore y = \frac{27,000}{991}$$

따라서 $\dfrac{\dfrac{27,000}{991}}{\dfrac{2,000}{991}} = \dfrac{26,757,000}{1,982,000} = 13.5$스푼을 넣으면 농도가 0.9%인 세제 용액이 된다.

03

부어야 하는 물의 양을 xg이라 하면 다음과 같은 식이 성립한다.

$$\frac{\frac{12}{100} \times 600}{600 + x} \times 100 \leq 4$$

$$\rightarrow 7,200 \leq 2,400 + 4x$$

$$\therefore x \geq 1,200$$

따라서 최소 1,200g의 물을 부어야 한다.

01

정답 ④

최소공배수를 묻는 문제로 18과 15의 최소공배수는 90이다.
따라서 톱니의 수가 15개인 B톱니바퀴는 6바퀴를 회전해야 한다.

02

정답 ①

박사원은 월~금요일 닷새간 일하므로 7월에 월~금요일 중 김사원이 일한 날이 함께 일한 날이다.
김사원은 이틀간 일하고 하루 쉬기를 반복하므로 7월에 일하는 경우는 3가지이다.
ⅰ) 6월 30일에 쉬고, 7월 1일부터 일하는 경우 : 김사원이 7월에 21일을 일하게 된다. (×)
ⅱ) 6월 29일에 쉬고, 6월 30일과 7월 1일에 일하는 경우 : 김사원이 7월에 21일을 일하게 된다. (×)
ⅲ) 7월 1일에 쉬고, 7월 2일부터 일하는 경우 : 김사원이 7월에 20일을 일하게 된다. (○)
그러므로 김사원이 7월 2일부터 일하는 경우를 달력에 나타내면 다음과 같다.

〈7월 달력〉

일	월	화	수	목	금	토
				1	2	3
4	5	6	7	8	9	10
11	12	13	14	15	16	17
18	19	20	21	22	23	24
25	26	27	28	29	30	31

따라서 월~금요일은 15일을 일하므로 김사원과 박사원이 7월에 함께 일한 날의 수는 15일이다.

03

정답 ①

A회사는 10분에 5개의 인형을 만드므로 1시간에 30개의 인형을 만든다.
따라서 40시간에 인형은 1,200개를 만들고, 인형 뽑는 기계는 40대를 만든다. 그러나 기계 하나당 적어도 40개의 인형이 들어가야 하므로 최대 30대의 인형이 들어있는 인형 뽑는 기계를 만들 수 있다.

01

사과의 정가를 x 원이라고 하면 다음과 같은 식이 성립한다.

$0.8x \times 6 = 8(x - 400)$

$\rightarrow 4.8x = 8x - 3,200$

$\rightarrow 3.2x = 3,200$

$\therefore x = 1,000$

따라서 사과의 정가는 1,000원이다.

02

- 0~100kW까지 10분당 내야 하는 비용 : $300 \div 6 = 50$원
- 100~200kW까지 10분당 내야 하는 비용 : $50 \times 1.7 = 85$원
- 200~240kW까지 10분당 내야 하는 비용 : $85 \times 1.7 = 144.5$원

10분에 20kW씩 증가하므로 전기 사용량별 내야 하는 금액은 다음과 같다.

- 0~100kW까지 비용 : $50 \times 5 = 250$원
- 100~200kW까지 비용 : $85 \times 5 = 425$원
- 200~240kW까지 비용 : $144.5 \times 2 = 289$원

$\therefore 250 + 425 + 289 = 964$

따라서 240kW까지 전기를 사용하면 964원을 내야 한다.

03

승열이의 내년 연봉은 $35,000,000 \times 1.15 = 40,250,000$원이다.

세금은 수입의 5%이므로 세금을 제한 금액은 $40,250,000 \times 0.95 = 38,237,500$원이다.

따라서 승열이가 내년에 기부할 금액은 $38,237,500 \times 0.02 = 764,750$원이다($\because$ 천 원 미만 절사).

01

정답 ③

A씨는 월요일부터 시작하여 2일 간격으로 산책하고, B씨는 그다음 날인 화요일부터 3일마다 산책을 하므로 요일로 정리하면 다음과 같다.

월	화	수	목	금	토	일
A		A		A		A
	B			B		

따라서 A와 B가 만나는 날은 같은 주 금요일이다.

02

정답 ④

A, B, C에 해당되는 청소 주기 6, 8, 9일의 최소공배수는 $2 \times 3 \times 4 \times 3 = 72$이다.

따라서 9월은 30일, 10월은 31일까지 있으므로 9월 10일에 청소를 하고 72일 이후인 11월 21일에 세 사람이 같이 청소하게 된다.

03

정답 ②

365일은 52주+1일이므로 평년인 해에 1월 1일과 12월 31일은 같은 요일이다. 따라서 평년인 해에 1월 1일이 월, 화, 수, 목, 금요일 중 하나라면 휴일 수는 $52 \times 2 = 104$일이고, 1월 1일이 토·일요일 중 하나라면 휴일 수는 $52 \times 2 + 1 = 105$일이다.

재작년을 0년으로 두고 1월 1일이 토·일요일인 경우로 조건을 따져보면 다음과 같다.

ⅰ) 1월 1일이 토요일인 경우

구분	1월 1일	12월 31일	휴일 수
0년(평년)	토	토	105일
1년(윤년)	일	월	105일
2년(평년)	화	화	104일

ⅱ) 1월 1일이 일요일인 경우

구분	1월 1일	12월 31일	휴일 수
0년(평년)	일	일	105일
1년(윤년)	월	화	104일
2년(평년)	수	수	104일

따라서 올해 1월 1일은 평일이고, 휴일 수는 104일이다.

01

ⅰ) 동일한 숫자가 2개, 2개 있는 경우

0부터 9까지의 숫자 중에서 동일한 숫자 2개를 뽑는 경우의 수는 $_{10}C_2=45$가지이다.

뽑은 2개의 수로 4자리를 만드는 경우의 수는 $\dfrac{4!}{2!2!}=6$가지이다.

그러므로 설정할 수 있는 비밀번호는 $45\times6=270$가지이다.

ⅱ) 동일한 숫자가 2개만 있는 경우

0부터 9까지의 숫자 중에서 동일한 숫자 1개를 뽑는 경우의 수는 10가지이다.

나머지 숫자 2개를 뽑는 경우의 수는 $_9C_2=36$가지이다.

뽑은 3개의 수로 4자리를 만드는 경우의 수는 $\dfrac{4!}{2!}=12$가지이다.

그러므로 설정할 수 있는 비밀번호는 $10\times36\times12=4,320$가지이다.

따라서 가능한 모든 경우의 수는 $270+4,320=4,590$가지이다.

02

• 팀장 1명을 뽑는 경우의 수 : $_{10}C_1=10$가지

• 회계 담당 2명을 뽑는 경우의 수 : $_9C_2=\dfrac{9\times8}{2!}=36$가지

따라서 구하고자 하는 경우의 수는 $10\times36=360$가지이다.

03

갑과 을이 동시에 출발하여 같은 속력으로 이동할 때 만날 수 있는 점은 다음 네 지점이다.

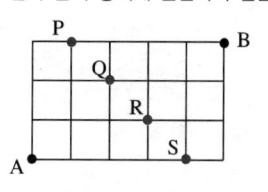

• P지점에서 만날 때 : $\left(\dfrac{4!}{3!}\times1\right)\times\left(1\times\dfrac{4!}{3!}\right)=16$가지

• Q지점에서 만날 때 : $\left(\dfrac{4!}{2!2!}\times\dfrac{4!}{3!}\right)\times\left(\dfrac{4!}{3!}\times\dfrac{4!}{2!2!}\right)=576$가지

• R지점에서 만날 때 : $\left(\dfrac{4!}{3!}\times\dfrac{4!}{2!2!}\right)\times\left(\dfrac{4!}{2!2!}\times\dfrac{4!}{3!}\right)=576$가지

• S지점에서 만날 때 : $\left(1\times\dfrac{4!}{3!}\right)\times\left(\dfrac{4!}{3!}\times1\right)=16$가지

따라서 구하고자 하는 경우의 수는 $16+576+576+16=1,184$가지이다.

01

정답 ②

토너먼트 방식은 16강, 8강, 4강, 결승으로, 진수네 팀이 우승하려면 총 4번의 경기를 해야 한다.

따라서 진수네 팀이 우승할 확률은 $\dfrac{6}{10} \times \dfrac{6}{10} \times \dfrac{6}{10} \times \dfrac{6}{10} = 0.1296 ≒ 0.13$이므로, 13%이다.

02

정답 ④

ⅰ) 4번 중 2번은 10점을 쏠 확률 : $_4C_2 \times \left(\dfrac{1}{5}\right)^2 = \dfrac{6}{25}$

ⅱ) 남은 2번은 10점을 쏘지 못할 확률 : $_2C_2 \times \left(\dfrac{4}{5}\right)^2 = \dfrac{16}{25}$

따라서 구하고자 하는 확률은 $\dfrac{6}{25} \times \dfrac{16}{25} = \dfrac{96}{625}$ 이다.

03

정답 ④

ⅰ) 10명이 탁자에 앉을 수 있는 경우의 수

10명을 일렬로 배치하는 경우의 수는 10!이고, 정오각형의 각 변에 둘러앉을 수 있으므로 같은 경우 5가지씩을 제외한 경우의

수는 $\dfrac{10!}{5}$ 가지이다.

ⅱ) 남학생과 여학생이 이웃하여 앉는 경우의 수

남학생 5명을 각 변에 1명씩 먼저 앉히고 남은 자리에 여학생을 앉힌다. 각각에 대하여 남녀의 자리를 바꿀 수 있으므로 경우의

수는 $4! \times 5! \times 2^5$ 가지이다.

따라서 구하고자 하는 확률은 $\dfrac{4! \times 5! \times 2^5}{\dfrac{10!}{5}} = \dfrac{8}{63}$ 이다.

대표기출유형 08　기출응용문제

01

정답 ②

2024년 9월에 100만 원을 달러로 환전 후 같은 금액을 2024년 12월에 원으로 환전한다.

- 2024년 9월 원화에서 달러로 환전 : $1,000,000 \times \dfrac{1달러}{1,327원} \fallingdotseq 753.6달러$

- 2024년 12월 달러에서 원화로 환전 : $753.6달러 \times \dfrac{1,302원}{1달러} \fallingdotseq 981,000원$

따라서 2024년 12월에 환전받는 금액은 981,000원이므로 손해를 본 금액은 $1,000,000-981,000=19,000$원이다.

02

정답 ②

A씨가 태국에서 구매한 기념품 금액은 환율과 해외서비스 수수료까지 적용하여 구하면 $15,000 \times 38.1 \times 1.002 = 572,643$원이다. 따라서 십 원 미만은 절사하므로 카드 금액으로 내야 할 기념품 비용은 572,640원이다.

03

정답 ③

대리석 10kg 가격은 달러로 $35,000 \div 100 = 350$달러이며, 이를 원화로 바꾸면 $350 \times 1,160 = 406,000$원이다. 따라서 대리석 1톤의 수입대금은 원화로 $406,000 \times 1,000 \div 10 = 4,060$만 원이다.

대표기출유형 09　기출응용문제

01

정답 ②

단리 계산 공식은 이자를 S라 할 때, $S=(원금) \times (이율) \times (기간)$이다.

따라서 이자는 $5,000,000 \times 0.018 \times \dfrac{6}{12} = 45,000$원이고, 수령할 총금액은 $5,000,000+45,000=5,045,000$원이다.

02

정답 ①

월복리 적금 상품의 연이율이 2.4%이므로 월이율은 $\dfrac{0.024}{12} = 0.002 = 0.2\%$이다.

- 월초에 100만 원씩 24개월간 납입할 때 만기 시 원리합계

  : $\dfrac{100 \times 1.002 \times (1.002^{24}-1)}{1.002-1} = \dfrac{100 \times 1.002 \times (1.049-1)}{0.002} = 2,454.9$만 원

- 월초에 200만 원씩 12개월간 납입할 때 만기 시 원리합계

  : $\dfrac{200 \times 1.002 \times (1.002^{12}-1)}{1.002-1} = \dfrac{200 \times 1.002 \times (1.024-1)}{0.002} = 2,404.8$만 원

따라서 차이는 $2,454.9-2,404.8=50.1$만 원이다.

03

정답 ④

원리금균등상환은 매월 같은 금액(원금＋이자)을 갚는 것이다.

원리금균등상환액 공식은 $\dfrac{AB(1+B)^n}{(1+B)^n-1}$ 이며, A는 원금, B는 $\dfrac{(\text{연 이자율})}{12}$, n은 개월 수를 나타낸다.

원리금균등상환액 공식에 대입하여 상환액을 구하면 다음과 같다.

$$
\begin{aligned}
\frac{AB(1+B)^n}{(1+B)^n-1} &= \frac{12,000,000 \times \dfrac{0.06}{12} \times \left(1+\dfrac{0.06}{12}\right)^{4\times12}}{\left(1+\dfrac{0.06}{12}\right)^{4\times12}-1} \\
&= \frac{12,000,000 \times 0.005 \times 1.27}{0.27} \\
&= \frac{60,000 \times 1.27}{0.27} \\
&\fallingdotseq 282,222 \text{원}
\end{aligned}
$$

따라서 K씨가 4년 동안 매달 상환해야 할 금액은 282,200원이다.

04

정답 ④

첫 해 말에 저축하는 금액은 1,500만 원이며, 이때 저축한 금액은 복리가 15번 적용되므로 올해 말에는 $1,500 \times 1.06^{15}=3,600$만 원이 된다.

두 번째 해 말에 저축하는 금액은 연봉이 6% 인상되므로 $(1,500 \times 1.06)$만 원이고, 복리가 14번 적용되므로 올해 말에는 $1,500 \times 1.06 \times 1.06^{14}=3,600$만 원이 된다.

이와 같이 매년 저축하는 금액이 올해 말에 같은 금액 3,600만 원이 되므로 올해 말까지 저축한 금액의 원리합계는 $3,600 \times 16=57,600$만 원이다.

따라서 김씨가 입사 첫 해부터 올해 말까지 저축한 금액의 원리합계는 57,600만 원이다.

05

정답 ②

• 직장인사랑적금 : 만기 시 수령하는 이자액은 $100,000 \times \left(\dfrac{36 \times 37}{2}\right) \times \left(\dfrac{0.02}{12}\right)=111,000$원이고, A대리가 가입기간 동안 납입한 원금은 $100,000 \times 36=3,600,000$원이므로 A대리의 만기 시 원리합계는 $111,000+3,600,000=3,711,000$원이다.

• 미래든든적금 : 만기 시 수령하는 이자액은 $150,000 \times \left(\dfrac{24 \times 25}{2}\right) \times \left(\dfrac{0.015}{12}\right)=56,250$원이고, A대리가 가입기간 동안 납입한 원금은 $150,000 \times 24=3,600,000$원이므로 A대리의 만기 시 원리합계는 $56,250+3,600,000=3,656,250$원이다.

따라서 A대리가 가입할 적금은 '직장인사랑적금'이며, 이때의 만기 시 원리합계는 3,711,000원이다.

01

A세트는 매월 B세트보다 30개 더 많이 팔렸으며, G세트는 매월 F세트보다 40개 더 많이 팔렸다.
따라서 8월의 A세트 판매 개수(⑤)는 $184+30=214$개이고, 11월 G세트 판매 개수(ⓒ)는 $211+40=251$개이다.

02

5월 10일의 도매가를 x원이라고 하면 다음과 같은 식이 성립한다.

$$\frac{400+500+300+x+400+550+300}{7}=400$$

$\rightarrow x+2,450=2,800$

$\therefore x=350$

따라서 5월 10일의 도매가는 350원이다.

03

(가) : $\dfrac{34,273-29,094}{29,094}\times100 \fallingdotseq 17.8\%$

(나) : $66,652+34,273+2,729=103,654$백만 달러

(다) : $\dfrac{103,654-91,075}{91,075}\times100 \fallingdotseq 13.8\%$

04

2023년 하반기 영업팀 입사자 수를 a명, 인사팀 입사자 수를 b명이라고 하여 문제를 정리하면 다음과 같다.

(단위 : 명)

구분	2023년 하반기 입사자 수	2024년 상반기 입사자 수
마케팅	50	100
영업	a	$a+30$
상품기획	100	$100\times(1-0.2)=80$
인사	b	$50\times2=100$
합계	320	$320\times(1+0.25)=400$

• 2024년 상반기 입사자 수의 합 : $400=100+(a+30)+80+100 \rightarrow a=90$
• 2023년 하반기 입사자 수의 합 : $320=50+90+100+b \rightarrow b=80$

따라서 2023년 하반기 대비 2024년 상반기 인사팀 입사자 수의 증감률은 $\dfrac{100-80}{80}\times100=25\%$이다.

05

정답 ⑤

작년 전체 실적은 $45+50+48+42=185$억 원이며, $1 \sim 2$분기와 $3 \sim 4$분기 실적들의 비중을 구하면 각각 다음과 같다.

• $1 \sim 2$분기 비중 : $\dfrac{45+50}{185} \times 100 = 51.4\%$

• $3 \sim 4$분기 비중 : $\dfrac{48+42}{185} \times 100 = 48.6\%$

이때 두 비중의 합은 100%이므로 비율 하나만 계산하고, 나머지는 100%에서 빼면 빠르게 문제를 해결할 수 있다.

06

정답 ④

과일 종류별 무게를 가중치로 적용한 네 과일의 가중평균은 42만 원이다. (라)과일의 가격을 a만 원이라 가정하고 가중평균에 대한 방정식을 구하면 다음과 같다.

$(25 \times 0.4)+(40 \times 0.15)+(60 \times 0.25)+(a \times 0.2)=42$

$\rightarrow 10+6+15+0.2a=42$

$\rightarrow 0.2a=42-31=11$

$\therefore a=\dfrac{11}{0.2}=55$

따라서 (라)과일의 가격은 55만 원이다.

대표기출유형 11 │ 기출응용문제

01

정답 ⑤

건강보험 지출 중 보험급여비가 차지하는 비중은 2019년에 $\dfrac{37.2}{40.0} \times 100=93\%$, 2020년에 $\dfrac{37.8}{42.0} \times 100=90\%$로 모두 95% 미만이다.

오답분석

① 2017년 대비 2024년 건강보험 수입의 증가율은 $\dfrac{56-32}{32} \times 100=75\%$이고, 건강보험 지출의 증가율은 $\dfrac{56-35}{35} \times 100=60\%$이다. 따라서 차이는 $75\%-60\%=15\%$p이다.

② 건강보험 수지율이 전년 대비 감소하는 2018년, 2019년, 2020년, 2021년 모두 정부지원 수입이 전년 대비 증가하였다.

③ 2022년 보험료 등이 건강보험 수입에서 차지하는 비율은 $\dfrac{44}{55} \times 100=80\%$이다.

④ 건강보험 수입과 지출은 매년 전년 대비 증가하고 있으므로 전년 대비 증감 추이는 2018년부터 2024년까지 같다.

02

정답 ①

ㄱ. 해외연수 경험이 있는 지원자의 합격률은 $\dfrac{95}{95+400+5} \times 100=\dfrac{95}{500} \times 100=19\%$로, 해외연수 경험이 없는 지원자의 합격률인 $\dfrac{25+15}{25+80+15+130} \times 100=\dfrac{40}{250} \times 100=16\%$보다 높다.

ㄴ. 인턴 경험이 있는 지원자의 합격률은 $\dfrac{95+25}{95+400+25+80} \times 100=\dfrac{120}{600} \times 100=20\%$로, 인턴 경험이 없는 지원자의 합격률인 $\dfrac{15}{5+15+130} \times 100=\dfrac{15}{150} \times 100=10\%$보다 높다.

ㄷ. 인턴 경험과 해외연수 경험이 모두 있는 지원자 합격률(19.2%)은 인턴 경험만 있는 지원자 합격률(23.8%)보다 낮다.
ㄹ. 인턴 경험과 해외연수 경험이 모두 없는 지원자와 인턴 경험만 있는 지원자 간 합격률 차이는 $23.8-10.3=13.5\%$p이다.

03
정답 ③

• 희수 : 상품수지는 기간 내에 항상 흑자였으므로 옳다.
• 소정 : 소득수지는 항상 흑자였으므로, 만약 대외 금융자산 및 부채와 관련된 투자소득을 0이라고 할 때, 우리나라에 있는 외국인 노동자에게 지급되는 임금 총량보다 외국에 있는 우리나라 노동자에게 지급되는 임금 총량이 더 크다고 할 수 있으므로 옳다.

• 난정 : 개인송금에 해당하므로 경상이전수지에 해당한다.
• 만호 : 무역수지는 항상 흑자였다. 무역수지와 관련된 수치는 왼쪽 축이 아닌 오른쪽 축에 있으므로 유의해서 보아야 한다. 꺾은 선 그래프가 단 한 번도 0 미만이었던 적이 없으므로, 무역수지는 항상 흑자이다.

04
정답 ⑤

ㄴ. 예금상품을 가입한 여성 중에 보험 또는 적금상품을 가입한 여성이 없다면, 예금상품과 중복 가입한 보험상품 가입자의 10%, 적금상품 가입자의 20% 모두 남성이라는 뜻이므로 중복 가입한 남성 이용자는 $(1,230,000\times0.25\times0.1)+(1,230,000\times0.4\times0.2)=30,750+98,400=129,150$명이다.
예금상품(ㄱ 해설 : 258,300명)에 가입한 남성은 $258,300\times0.66=170,478$명이므로 예금상품만 가입한 남성은 $170,478-129,150=41,328$명이다. 따라서 S은행 남성 이용자 전체($1,230,000\times0.42=516,600$명)에서 예금상품만 가입한 남성이 차지하는 비율은 $\dfrac{41,328}{516,600}\times100=8\%$이다.
ㄷ. 예금·보험·적금상품 전체 가입건수를 성별에 따라 계산하면 다음과 같다.
 • 남성 : $(258,300\times0.66)+(1,230,000\times0.25\times0.55)+(1,230,000\times0.4\times0.38)=526,563$건
 • 여성 : $(258,300\times0.34)+(1,230,000\times0.25\times0.45)+(1,230,000\times0.4\times0.62)=531,237$건
 따라서 남성과 여성의 전체 가입건수 차이는 $531,237-526,563=4,674$건으로 5,000건 이하이다.
ㄹ. 상품별 1인당 평균 총납입금액을 구하기 위해서는 적금상품은 5년 만기, 보험상품은 20년 만기이므로 각각 $5\times12=60$개월, $20\times12=240$개월을 평균 월납입금액에 곱해야 한다. 이를 정리하면 다음과 같다.

(단위 : 만 원)

구분	남성	여성	차액
적금상품	$32\times12\times5=1,920$	$38\times12\times5=2,280$	360
보험상품	$8\times12\times20=1,920$	$10\times12\times20=2,400$	480
예금상품	2,000	2,200	200

따라서 남성과 여성의 1인당 평균 총납입금액의 차액이 가장 적은 상품은 예금상품이다.

ㄱ. S은행 이용자 중에서 예금상품 가입자는 보험상품 가입자의 10%($1,230,000\times0.25\times0.1=30,750$명), 적금상품 가입자의 20%($1,230,000\times0.4\times0.2=98,400$명), 두 상품 모두 가입하지 않은 이용자의 30%($1,230,000\times0.35\times0.3=129,150$명)이므로 총 $30,750+98,400+129,150=258,300$명이 된다. 따라서 S은행 이용자 중 예금상품 가입자가 차지하는 비율은 $\dfrac{258,300}{1,230,000}\times100=21\%$로 20% 이상이다.

01

자료 내 두 번째 표는 2023년 각국의 가계 금융자산 구성비를 나타낸 것이다. 따라서 2023년 각국의 가계 총자산 대비 예금 구성비와는 일치하지 않는다.

02

2023년 11월과 12월에 가입금액이 자료보다 낮다.

03

ㄱ. 연도별 층간소음 분쟁은 2020년 430건, 2021년 520건, 2022년 860건, 2023년 1,280건이다.

ㄴ. 2021년 전체 분쟁신고에서 각 항목이 차지하는 비중을 구하면 다음과 같다.

- 2021년 전체 분쟁신고 건수 : 280+60+20+10+110+520=1,000건

- 관리비 회계 분쟁 : $\frac{280}{1,000} \times 100 = 28\%$

- 입주자대표회의 운영 분쟁 : $\frac{60}{1,000} \times 100 = 6\%$

- 정보공개 관련 분쟁 : $\frac{20}{1,000} \times 100 = 2\%$

- 하자처리 분쟁 : $\frac{10}{1,000} \times 100 = 1\%$

- 여름철 누수 분쟁 : $\frac{110}{1,000} \times 100 = 11\%$

- 층간소음 분쟁 : $\frac{520}{1,000} \times 100 = 52\%$

오답분석

ㄷ. 연도별 분쟁신고 건수를 구하면 다음과 같다.

- 2020년 : 220+40+10+20+80+430=800건
- 2021년 : 280+60+20+10+110+520=1,000건
- 2022년 : 340+100+10+10+180+860=1,500건
- 2023년 : 350+120+30+20+200+1,280=2,000건

전년 대비 아파트 분쟁신고 증가율을 구하면 다음과 같다.

- 2021년 : $\frac{1,000-800}{800} \times 100 = 25\%$

- 2022년 : $\frac{1,500-1,000}{1,000} \times 100 = 50\%$

- 2023년 : $\frac{2,000-1,500}{1,500} \times 100 = 33\%$

ㄹ. 2021년 아파트 분쟁신고 건수가 2020년 값으로 잘못 입력되어 있다.

대표기출유형 01 | 기출응용문제

01

정답 ②

'밤에 잠을 잘 자다.'를 A, '낮에 피곤하다.'를 B, '업무효율이 좋다.'를 C, '성과급을 받는다.'를 D라고 하면, 첫 번째 명제는 ~A → B, 세 번째 명제는 ~C → ~D, 마지막 명제는 ~A → ~D이다. 따라서 ~A → B → ~C → ~D가 성립하기 위해서 필요한 두 번째 명제는 B → ~C이므로 빈칸에 들어갈 명제는 '낮에 피곤하면 업무효율이 떨어진다.'이다.

02

정답 ③

'날씨가 좋다.'를 A, '야외활동을 한다.'를 B, '행복하다.'를 C라고 하면 첫 번째 명제는 A → B, 두 번째 명제는 ~A → ~C이다. 두 번째 명제의 대우는 C → A이므로 C → A → B가 성립하여 마지막 명제는 C → B나 ~B → ~C이다. 따라서 빈칸에 들어갈 명제는 '야외활동을 하지 않으면 행복하지 않다.'이다.

03

정답 ①

제시된 명제를 정리하면 '어떤 마케팅팀 사원 → 산을 좋아함 → 여행 동아리 → 솔로'이므로, '어떤 마케팅팀 사원 → 솔로'가 성립한다. 따라서 반드시 참인 명제는 ①이다.

04

정답 ⑤

B와 C가 초콜릿 과자를 먹고 D와 E 중 한 명 역시 초콜릿 과자를 먹으므로 C가 초콜릿 과자 1개를 먹었음을 알 수 있다. 남은 커피 과자 3개는 A, D, E가 나눠 먹게 된다. 이때 A가 커피 과자 1개를 먹었다면 D와 E 중 한 명은 초콜릿 과자 1개와 커피 과자 1개를 먹고, 나머지 한 명은 커피 과자 1개를 먹는다. 따라서 A와 D가 커피 과자를 1개씩 먹었다면, E는 초콜릿과 커피 두 종류의 과자를 하나씩 먹게 된다.

05

정답 ③

A씨는 2020년 상반기에 입사하였으므로 A씨의 사원번호 중 앞의 두 자리는 20이다. 또한 A씨의 사원번호는 세 번째와 여섯 번째 자리의 수가 같다고 하였으므로 세 번째와 여섯 번째 자리의 수를 x, 나머지 네 번째, 다섯 번째 자리의 수는 차례로 y, z라고 하면 다음과 같다.

구분	첫 번째	두 번째	세 번째	네 번째	다섯 번째	여섯 번째
사원번호	2	0	x	y	z	x

사원번호 여섯 자리의 합은 9이므로 $2+0+x+y+z+x=9$이다. 이를 정리하면 $2x+y+z=7$이다.

A씨의 사원번호 자리의 수는 세 번째와 여섯 번째 자리의 수를 제외하고 모두 다르다는 것을 주의하며 1부터 대입해 보면 다음과 같다.

구분	x	y	z	구분	x	y	z
경우 1	1	2	3	경우 2	1	3	2
경우 3	2	0	3	경우 4	2	3	0
경우 5	3	0	1	경우 6	3	1	0

네 번째 조건에 따라 y와 z자리에는 0이 올 수 없으므로 경우 1, 경우 2만 성립하며, A씨의 사원번호는 '201231'이거나 '201321'이다. 따라서 세 번째 자리의 수는 '1'이다.

오답분석
① '201321'은 가능한 사원번호이지만 문제에서 항상 참인 것을 고르라고 하였으므로 답이 될 수 없다.
② A씨의 사원번호는 '201231'이거나 '201321'이다.
④ 사원번호 여섯 자리의 합이 9가 되어야 하므로 A씨의 사원번호는 '211231'이 될 수 없다.
⑤ A씨의 사원번호 네 번째 자리의 수가 다섯 번째 자리의 수보다 작다면 '201231'과 '201321' 중 A씨의 사원번호로 적절한 것은 '201231'이다.

06

정답 ⑤

월요일부터 토요일까지 각 팀의 회의 진행 횟수가 같으므로 6일 동안 6개 팀은 각각 두 번씩 회의를 진행해야 한다.
주어진 조건에 따라 A ~ F팀의 회의 진행 요일을 정리하면 다음과 같다.

월	화	수	목	금	토
C, B	B, D	C, E	A, F	A, F	D, E
		D, E			C, E

따라서 'F팀은 목요일과 금요일에 회의를 진행한다.'는 반드시 참이다.

오답분석
① E팀은 수요일과 토요일에 모두 회의를 진행한다.
② 화요일에 회의를 진행한 팀은 B팀과 D팀이다.
③ C팀과 E팀은 수요일과 토요일 중 하루는 함께 회의를 진행한다.
④ C팀은 월요일에 한 번 회의를 진행하였고, 수요일 또는 토요일 중 하루만 회의를 진행한다.

대표기출유형 02   기출응용문제

01

정답 ②

A ~ E의 진술에 따르면 C와 E는 반드시 동시에 참 또는 거짓이 되어야 하며, B와 C는 동시에 참이나 거짓이 될 수 없다.
 i) A와 B가 거짓일 경우
　　B의 진술이 거짓이 되므로 이번 주 수요일 당직은 B이다. 그러나 D의 진술에 따르면 B는 목요일 당직이므로 이는 성립하지 않는다.
 ii) B와 D가 거짓인 경우
　　B의 진술이 거짓이 되므로 이번 주 수요일 당직은 B이다. 또한 A, E의 진술에 따르면 E는 월요일, A는 화요일에 각각 당직을 선다. 이때 C는 수요일과 금요일에 당직을 서지 않으므로 목요일 당직이 되며, 남은 금요일 당직은 자연스럽게 D가 된다.
 iii) C와 E가 거짓인 경우
　　A, B, D의 진술에 따르면 A는 화요일, D는 수요일, B는 목요일, C는 금요일 당직이 되어 남은 월요일 당직은 E가 된다. 이때 E의 진술이 참이 되므로 이는 성립하지 않는다.
따라서 이번 주 수요일에 당직을 서는 사람은 B이다.

02

정답 ⑤

A와 B는 하나가 참이면 하나가 거짓인 명제이다. 문제에서 한 명이 거짓말을 한다고 하였으므로, A와 B 둘 중 한 명이 거짓말을 하였다.

ⅰ) A가 거짓말을 했을 경우

1층	2층	3층	4층	5층
C	D	B	A	E

ⅱ) B가 거짓말을 했을 경우

1층	2층	3층	4층	5층
B	D	C	A	E

따라서 두 경우를 고려했을 때, A는 항상 D보다 높은 층에서 내린다.

03

정답 ④

A와 C의 진술은 서로 모순되므로 동시에 거짓이거나 참일 수 없다. 또한 A가 거짓인 경우 불참한 스터디원이 2명보다 많아지므로 A는 반드시 참이어야 한다. 그러므로 성립 가능한 경우는 다음과 같다.

ⅰ) B와 C가 거짓인 경우

A와 C, E는 스터디에 참석했으며 B와 D가 불참하였으므로 B와 D가 벌금을 내야 한다.

ⅱ) C와 D가 거짓인 경우

A와 D, E는 스터디에 참석했으며 B와 C가 불참하였으므로 B와 C가 벌금을 내야 한다.

ⅲ) C와 E가 거짓인 경우

불참한 스터디원이 C, D, E 3명이 되므로 성립하지 않는다.

따라서 B와 D 또는 B와 C가 함께 벌금을 내는 경우가 성립하므로, 항상 옳은 것은 ④이다.

04

정답 ⑤

A가 참을 말하는 경우와 A가 거짓을 말하는 경우로 나눌 수 있다. 이때 만약 A의 진술이 거짓이라면 B와 C가 모두 범인인 경우와 모두 범인이 아닌 경우로 나눌 수 있고, A의 진술이 참이라면 B가 범인인 경우와 C가 범인인 경우로 나눌 수 있다.

ⅰ) A의 진술이 거짓이고 B와 C가 모두 범인인 경우

B, C, D, E의 진술이 모두 거짓이 되어 5명이 모두 거짓말을 한 것이 되므로 조건에 모순된다.

ⅱ) A의 진술이 거짓이고 B와 C가 모두 범인이 아닌 경우

B의 진술이 참이 되므로 C, D, E 중 1명만 거짓, 나머지는 참을 말한 것이 되어야 한다. C의 진술이 참이면 E도 반드시 참, C의 진술이 거짓이면 E도 반드시 거짓이므로 D가 거짓, C, E가 참을 말하는 것이 되어야 한다. 따라서 이 경우 D와 E가 범인이 된다.

ⅲ) A의 진술이 참이고 B가 범인인 경우

B의 진술이 거짓이 되기 때문에 C, D, E 중 1명만 거짓, 나머지는 참이 되어야 하므로 C, E가 참, D가 거짓이 된다. 따라서 이 경우 B와 E가 범인이 된다.

ⅳ) A의 진술이 참이고 C가 범인인 경우

B의 진술이 참이 되기 때문에 C, D, E 중 1명만 참, 나머지는 거짓이 되어야 하므로 C, E가 거짓, D가 참이 된다. 따라서 범인은 A와 C가 된다.

따라서 선택지 중 ⑤ 'D, E'만 동시에 범인이 될 수 있다.

05

정답 ④

갑과 병은 둘 다 참을 말하거나 거짓을 말하고, 을과 무의 진술이 모순이므로 2명 중 1명은 무조건 거짓말을 하고 있다. 만약 갑과 병이 거짓을 말하고 있다면 을과 무의 진술로 인해 거짓말을 하는 사람이 최소 3명이 되므로 조건에 맞지 않는다. 그러므로 갑과 병은 모두 진실을 말하고 있으며, 정은 갑의 진술과 어긋나므로 거짓을 말하고 있다.

거짓을 말하고 있는 나머지 한 명은 을 또는 무인데, 을이 거짓을 말하는 경우 무의 진술에 의해 갑·을·무는 함께 무의 집에 있었던 것이 되므로 정이 범인이고, 무가 거짓말을 하는 경우에도 갑·을·무는 함께 출장을 가 있었던 것이 되므로 역시 정이 범인이 된다.

따라서 범인은 정이다.

06

정답 ③

C업체가 참일 경우 나머지 미국과 서부지역 설비를 다른 업체가 맡아야 한다. 이때, 두 번째 정보에서 B업체의 설비 구축지역은 거짓이 되고, 첫 번째 정보와 같이 A업체가 맡게 되면 4개의 설비를 구축해야 하므로 A업체의 설비 구축계획은 참이 된다.
따라서 장대리의 말은 참이 됨을 알 수 있다.

[오답분석]

• 이사원 : A업체가 참일 경우 A업체가 설비를 3개만 맡는다고 하면, B업체 또는 C업체가 5개의 설비를 맡아야 하므로 나머지 정보는 거짓이 된다. 하지만 A업체가 B업체와 같은 곳의 설비 4개를 맡는다고 할 때, B업체는 참이 될 수 있으므로 옳지 않다.
• 김주임 : B업체가 거짓일 경우 만약 6개의 설비를 맡는다고 하면, A업체는 나머지 2개를 맡게 되어 거짓이 될 수 있다. 반면 B업체가 참일 경우 똑같은 곳의 설비 하나씩 4개를 A업체가 구축해야 하므로 참이 된다.

대표기출유형 03 | 기출응용문제

01

정답 ③

주어진 조건을 정리하면 다음과 같다.

구분	1층	2층	3층	4층	5층
경우 1	B팀	A팀	D팀	C팀	E팀
경우 2	B팀	C팀	D팀	A팀	E팀

따라서 항상 참인 것은 ③이다.

[오답분석]

①·② 주어진 조건만으로는 판단하기 힘들다.
④ 2층을 쓰게 될 가능성이 있는 팀은 총 두 팀이다.
⑤ E는 5층을 사용한 적이 없다.

02

정답 ⑤

오른쪽 끝자리에는 30대 남성이, 왼쪽에서 두 번째 자리에는 40대 남성이 앉으므로 네 번째 조건에 따라 30대 여성은 왼쪽에서 네 번째 자리에 앉아야 한다. 이때, 40대 여성은 왼쪽에서 첫 번째 자리에 앉아야 하므로 남은 자리에 20대 남녀가 앉을 수 있다.

ⅰ) 경우 1

40대 여성	40대 남성	20대 여성	30대 여성	20대 남성	30대 남성

ⅱ) 경우 2

40대 여성	40대 남성	20대 남성	30대 여성	20대 여성	30대 남성

따라서 항상 옳은 것은 ⑤이다.

03

정답 ①

원탁 자리에 다음과 같이 임의로 번호를 지정하고, 기준이 되는 C를 앉히고 나머지를 배치한다.

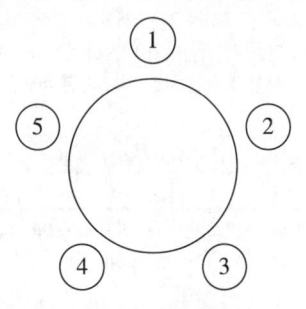

C를 1번에 앉히면, 첫 번째 조건에서 C 바로 옆에 E가 앉아야 하므로 E는 5번 또는 2번에 앉는다. 만약 E가 2번에 앉으면 세 번째 조건에 따라 D가 A의 오른쪽에 앉아야 한다. A, D가 4번과 3번에 앉으면 B가 5번에 앉게 되어 첫 번째 조건에 부합하지 않는다. 또한 A가 5번, D가 4번에 앉는 경우 B는 3번에 앉게 되지만 두 번째 조건에 의해 D와 B는 나란히 앉을 수 없으므로 불가능하다.

E를 5번에 앉히고 A는 3번, D는 2번에 앉게 되면 B는 4번에 앉아야 하므로 모든 조건을 만족하게 된다.

따라서 C가 앉는 자리를 첫 번째로 하여 시계 방향으로 세 번째 자리에 앉는 사람은 A이다.

04

정답 ⑤

직원 갑, 을, 병의 공정 순서에 따른 시간을 표로 나타내면 다음과 같다. 선행공정에 따른 순서가 알맞고, A공정이 동시에 진행되지 않으므로 제시된 공정 순서 중 가장 적절한 생산 공정 순서이다. 표에 제시된 숫자는 공정의 소요시간을 나타낸다.

구분	1	2	3	4	5	6	7	8
갑	E		D		C		B	A	
을			C		E		D		B	A
병				E		D		B		C		A

오답분석

① 갑은 D공정이 선행공정인 E공정보다 먼저 배치되었고, 을은 A, D공정이 각각 선행공정인 B, E공정보다 먼저 배치되었다.
② 을과 병의 A공정이 30분 겹치므로 불가능하다.

구분	1	2	3	4	5	6	7	8
갑	B	E		A		D			C		
을		B		C		E		D		A	
병				C		B		E		A		D

③ 을과 병의 A공정이 동시에 진행되므로 불가능하다.

구분	1	2	3	4	5	6	7	8
갑		C		E	B	A		D	
을		B	E		A		D			C	
병			B	A		E			C		D

④ 병의 공정 순서에서 A, D공정이 각각 선행공정인 B, E공정보다 먼저 배치되었다.

05

정답 ⑤

먼저 거짓말은 한 사람만 하는데 진희와 희정의 말이 서로 다르므로, 둘 중 한 명이 거짓말을 하고 있음을 알 수 있다. 이때, 반드시 진실인 아름의 말에 따라 진희의 말은 진실이 되므로 결국 희정이가 거짓말을 하고 있음을 알 수 있다. 따라서 영화관에 아름 – 진희 – 민지 – 희정 – 세영 순서로 도착하였으므로, 가장 마지막으로 영화관에 도착한 사람은 세영이다.

06

정답 ④

먼저 네 번째 조건에 따라 지사장 마는 D지사에 근무하며 다섯 번째 조건에 따라 지사장 바는 본사와 두 번째로 가까운 B지사에 근무하는 것을 알 수 있다. 지사장 다는 D지사에 근무하는 지사장 마 바로 옆 지사에 근무하지 않는다는 두 번째 조건에 따라 C 또는 E지사에 근무할 수 없다. 이때, 지사장 다는 지사장 나와 나란히 근무해야 하므로 F지사에 지사장 다가, E지사에 지사장 나가 근무하는 것을 알 수 있다. 마지막으로 지사장 라가 지사장 가보다 본사에 가깝게 근무한다는 세 번째 조건에 따라 지사장 라가 A지사에, 지사장 가가 C지사에 근무하게 된다.

본사	A지사	B지사	C지사	D지사	E지사	F지사
	라	바	가	마	나	다

따라서 A~F지사로 발령받은 지사장을 순서대로 나열하면 라 - 바 - 가 - 마 - 나 - 다 순이다.

대표기출유형 04   기출응용문제

01

정답 ④

D는 NICE신용점수가 기준 NICE신용점수인 500점을 넘었고, 기준 사업 운영기간인 4개월을 넘게 운영한 사업자이다. 사업자의 기준 연소득은 600만 원이고, D씨의 연소득은 1,200만 원이므로 D씨는 사잇돌2 대출 상품을 이용할 수 있다.

[오답분석]
① A씨의 NICE신용점수는 기준 NICE신용점수인 500점 미만이다.
② B씨의 재직 기간은 근로자 기준 재직 기간인 5개월 미만이다.
③ C씨의 연소득은 기준 사업자 연소득인 600만 원 미만이다.
⑤ E씨의 연소득은 기준 연금수령자 연소득인 600만 원 미만이다.

02

정답 ③

주어진 내용을 정리하면 다음과 같다.

여행 상품	1인당 비용(원)	총무팀	영업팀	개발팀	홍보팀	공장1	공장2	합계
A	500,000	2	1	2	0	15	6	26
B	750,000	1	2	1	1	20	5	30
C	600,000	3	1	0	1	10	4	19
D	1,000,000	3	4	2	1	30	10	50
E	850,000	1	2	0	2	5	5	15
합계		10	10	5	5	80	30	140

ㄱ. 가장 인기 높은 상품은 D이지만 공장1의 고려사항은 회사에 손해를 줄 수 있으므로, 2박 3일 상품이 아닌 1박 2일 상품 중 가장 인기 있는 B상품이 선택된다. 따라서 750,000×140=105,000,000원이 필요하므로 옳다.
ㄷ. 공장1의 A, B 투표 결과가 바뀐다면 여행 상품 A, B의 투표수가 각각 31, 25표가 되어 선택되는 여행 상품이 A로 변경된다.

[오답분석]
ㄴ. 가장 인기가 좋은 상품은 D이다.

03

정답 ①

음료의 종류별로 주문이 필요한 팀을 정리하면 다음과 같다.
• 이온음료 : 총무팀(1팀)
• 탄산음료 : 총무팀, 개발팀, 홍보팀, 고객지원팀(4팀)

- 에너지음료 : 개발팀, 홍보팀, 고객지원팀(3팀)
- 커피 : 총무팀, 개발팀, 영업팀, 홍보팀, 고객지원팀(5팀)

음료 구매 시 각 음료의 최소 구비 수량의 1.5배를 구매해야 하므로 이온음료는 9캔, 탄산음료는 18캔, 에너지음료는 15캔, 커피는 45캔씩 구매해야 한다. 그러므로 구매해야 하는 전체 음료의 수는 다음과 같다.

- 이온음료 : $9 \times 1 = 9$캔
- 탄산음료 : $18 \times 4 = 72$캔
- 에너지음료 : $15 \times 3 = 45$캔
- 커피 : $45 \times 5 = 225$캔

따라서 음료는 정해진 묶음으로만 판매하므로 이온음료는 12캔, 탄산음료는 72캔, 에너지음료는 48캔, 커피는 240캔을 구매해야 한다.

04

정답 ③

- 부서배치
  - 성과급 평균은 48만 원이므로, A는 영업부 또는 인사부에서 일한다.
  - B와 D는 비서실, 총무부, 홍보부 중에서 일한다.
  - C는 인사부에서 일한다.
  - D는 비서실에서 일한다.
  따라서 A – 영업부, B – 총무부, C – 인사부, D – 비서실, E – 홍보부에서 일한다.
- 휴가
  - A는 D보다 휴가를 늦게 간다. 따라서 C – D – B – A 또는 D – A – B – C 순으로 휴가를 간다.
- 성과급
  - D사원 : 60만 원
  - C사원 : 40만 원

오답분석
① A의 3개월 치 성과급은 $20 \times 3 = 60$만 원, C의 2개월 치 성과급은 $40 \times 2 = 80$만 원으로 A가 더 적다.
② C가 제일 먼저 휴가를 갈 경우, A가 제일 마지막으로 휴가를 가게 된다.
④ 휴가를 가지 않은 E는 두 배의 성과급을 받기 때문에 총 120만 원의 성과급을 받게 되고, D의 성과급은 60만 원이기 때문에 두 사람의 성과급 차이는 두 배이다.
⑤ C가 제일 마지막에 휴가를 갈 경우, B는 A보다 늦게 출발한다.

대표기출유형 05 | 기출응용문제

01

정답 ③

제품 특성상 테이크아웃이 불가능했던 위협 요소를 피하기 위해 버거의 사이즈를 줄이는 대신 사이드 메뉴를 무료로 제공하는 것은 독창적인 아이템을 활용하면서도 위협 요소를 보완하는 전략으로 적절하다.

오답분석
① 해당 상점의 강점은 주변 외식업 상권과 차별화된 아이템 선정이다. 그러므로 주변 상권에서 이미 판매하고 있는 상품을 벤치마킹해 판매하는 것은 강점을 활용하는 전략으로 적절하지 않다.
② 높은 재료 단가를 낮추기 위해 유기농 채소와 유기농이 아닌 채소를 함께 사용하는 것은 웰빙을 추구하는 소비 행태가 확산되고 있는 기회를 활용하지 못하는 전략이므로 적절하지 않다.
④ 커스터마이징 형식의 고객 주문 서비스 및 주문 즉시 조리하는 방식은 해당 상점의 강점이다. 약점을 보완하기 위해 강점을 모두 활용하지 못하는 전략이므로 적절하지 않다.
⑤ 커스터마이징 주문 시 치즈의 종류를 다양하게 선택할 수 있게 하는 것은 커스터마이징 주문이라는 강점으로 '치즈 제품을 선호하는 여성 고객들의 니즈'라는 기회를 활용하는 방법이므로 SO전략이다.

02

정답 ③

부실여신 비율의 상승을 초래할 수 있는 금융 당국의 보수적인 정책은 조직 외부로부터 비롯되는 요인으로서, 조직의 목표 달성에 방해가 되는 위협(T)에 해당한다.

오답분석

ㄱ. 디지털 전환(DT)의 안정적인 진행은 조직의 내부로부터 비롯되는 요인으로서, 조직의 목표 달성에 활용할 수 있는 강점(S)에 해당한다.

ㄴ. 수익 구조의 편중성은 조직의 내부로부터 비롯되는 요인으로서, 조직의 목표 달성에 방해가 될 수 있는 약점(W)에 해당한다.

ㄹ. 다른 기업과의 제휴 등 협업은 조직 외부로부터 비롯되는 요인으로서, 조직의 목표 달성에 활용할 수 있는 기회(O)에 해당한다. 한편, 연착륙은 경기가 과열될 기미가 있을 때에 경제 성장률을 적정한 수준으로 낮추어 불황을 방지하는 일을 뜻한다.

ㅁ. 인터넷전문은행의 영업 확대 등에 따른 경쟁은 조직 외부로부터 비롯되는 요인으로서, 조직의 목표 달성에 방해가 되는 위협(T)에 해당한다.

03

정답 ④

ㄴ. 특허를 통한 기술 독점은 기업의 내부환경으로 볼 수 있다. 따라서 내부환경의 강점(S) 사례이다.

ㄷ. 점점 증가하는 유전자 의뢰는 기업의 외부환경(고객)으로 볼 수 있다. 따라서 외부환경에서 비롯된 기회(O) 사례이다.

오답분석

ㄱ. 투자 유치의 어려움은 기업의 외부환경(거시적 환경)으로 볼 수 있다. 따라서 외부환경에서 비롯된 위협(T) 사례이다.

ㄹ. 높은 실험 비용은 기업의 내부환경으로 볼 수 있다. 따라서 내부환경의 약점(W) 사례이다.

04

정답 ②

ㄱ. 기술개발을 통해 연비를 개선하는 것은 막대한 R&D 역량이라는 강점으로 휘발유의 부족 및 가격의 급등이라는 위협을 회피하거나 최소화하는 전략에 해당하므로 적절하다.

ㄹ. 생산설비에 막대한 투자를 했기 때문에 차량모델 변경의 어려움이라는 약점이 있는데, 레저용 차량 전반에 대한 수요 침체 및 다른 회사들과의 경쟁이 심화되고 있으므로 생산량 감축을 고려할 수 있다.

ㅁ. 생산 공장을 한 곳만 가지고 있다는 약점이 있지만 새로운 해외시장이 출현하고 있는 기회를 살려서 국내 다른 지역이나 해외에 공장들을 분산 설립할 수 있을 것이다.

ㅂ. 막대한 R&D 역량이라는 강점을 이용하여 휘발유의 부족 및 가격의 급등이라는 위협을 회피하거나 최소화하기 위해 경유용 레저 차량 생산을 고려할 수 있다.

오답분석

ㄴ. 소형 레저용 차량에 대한 수요 증대라는 기회 상황에서 대형 레저용 차량을 생산하는 것은 적절하지 않은 전략이다.

ㄷ. 차량모델 변경의 어려움이라는 약점을 보완하는 전략도 아니고, 소형 또는 저가형 레저용 차량에 대한 선호가 증가하는 기회에 대응하는 전략도 아니다. 또한, 차량 안전 기준의 강화 같은 규제 강화는 기회 요인이 아니라 위협 요인이다.

ㅅ. 기회는 새로운 해외시장의 출현인데 내수 확대에 집중하는 것은 기회를 살리는 전략이 아니다.

PART 2

금융상식

01	02	03	04	05	06	07	08	09	10	11	12	13	14	15	16	17	18	19	20
③	①	③	⑤	①	②	④	①	④	②	③	①	⑤	①	⑤	①	①	③	④	③

01   정답 ③

공정성이론에 따르면 공정성 유형은 크게 절차적 공정성, 상호작용적 공정성, 분배적 공정성으로 나누어진다.
• 절차적 공정성 : 과정통제, 접근성, 반응속도, 유연성, 적정성
• 상호작용적 공정성 : 정직성, 노력, 감정이입
• 분배적 공정성 : 형평성, 공평성
따라서 형평성은 절차적 공정성이 아닌 분배적 공정성이다.

02   정답 ①

연속생산은 동일제품을 대량생산하기 때문에 규모의 경제가 적용되어 여러 가지 제품을 소량생산하는 단속생산에 비해 단위당 생산원가가 낮다.

오답분석

② 연속생산의 경우, 표준화된 상품을 대량으로 생산함에 따라 운반에 따른 자동화 비율이 매우 높고, 속도가 빨라 운반비용이 적게 소요된다.
③・④ 제품의 수요가 다양하거나 제품의 수명이 짧은 경우 단속생산 방식이 적합하다.
⑤ 연속생산은 작업자의 숙련도와 관계없이 작업에 참여가 가능하다.

03   정답 ③

• ODM(Original Development Manufacturing) : '제조자 개발생산', '제조자 설계생산', '생산자 주도 방식'이라고 하며, 주문자가 만들어준 설계도에 따라 생산하는 단순 하청생산 방식인 OEM과 달리 제조업체가 주도적으로 제품을 생산한다.
• SCM(Supply Chain Management) : 부품 공급업체와 생산업체 그리고 고객에 이르기까지 거래 관계에 있는 기업들이 IT를 이용해 실시간으로 정보를 공유하고, 이를 통해 시장 및 수요자의 요구에 기민하게 대응할 수 있도록 지원한다.

오답분석

• OEM(Original Equipment Manufacturing) : '주문자 위탁 생산', '주문자 상표 부착 생산'이라고 하며, 주문자가 요구하는 제품과 상표명으로 완제품을 생산하는 것을 말한다. 즉, 유통망을 구축하고 있는 주문자가 생산력을 가진 제조업체에 상품의 제조만을 위탁하여 완성된 상품을 주문자의 브랜드로 판매하는 방식이다.
• CRM(Customer Relationship Management) : '고객관계관리'라고 하며, 현재 고객과 잠재 고객에 대한 정보를 정리・분석하여 마케팅 정보로 변환함으로써 고객의 구매 관련 행동을 지수화하고, 이를 토대로 마케팅 프로그램을 개발・실현・수정하는 고객 중심의 경영 기법을 말한다.
• PRM(Partner Relationship Management) : '파트너관계관리'라고 하며, CRM의 한 영역으로 주 관리 대상을 대리점이나 총판 등 파트너 부문에 초점을 맞추는 것이 특징이다.

04

정답 ⑤

(오답분석)
① 데이터베이스관리시스템은 데이터의 중복성을 최소화하면서 조직에서의 다양한 정보요구를 충족시킬 수 있도록 상호 관련된 데이터를 모아놓은 데이터의 통합된 집합체이다.
② 전문가시스템은 특정 전문분야에서 전문가의 축적된 경험과 전문지식을 시스템화하여 의사결정을 지원하거나 자동화하는 정보시스템이다.
③ 전사적 자원관리시스템은 구매, 생산, 판매, 회계, 인사 등 기업의 모든 인적·물적 자원을 효율적으로 관리하여 기업의 경쟁력을 강화시켜주는 통합정보시스템이다.
④ 의사결정지원시스템은 경영관리자의 의사결정을 도와주는 시스템이다.

05

정답 ①

동기부여의 내용이론
• 매슬로의 욕구단계설 : 매슬로의 주장은 인간의 다양하고도 복잡한 욕구가 사람의 행동을 이끄는 주된 원동력이라는 것이다.
• 알더퍼의 ERG 이론 : 알더퍼는 인간욕구의 단계성을 인정하는 것은 매슬로와 같지만 존재욕구, 관계욕구, 성장욕구를 구분함으로써 하위단계에서 상위단계로의 진행과 상위단계 욕구가 만족되지 않을 경우 하위단계 욕구가 더 커진다는 이론을 제시했다.
• 허즈버그의 2요인 이론 : 허즈버그는 개인에게 만족감을 주는 요인과 불만족을 주는 요인이 전혀 다를 수 있다는 이론을 제시했다. 그에 따르면 동기요인(성취감, 상사로부터의 인정, 성장과 발전 등)은 직무동기를 유발하고 만족도를 증진시키나, 위생요인(회사의 정책, 관리규정, 임금, 관리행위, 작업조건 등)은 직무불만족을 유발한다.
• 맥클랜드의 성취동기이론 : 맥클랜드는 개인의 성격을 크게 3가지 욕구의 구성체로 간주하고, 그중 성취욕구가 높은 사람이 강한 수준의 동기를 갖고 직무를 수행한다는 이론을 제시했다.

06

정답 ②

시계열분석은 과거의 수요를 분석하여 시간에 따른 수요의 패턴을 파악하고, 이의 연장선상에서 미래의 수요를 예측하는 방법으로 정량적 예측기법이다.

(오답분석)
① 델파이법 : 설계된 절차의 앞부분에서 어떤 일치된 의견으로부터 얻어지는 정보와 의견의 피드백을 중간에 삽입하여 연속적으로 질문을 적용하는 기법을 말한다.
③ 전문가패널법 : 전문가들이 의견을 자유롭게 교환하여 일치된 예측결과를 얻는 기법을 말한다.
④ 자료유추법 : 유사한 기존제품의 과거자료를 기초로 하여 예측하는 방법을 말한다.
⑤ 패널동의법 : 개인보다는 집단의 의견이 더 나은 예측을 한다는 가정으로 경영자, 판매원, 소비자 등으로 패널을 구성하여 예측치를 구하는 방법을 말한다.

07

정답 ④

직무기술서는 직무요건을 중심으로 직무수행과 관련된 과업 및 직무행동을 기술한 양식이다.

구분	직무기술서	직무명세서
개념	직무요건을 중심으로 직무수행과 관련된 과업 및 직무 행동을 기술한 양식	인적요건을 중심으로 특정 직무를 수행하기 위해 요구되는 지식, 기능, 육체적 정신적 능력 등을 기술한 양식
포함 내용	• 직무 명칭, 직무코드, 소속 직군, 직렬 • 직급(직무등급), 직무의 책임과 권한 • 직무를 이루고 있는 구체적 과업의 종류 및 내용 등	• 요구되는 교육 수준 • 요구되는 지식, 기능, 기술, 경험 • 요구되는 정신적, 육체적 능력 • 인정 및 적성, 가치, 태도 등
작성 요건	명확성, 단순성, 완전성, 일관성	

08

포트폴리오의 분산은 각 구성자산과 포트폴리오 간의 공분산을 각 자산의 투자비율로 가중평균하여 계산한다.

자본예산기법

자본예산이란 투자효과가 장기적으로 나타나는 투자의 총괄적인 계획으로서 투자대상에 대한 각종 현금흐름을 예측하고 투자안의 경제성분석을 통해 최적 투자결정을 내리는 것을 말한다.

자본예산의 기법에는 회수기간법, 회계적이익률법, 수익성지수법, 순현가법, 내부수익률법 등이 주로 활용된다.

- 회수기간법 : 투자시점에서 발생한 비용을 회수하는 데 걸리는 기간을 기준으로 투자안을 선택하는 자본예산기법이다.
  - 상호독립적 투자안 : 회수기간<목표회수기간 → 채택
  - 상호배타적 투자안 : 회수기간이 가장 짧은 투자안 채택
- 회계적이익률법 : 투자를 원인으로 나타나는 장부상의 연평균 순이익을 연평균 투자액으로 나누어 회계적 이익률을 계산하고 이를 이용하여 투자안을 평가하는 방법이다.
  - 상호독립적 투자안 : 투자안의 ARR>목표ARR → 채택
  - 상호배타적 투자안 : ARR이 가장 큰 투자안 채택
- 순현가법 : 투자로 인하여 발생할 미래의 모든 현금흐름을 적절한 할인율로 할인한 현가로 나타내어서 투자결정에 이용하는 방법이다.
  - 상호독립적 투자안 : NPV>0 → 채택
  - 상호배타적 투자안 : NPV가 가장 큰 투자안 채택
- 내부수익률법 : 미래 현금유입의 현가와 현금유출의 현가를 같게 만드는 할인율인 내부수익률을 기준으로 투자안을 평가하는 방법이다.
  - 상호독립적 투자안 : IRR>자본비용 → 채택
  - 상호배타적 투자안 : IRR이 가장 큰 투자안 채택

09

기업가 정신이란 기업의 본질인 이윤 추구와 사회적 책임의 수행을 위해 기업가가 마땅히 갖추어야 할 자세나 정신을 말한다. 미국의 경제학자 슘페터(Joseph A. Schumpeter)는 기업 이윤의 원천을 기업가의 혁신, 즉 기업가 정신을 통한 기업 이윤 추구에 있다고 보았다. 따라서 기업가는 혁신, 창조적 파괴, 새로운 결합, 남다른 발상, 남다른 눈을 지니고 있어야 하며, 새로운 생산 기술과 창조적 파괴를 통하여 혁신을 일으킬 줄 아는 사람이어야 한다고 주장하였다. 아울러 혁신의 요소로 새로운 시장의 개척, 새로운 생산 방식의 도입, 새로운 제품의 개발, 새로운 원료 공급원의 개발 내지 확보, 새로운 산업 조직의 창출 등을 강조하였다.

10

〔오답분석〕

① 횡축은 상대적 시장점유율, 종축은 시장성장률이다.
③ 별 영역은 시장성장률이 높고, 상대적 시장점유율도 높다.
④ 자금젖소 영역은 시장점유율이 높아 자금투자보다 자금산출이 많다.
⑤ 개 영역은 시장성장률과 상대적 시장점유율이 낮은 쇠퇴기에 접어든 경우이다.

11

순현가법에서는 내용연수 동안에 발생할 모든 현금흐름을 통해 현가를 비교한다.

〔오답분석〕

① 순현가는 현금유입의 현가를 현금유출의 현가로 나눈 것이다.
② 순현가법은 개별 투자안들 간 상호관계를 고려할 수 없는 한계가 있다.
④ 최대한 큰 할인율이 아니라 적절한 할인율로 할인한다.
⑤ 투자의 결과 발생하는 현금유입이 투자안의 내부수익률로 재투자될 수 있다고 가정하는 것은 내부수익률법이다.

12

임프로쉐어 플랜에 대한 설명이다.

[오답분석]

② 스캔런 플랜 : 생산의 판매가치에 대한 인건비 비율이 사전에 정한 표준 이하의 경우 종업원에게 보너스를 주는 제도이다.
③ 메리크식 복률성과급 : 표준생산량을 83% 이하, 83 ~ 100% 그리고 100% 이상으로 나누어 상이한 임금률을 적용하는 방식이다.
④ 테일러식 차별성과급 : 근로자의 하루 표준 작업량을 시간연구 및 동작연구에 의해 과학적으로 설정하고 이를 기준으로 하여 고·저 두 종류의 임금률을 적용하는 제도이다.
⑤ 럭커 플랜 : 조직이 창출한 부가가치 생산액을 구성원 인건비를 기준으로 배분하는 제도이다.

13

글로벌 경쟁이 심화될수록 해당 사업에 경쟁력이 낮아지며, 다각화 전략보다 집중화 현상이 심해진다.

> **다각화(Diversification)**
> 한 기업이 다른 여러 산업에 참여하는 것으로, 두 가지로 구분된다.
> • 관련다각화 : 제품이나 판매지역 측면에서 관련된 산업에 집중
> • 비관련다각화 : 서로 연관되지 않은 사업에 참여하여 영위하는 전략(한국식 재벌기업형태)

14

델파이 기법은 예측하려는 현상에 대하여 관련 있는 전문가나 담당자들로 위원회를 구성하고, 개별적 질의를 통해 의견을 수집하여 종합·분석·정리하고 의견이 일치될 때까지 개별적 질의 과정을 되풀이하는 예측기법이다.

15

마이클 포터(Michael E. Porter)는 원가우위전략과 차별화전략을 동시에 추구하는 것을 이도저도 아닌 어정쩡한 상황이라고 언급하였으며, 둘 중 한 가지를 선택하여 추구하는 것이 효과적이라고 주장했다.

16

ㄱ. 변혁적 리더십은 거래적 리더십에 대한 비판으로 현상 탈피, 변화 지향성, 내재적 보상의 강조, 장기적 관점이 특징이다.
ㄷ. 카리스마 리더십은 부하에게 높은 자신감을 보이며 매력적인 비전을 제시한다.

[오답분석]

ㄴ. 거래적 리더십은 전통적 리더십 이론으로 현상 유지, 안정 지향성, 즉각적이고 가시적인 보상체계, 단기적 관점이 특징이다.
ㄹ. 슈퍼 리더는 부하들이 역량을 최대한 발휘하여 셀프 리더가 될 수 있도록 환경을 조성해 주고 동기부여를 할 줄 아는 리더이다.

17

신제품 수용자 유형
• 혁신자(Innovators) : 신제품 도입 초기에 제품을 수용하는 소비자로, 모험적이며 새로운 경험 추구
• 조기 수용자(Early Adopters) : 혁신자 다음으로 수용하는 소비자로, 의견선도자 역할
• 조기 다수자(Early Majority) : 대부분의 일반 소비자로, 신중한 편
• 후기 다수자(Late Majority) : 대부분의 일반 소비자로, 신제품 수용에 의심 많음
• 최후 수용자(Laggards) : 변화를 싫어하고 전통을 중시함

18

정답 ③

매트릭스 조직

조직의 구성원이 원래 속해 있던 종적계열과 함께 횡적계열이나 프로젝트 팀의 일원으로 속해 동시에 임무를 수행하는 조직형태로, 결국 한 구성원이 동시에 두 개의 팀에 속하게 된다. 특징은 계층원리와 명령일원화 원리의 불적용, 라인·스태프 구조의 불일치, 프로젝트 임무 완수 후 원래 속한 조직업무로의 복귀 등이 있다.

- 장점 : 지식공유가 일어나는 속도가 빠르므로 프로젝트를 통해 얻은 지식과 경험을 다른 프로젝트에 활용하기 쉽고, 프로젝트 또는 제품별 조직과 기능식 조직 간에 상호 견제가 이루어지므로 관리의 일관성을 꾀할 수 있으며 인적자원 관리도 유연하게 할 수 있다. 또한 시장의 요구에 즉각적으로 대응할 수 있으며 경영진에게도 빠르게 정보를 전달할 수 있다.
- 단점 : 조직의 특성상 구성원은 자신의 위치에 대해 불안감을 가질 수 있고, 이것이 조직에 대한 몰입도나 충성심 저하의 원인이 될 수 있다. 관리비용의 증가 문제 역시 발생할 수 있다.

19

정답 ④

e-비즈니스 기업은 비용절감 등을 통해 더 낮은 가격으로 우수한 품질의 상품 및 서비스를 제공할 수 있다는 장점이 있다.

20

정답 ③

마코브 체인이란 미래의 조건부 확률분포가 현재상태에 의해서 결정되는 마코브 특성을 이용하는 것으로, 현재의 안정적인 인력상황, 조직환경 등을 측정하여 미래에 예상되는 인력공급, 직무이동확률 등을 예측하는 방법이다.

오답분석

② 근로자가 보유하고 있는 기능, 경험, 교육수준 등을 정리 및 분석하는 방법
④ 조직 내 특정직무에 대한 공석을 가정하여 대체할 수 있는 인력에 대한 연령, 성과 등을 표시하는 방법
⑤ 경제활동인구, 실업률 등의 외부정보를 활용해 인력공급을 예측하는 방법

경제일반

01	02	03	04	05	06	07	08	09	10	11	12	13	14	15	16	17	18	19	20
⑤	③	①	④	④	②	①	④	③	④	①	②	①	②	④	②	③	③	②	④

01
정답 ⑤

완전보완재 무차별곡선에서는 소비자의 선호도로 인해 재화의 대체가 발생하지 않기 때문에 한계대체율을 정의할 수 없다. 반면, 완전대체재 무차별곡선의 경우 우하향하는 직선의 형태를 띠어 한계대체율이 일정하다.

오답분석
① 완전보완재는 두 재화가 일정한 비율로 소비되는 경우이므로 효용을 높이기 위해서는 두 재화의 소비량을 일정한 비율로 증가시켜야 한다.
② 완전보완재 무차별곡선에서는 한 재화의 소비량을 늘려도 다른 재화의 부족을 보완할 수 없다. 이는 소비자의 선호도가 두 재화 사이의 대체를 허용하지 않음을 의미한다.
③ 완전보완재 무차별곡선은 소비자에게 동일한 효용을 주는 재화의 조합을 나타내는 것이므로 서로 교차할 수 없다.
④ 완전보완재는 두 재화가 일정한 비율로 소비되는 경우이므로 L자형의 그래프를 나타낸다.

02
정답 ③

X재 생산기술의 향상은 X재의 단위당 생산비용을 절감시키기 때문에 동일한 생산비용으로 더 많은 상품을 공급할 수 있게 해준다. 따라서 공급량이 늘어나게 되면 공급곡선이 우측으로 이동하게 되어 시장균형에서 X재의 가격은 하락하게 된다.

03
정답 ①

일차식의 형태로 표현되는 것은 선형 효용함수이므로 옳지 않은 설명이다.

04
정답 ④

오답분석
ㄱ. 솔로우 모형에서 총요소 생산성의 증가, 인구성장율의 증가, 감가상각율의 변화는 성장률의 항구적인 변화를 낳는다. 따라서 체화된 기술진보는 균형성장에서 일인당 국민소득증가율이 양이 되게 하고, 지속적인 성장은 지속적인 기술진보에 의해서 가능하다.

05
정답 ④

가격소비곡선(PCC)이란, 특정 재화의 가격변화에 따른 소비균형점의 변화를 연결한 곡선이다. 소비자 균형은 예산선과 무차별곡선이 접하는 지점에서 형성된다. 제시된 그래프에서 X재의 당초 예산선과 가격 하락 후 예산선이 각각 무차별곡선과 만나는 지점은 a점과 c점이다. 따라서 a점과 c점을 연결하면 X재 가격 하락에 따른 균형점의 변화, 즉 가격소비곡선을 도출할 수 있다.

PART 2

① 당초 a점을 지나는 무차별곡선보다 X재의 가격 하락 후 c점을 지나는 무차별곡선이 원점에서 더 멀리 떨어져 있음을 확인할 수 있으므로 이 소비자의 효용은 증가하였다.
② 가격효과는 대체효과와 소득효과로 구성된다. X재의 가격 하락으로 인해 상대가격이 변화하였고, 상대가격의 변화는 예산선 기울기의 변화로 반영된다. 대체효과는 동일한 무차별곡선이 기울기 변화를 반영한 가상의 예산선(점선)과 만나는 지점인 X_1까지의 간격에 해당한다.
③ 변화한 상대가격에 실질소득의 변화를 마저 반영한 것이 소득효과이다. 그림에서 X_1에서 X_2까지의 간격이 소득효과에 해당한다.
⑤ 소득소비곡선(ICC)이란, 동일한 상대가격(예산선의 기울기)에서 소득이 변화할 때의 균형점의 이동을 나타낸 곡선을 의미한다. 따라서 제시된 그래프의 b점과 c점을 연결한 선에 해당한다.

06
정답 ②

ㄴ. 케인스 모형에서 재정정책의 효과는 강력한 반면 금융정책의 효과가 미약하다. 따라서 (가)에서 $Y_0 \rightarrow Y_1$의 크기는 (나)에서 $Y_a \rightarrow Y_b$의 크기보다 크다.
ㄹ. 케인스는 승수효과를 통해 정부가 지출을 조금만 늘리면 국민의 소득은 지출에 비해 기하급수적으로 늘어난다고 주장하였다. 또한 케인스 학파에서는 소비를 미덕으로 여기므로 소득이 증가하면 소비 또한 증가하여 정부지출의 증가는 재고의 감소를 가져온다.

07
정답 ①

기업들에 대한 투자세액공제가 확대되면, 투자가 증가하므로 대부자금에 대한 수요가 증가($D_1 \rightarrow D_2$)한다. 이렇게 되면 실질이자율이 상승($i_1 \rightarrow i_2$)하고 저축이 늘어난다. 그 결과 대부자금의 균형거래량은 증가($q_1 \rightarrow q_2$)한다.

08
정답 ④

애덤 스미스가 말한 '보이지 않는 손'에 의하면 시장을 통해서 효율적인 자원배분이 이루어지기 때문에 인위적인 개입이나 조정은 필요하지 않다. 따라서 시장에서 거래되어야 하는 서비스를 국가가 개입해서 무료로 제공하는 것은 시장경제체제의 특징으로 옳지 않다.

09
정답 ③

$$실업률 = \frac{실업자\ 수}{경제활동인구} \times 100 = \frac{실업자\ 수}{취업자\ 수 + 실업자\ 수} \times 100$$

ㄴ. 실업자가 비경제활동인구로 전환되면 분자와 분모 모두 작아지게 되는데 이때 분자의 감소율이 더 크므로 실업률은 하락한다.
ㄷ. 비경제활동인구가 취업자로 전환되면 분모가 커지게 되므로 실업률은 하락한다.

ㄱ. 취업자가 비경제활동인구로 전환되면 분모가 작아지므로 실업률은 상승한다.
ㄹ. 비경제활동인구가 실업자로 전환되면 분자와 분모 모두 커지게 되는데 이때 분자의 상승률이 더 크므로 실업률은 상승한다.

10

열등재(Inferior Goods)는 소득효과가 음(−)인 경우의 재화이므로 소득이 증가하면 수요가 감소한다.
우하향하고 원점에 대해 볼록한 통상적인 무차별곡선을 갖는 소비자를 가정했을 때, X재 가격이 하락할 때 X재 수요량이 변하지
않았다면, 가격소비곡선(PCC)은 수직이다. 이 경우 X재의 가격변화로 인한 대체효과는 항상 플러스이지만 총효과가 0이므로 소득
효과는 대체효과를 상쇄할 만큼의 마이너스로 나타나야 한다. 따라서 X재는 열등재이고, 효용 극대화를 위해 X재의 가격하락에
따른 소득효과로 Y재의 소비량이 증가하여 Y재는 정상재이다.

11

MR=MC가 성립되는 생산량은 손실 극대화점과 이익 극대화점으로 2개가 존재한다. 따라서 이윤 극대화가 성립되기 위해서는
MR=MC가 충족되면서 TR>TC도 성립하여야 한다.

12

자연독점이란 규모가 가장 큰 단일 공급자를 통한 재화의 생산 및 공급이 최대 효율을 나타내는 경우 발생하는 경제 현상을 의미하
고, 최소효율규모란 평균비용곡선상에서 평균비용이 가장 낮은 생산 수준을 나타낸다. 자연독점 현상은 최소효율규모의 수준 자체
가 매우 크거나 생산량이 증가할수록 평균총비용이 감소하는 '규모의 경제'가 나타날 경우에 발생한다.

13

경상수지와 저축 및 투자의 관계는 순수출(X−M)=총저축(S_p−I)+정부수입(T−G)으로 나타낼 수 있다. 저축과 투자의 양이 동일
하여 총저축이 0이 되는 경우에는 재정흑자(T−G)와 경상수지적자의 합이 0이 되지만 항상 0이 되는 것은 아니다. 한편, 경상수지
와 자본수지의 합은 항상 0이므로 경상수지가 적자이면 자본수지는 흑자가 되어야 한다. 요소집약도의 역전이 발생하거나 완전특화
가 이루어지는 경우 그리고 각국의 생산기술이 서로 다르거나 중간재가 존재하는 경우에는 요소가격균등화가 이루어지지 않는다.
규모의 경제가 발생하는 경우 각국이 동일한 산업 내에서 한 가지 재화생산에 특화하여 이를 서로 교환할 경우 두 나라의 후생수준이
모두 증가한다. 따라서 규모에 대한 수확체증이 이루어지면 산업 내 무역이 활발해진다.

14

객관성은 지니계수의 주요 원리와 관계가 없다.

오답분석

① 지니계수를 구할 때 모집단의 정보를 외부 등에 공개하지 않는다.
③ 지니계수는 경제규모, 측정방식 등에 영향을 받지 않는다.
④ 지니계수는 모집단의 크기와 관계없이 계산이 가능하다.
⑤ 지니계수는 소득이 많은 사람으로부터 소득이 적은 사람으로의 소득의 이전을 나타낸다.

15

ㄱ・ㅁ. 2020년에서 2024년으로 갈수록 직접세 비중은 낮아지는 반면 간접세 비중이 높아지고 있다. 이를 통해 조세부담의 역진성
　　이 강화되고 있다는 사실을 추론할 수 있으며, 소득분배 지표를 변화시키는 하나의 요인으로 작용하였을 것이라고 추측할 수
　　있다.
ㄴ. 2020년에서 2024년으로 갈수록 지니계수는 증가하고 10분위분배율은 감소하고 있다. 지니계수의 값이 작을수록, 10분위분배
　　율의 값이 클수록 균등에 가까워지는 것인데, 반대의 증감을 보이고 있으므로 소득불평등이 심해진다고 할 수 있다.
ㄹ. 상위 20% 계층의 소득에 대한 하위 40% 계층 소득의 비율은 지니계수가 아닌 10분위분배율을 통해 알 수 있다. 따라서 2024년
　　에는 상위 20% 계층의 소득이 하위 40% 계층 소득의 2배이다.

오답분석

ㄷ. 2020년에는 상위 20% 계층의 소득이 하위 40% 계층 소득의 $\frac{5}{3}$ 배이다.

16

ㄱ. 생산비용 절감 또는 생산기술 발전 시 공급이 늘어나 공급곡선이 오른쪽으로 이동한다.
ㄷ. A의 가격이 높아지면 대체재인 B의 가격이 상대적으로 낮아져 수요가 늘어나게 된다.

[오답분석]

ㄴ. 정상재의 경우 수입이 증가하면 수요가 늘어나 수요곡선이 오른쪽으로 이동한다.
ㄹ. 상품의 가격이 높아질 것으로 예상되면 나중에 더 높은 가격에 팔기 위해 공급이 줄어들게 된다.

17

정답 ③

IS – LM 곡선은 거시경제에서의 이자율과 '국민소득'을 분석하는 모형으로 경제가 IS 곡선의 왼쪽에 있는 경우 이자율의 감소로 저축보다 투자가 많아져 '초과수요'가 발생하게 된다. 또한 LM 곡선은 '화폐시장'의 균형이 달성되는 이자율과 국민소득의 조합을 나타낸 선이다.

18

정답 ③

소득과 부의 이전은 예상치 못한 인플레이션으로 인해 발생하는 영향으로 화폐자산 보유자로부터 실물자산 보유자에게로 소득과 부를 이전시키는 효과가 나타난다.

[오답분석]

①·② 구두창 비용에 대한 특징으로 현금보유자가 인플레이션에 대비하기 위해 보유한 현금을 예금 등에 투자하기 위해 은행 방문횟수가 증가하고, 이로 인해 소요시간, 교통비용 등이 증가한다.
④ 메뉴비용에 대한 특징으로, 물가상승으로 인해 음식점, 백화점 등의 가격표 등이 변경된 가격으로 수정되어야 한다.
⑤ 계산단위비용에 대한 특징으로 인플레이션으로 인해 화폐가치가 계속 변함에 따라 화폐가치 측정에 어려움이 생기게 된다.

19

정답 ②

자연실업률은 경제 내에 마찰적 실업과 구조적 실업만 있고 경기적 실업이 없는 완전고용상태를 의미한다. 최저임금제, 효율성임금, 노조 등은 비자발적 실업을 유발하여 자연실업률을 높이는 요인으로 작용한다.

20

정답 ④

신축된 주택과 사무실의 가격은 GDP 디플레이터 계산에 포함된다.

물가지수의 비교

구분	소비자 물가지수(CPI)	생산자 물가지수(PPI)	GDP 디플레이터
작성 기관	통계청	한국은행	한국은행
계산 방식	라스파이레스 방식	라스파이레스 방식	파셰 방식
포괄 범위	소비재	원자재, 자본재, 소비재	GDP에 포함되는 것 모두
	• 수입가격 포함 • 주택임대료 포함 • 주택가격 제외	• 수입가격 제외 • 주택임대료 제외 • 주택가격 제외	• 수입가격 포함 • 주택임대료 포함 • 신규주택가격만 포함

CHAPTER

03 금융상식

01	02	03	04	05	06	07	08	09	10	11	12	13	14	15	16	17	18	19	20
②	③	③	③	③	③	⑤	②	③	②	②	①	②	①	⑤	②	④	④	②	①

01
정답 ②

리디노미네이션(Redenomination)은 어떤 유가증권 또는 화폐의 액면가를 다시 지정하는 화폐개혁의 일환이다. 우리나라에서는 지금까지 1953년과 1962년 두 차례 리디노미네이션이 단행된 바 있다.

오답분석

① 디커플링(Decoupling) : 한 나라 또는 특정 국가의 경제가 인접한 다른 국가나 보편적인 세계경제의 흐름과는 달리 독자적인 움직임과 경제흐름을 보이는 현상을 의미한다.
③ 양적완화 : 중앙은행의 정책으로 금리 인하를 통한 경기부양 효과가 한계에 봉착했을 때 중앙은행이 국채매입 등을 통해 유동성을 시중에 직접 푸는 정책을 의미한다.
④ 리니언시(Leniency) : 흔히 자진신고자감면제도, 담합자진신고자 감면제라고 부르기도 하며, 담합 사실을 처음 신고한 업체에는 과징금 전부를 면제해 주고, 2순위 신고자에게는 절반을 면제해줘 담합행위를 한 기업들이 스스로 신고하게끔 만드는 제도를 의미한다.
⑤ 스태그플레이션(Stagflation) : 스태그네이션(stagnation)과 인플레이션(inflation)을 합성한 신조어로, 경기 불황 속에서 물가상승이 동시에 발생하고 있는 상태를 의미한다.

02
정답 ③

옵션(Option)은 미리 정해진 조건에 따라 일정한 기간 내에 상품이나 유가증권 등의 특정자산을 사거나 팔 수 있는 권리를 말하며, 이를 매매하는 것을 옵션거래라고 한다.

오답분석

① 선물(Futher) : 계약은 현재시점에서 하고, 결제는 미래의 일정시점에 이행하는 거래이다.
② 스압(Swap) : 다양한 계약 조건에 따라 일정 시점에서 통화, 금리 등의 교환을 통해 이루어지는 금융기법이다.
④ 스톡옵션(Stock Option) : 기업이 임직원에게 자기회사의 주식을 일정 수량, 일정 가격으로 매수할 수 있는 권리를 부여하는 제도이다.
⑤ 헤징(Hedging) : 현물가격의 변동에 따라 발생할 수 있는 손실을 최대한 줄이기 위해, 선물이나 옵션등 파생상품을 이용하여 시장에서 현물과 반대되는 포지션을 설정하는 것이다.

03
정답 ③

고전학파 화폐수량설의 교환방정식 MV=PY를 증가율로 나타내면 다음과 같다.

$$\frac{\Delta M}{M} + \frac{\Delta V}{V} = \frac{\Delta P}{P} + \frac{\Delta Y}{Y}$$

→ 통화량증가율+화폐유통속도 증가율=인플레이션율+실질경제성장률
→ 30%+0%=인플레이션율+20%
∴ 인플레이션율=10%

따라서 피셔효과에 의하면 '명목이자율=실질이자율+인플레이션율'이므로 명목이자율은 10%+10%=20%이다.

04

본원적예금 7,000원이 유입된 후 예금과 대출과정을 거치면서 도출되는 신용창조는 다음과 같다.

구분		A은행	B은행	C은행	D은행
시중은행	예금	7,000	4,200	2,520	1,512
	지급준비금 (40%)	2,800	1,680	1,008	604.8
	대출	4,200	2,520	1,512	907.2
민간보유		7,000	4,200	2,520	1,512	907.2

$$총예금창조액 = 7,000 + (1-0.4) \times 7,000 + (1-0.4)^2 \times 7,000 + (1-0.4)^3 \times 7,000$$
$$= 7,000 + 4,200 + 2,520 + 1,512$$
$$= 15,232$$

따라서 총예금창조액은 15,232원이다.

05

중앙은행이 환율하락을 방지하기 위해 외환시장에 개입하는 경우 달러는 매입하고 원화를 매도하기 때문에 본원통화는 증가하게 된다.

06

자본의 한계생산이 증가하면 기업의 수익성이 높아지고 주가가 상승하여 q값이 증가할 것이다.

07

총저축은 민간저축과 정부저축의 합으로 구성된다. 정부가 조세를 감면하면 정부저축은 감소하게 되는데, 민간저축이 동액만큼 증가하면 대부자금의 공급은 변하지 않는다. 따라서 대부자금 공급곡선이 이동하지 않으므로 균형이자율과 대부자금의 거래량도 변하지 않는다.

08

오답분석

• 해영 : 위험도의 상관관계가 낮은 금융상품에 투자해야 투자 위험을 줄일 수 있다.
• 진상 : 금융상품 수익에 대한 세금은 금융상품에 따라 다르다. 이는 모든 주식에 공통적으로 영향을 미치기 때문에 여러 주식으로 포트폴리오를 구성해서 투자해도 제거할 수 없는 위험을 체계적 위험이라 한다. 비체계적 위험에는 주식을 발행한 기업의 경영성과, 경영진의 교체, 신제품 개발의 성패 등의 요인으로 인한 위험 등이 해당한다.

09

주당 배당금은 '배당수익률×주가'이므로 10%×20,000원=2,000원이다.

10

CMA(Cash Management Account)는 예탁금을 어음이나 채권에 투자하여 그 수익을 고객에게 돌려주는 실적배당 금융상품으로, 어음관리계좌 또는 종합자산관리계정이라고도 한다. 고객이 예치한 자금을 기업어음(CP)이나 양도성 예금증서(CD), 국공채 등의 채권에 투자하여 그 수익을 고객에게 돌려주는 금융상품이다.

① 신탁상품 : 은행, 투신사 등 금융기관이 개인이나 법인 등 고객으로부터 예금을 받아 일정기간 동안 이 자산을 운용해서 수익을 돌려주는 금융상품으로 이자율에 따른 수익 배당과 실적배당형 상품이 있다.
③ MMDA(Money Market Deposit Account) : 금융기관이 취급하는 수시입출식 저축성예금의 하나이다.
④ 수익증권 : 고객이 맡긴 재산을 투자 운용해 거기서 발생하는 수익을 받을 권리를 표시하는 증권이다.
⑤ ELW(Equity Linked Warrant) : 주식워런트증권은 자산을 미리 정한 만기에 미리 정해진 가격에 사거나 팔 수 있는 권리를 나타내는 증권이다.

11
정답 ②

구매력평가설(PPP)은 한 재화 가격은 어디에서나 같아야 한다는 일물일가의 법칙에 입각한 것이다.

12
정답 ①

주식시장은 발행시장과 유통시장으로 나누어진다. 발행시장이란 주식을 발행하여 투자자에게 판매하는 시장이고, 유통시장은 발행된 주식이 제3자 간에 유통되는 시장을 의미한다.
따라서 자사주 매입은 유통시장에서 이루어지며, 주식배당, 주식분할, 유·무상증자, 기업공개 등은 발행시장과 관련이 있다.

13
정답 ②

① 표면이자율이 낮을수록 현재로부터 가까운 시점에 발생하는 현금흐름의 비중이 상대적으로 낮아지고 현재로부터 먼 시점에 발생하는 현금흐름의 비중이 상대적으로 높아지므로, 이자율 변동에 따른 가격변동률이 크게 나타난다.
③ 채권가격은 시장이자율과 역의 관계이므로 시장이자율이 상승하면 채권가격은 하락하고, 시장이자율이 하락하면 채권가격은 상승한다.
④ 만기가 정해진 상태에서 이자율 하락으로 인한 채권가격 상승폭이 이자율의 상승으로 인한 채권가격 하락폭보다 크다.
⑤ 다른 조건이 동일하다면, 만기가 길어질수록 일정한 이자율 변동에 따른 채권가격 변동폭이 커진다.

14
정답 ①

달러를 현재 정한 환율로 미래 일정 시점에 팔기로 계약하면 선물환 매도, 금융회사가 달러를 현재 정한 환율로 미래 일정 시점에 사기로 계약하면 선물환 매수라고 한다. 따라서 달러화 가치가 앞으로 상승할 것으로 예상되면 선물환을 매수하게 된다.

15
정답 ⑤

사모펀드는 자산가치가 저평가된 기업에 자본참여를 하게 하여 기업가치를 높인 다음 기업 주식을 되파는 전략을 취한다.

16
정답 ②

빅 스텝(Big Step)이란 중앙은행이 물가를 조정하기 위해 기준금리를 0.5%p 인상하는 것을 뜻한다.
이 밖에도 가장 통상적인 0.25%p 인상은 베이비 스텝(Baby Step), 0.75%p의 상당 규모 인상은 자이언트 스텝(Giant Step), 1%p 인상은 울트라 스텝(Ultra Step)이라고 한다. 다만 이러한 용어들은 우리나라의 국내 언론과 경제계, 증권시장에서만 사용하는 것으로 알려져 있다.

17

임베디드 금융(Embedded Finance)은 비금융기업이 자사의 플랫폼에 금융상품을 제공하는 핀테크 기능을 내장하는 것을 의미한다. 코로나19 팬데믹 이후 금융서비스를 비대면·모바일로 이용하려는 수요가 늘면서 임베디드 금융이 기업들 사이에 확대되고 있다. 예를 들어 테슬라는 자동차 시스템에 수집되는 정보로 운전자의 사고위험과 수리비용을 예측하는 보험 서비스를 제공하고 있다.

18

빈칸은 '현금 없는 사회'에 대한 이야기이다. 현금 없는 사회는 계좌이체나 신용카드, 더 나아가 디지털 통화 등의 다른 지급 수단이 현금의 역할을 대체하는 사회로 최근 코로나19의 확산과 언택트(Untact) 문화의 확대로 가속화되고 있다.

그러나 ④의 내용은 레그테크(Regtech)에 대한 설명이다. 레그테크는 레귤레이션(Regulation)과 기술을 의미하는 테크놀로지(Technology)의 합성어로, 금융회사로 하여금 내부통제와 법규 준수를 용이하게 하는 정보기술이다.

19

예금자 보호제도란 금융회사 파산 등으로 인해 고객의 예금을 지급하지 못하게 될 경우 예금보험공사에서 예금자 1인당 예금 원리금 합계 5천만 원까지 보장해주는 제도를 말하며 양도성예금증서와 금현물거래예탁금은 예금자 보호대상 상품에 해당하지 않는다.

20

프로젝트 파이낸싱은 프로젝트별로 자금조달이 이루어지기 때문에 투자사업의 실질적인 소유주인 모기업의 자산 및 부채와 분리해서 프로젝트 자체의 사업성에 기초하여 소요자금을 조달하여야 하고, 다양한 위험이 존재하기 때문에 상대적으로 금융비용이 많이 투입되는 특징이 있다.

PART 3

디지털 리터러시 평가

CHAPTER

01 논리적 사고

01	02	03	04	05	06	07	08	09	10
④	②	⑤	⑤	⑤	③	③	②	③	④

01   정답 ④

메뉴 5종의 전체 매출액은 (판매량)×(가격)의 합이다. 따라서 판매량 범위인 [B2:B8]와 가격 범위인 [C2:C8]의 각 행의 곱을 곱한 후 합을 구하는 함수인 =○((B2:B8)*△(C2:C8))을 사용해야 한다.

오답분석

① [A2:A8] 범위 내의 비어있지 않은 셀의 수와 각 메뉴의 가격의 합을 곱하는 함수다.
② 판매량의 합과 각 메뉴의 가격의 합을 곱하는 함수다.
③ 각 메뉴의 가격의 합을 [A2:A8] 범위 내의 비어있지 않은 셀의 수로 나눈 함수다.
⑤ 함수 ○((범위1)*(범위2)* …)에서 범위는 서로 같아야 하고, 범위 내 값은 문자가 들어올 수 없으므로 입력한 함수는 오류가 발생한다.

02   정답 ②

=△(B2:D5, "=13")은 불량건수가 13인 셀의 개수를 구하는 수식으로 출력값은 2이므로 옳지 않다.

03   정답 ⑤

[F4] 셀은 이○○의 책임감, 협동심, 성실성, 태도 점수의 평균이므로 [B4], [C4], [D4], [E4]의 평균을 구하는 함수인 =■(B4,C4,D4,E4)가 들어가야 한다.

오답분석

① [D2], [D3], [D4], [D5]의 최솟값을 구하는 함수다.
② [D2], [D3], [D4], [D5]의 최댓값을 구하는 함수다.
③ [B4] 셀이 [B2] 셀부터 [B5]의 범위 내에서 내림차순으로 몇 번째 값인지 찾는 함수다.
④ [B4], [C4], [D4], [E4] 셀의 합을 구하는 함수다.

04   정답 ⑤

분류(A2:A7)가 '필기류'인 상품 중 판매개수(C2:C7)가 가장 많은 상품의 수를 구하는 수식이다. 필기류 중 가장 많이 판매된 상품은 '볼펜(검)'으로 수식을 입력하면 46이 반환된다.

오답분석

① [A2]와 [C2] 중 큰 값을 반환하는 수식이다. [A2]가 문자이기 때문에 비교가 불가능하여 ①을 입력하면 오류가 발생한다.
② 분류(A2:A7)가 '필기류'인 상품 중 판매개수(C2:C7)가 가장 적은 상품의 수를 구하는 수식이다.
③ [C2]가 [C3]보다 크면 판매개수(C2:C7)의 평균을, 그렇지 않으면 판매개수(C2:C7) 중 가장 큰 값을 반환하는 수식이다.
④ 범위1과 범위2의 위치가 바뀌었다. ④를 입력하면 오류가 발생한다.

05   정답 ⑤

제품코드(A2:A8)가 IR("IR*")로 시작하는 제품의 판매개수(C2:C8) 합(숍)을 구하는 수식이다.

오답분석

① 제품코드(A2:A8)가 IR("IR*")로 시작하는 제품의 가격(B2:B8) 합(숍)을 구하는 수식이다.
② 제품코드(A2:A8)에서 왼쪽을 기준으로 1~2번째 문자가 'IR'일 경우, 판매개수(C2:C8)의 합을, 그렇지 않으면 공백을 반환하는 수식이다.
③ 제품코드(A2:A8)가 IR("IR*")로 시작하는 제품의 판매개수(C2:C8) 평균(△)을 구하는 수식이다.
④ 제품코드(A2:A8)가 IR("IR*")로 시작하는 제품의 개수를 세는 수식이다.

06   정답 ③

정상 출근한 직원은 '지각'열의 셀이 비어있다. 따라서 정상 출근한 직원의 수를 알고 싶다면 비어있는 셀의 개수를 구하는 함수 △를 사용해야 한다.

07

지점의 서비스 점수가 평균(서비스) 점수보다 높고, 지점의 편의성 점수가 평균(편의성) 점수보다 높으면 'TRUE'를 반환하는 수식으로, 'TRUE' 1개가 반환된다.

[오답분석]

① 지점명의 1 ~ 2번째 문자가 '우만'이면 'TRUE'를 반환하는 수식으로, 2개가 반환된다.
② 지점의 서비스 점수가 평균(서비스) 점수보다 높거나 같으면 'TRUE'를 반환하는 수식으로, 2개가 반환된다.
④ 지점의 서비스 점수가 평균(서비스) 점수보다 높거나 지점의 편의성 점수가 평균(편의성) 점수보다 높으면 'TRUE'를 반환하는 수식으로, 2개가 반환된다.
⑤ 지점의 청결성 점수가 평균보다 높은 지점에 "O"를 부여할 때, "X"를 받으면 'TRUE'를 반환하는 수식으로, 2개가 반환된다.

08

'전달사항'열을 채우기 위해서는 함수 〇을 사용해야 한다.
• 조건1 : 벌점이 10점 이상이면(B2>=10)
• 인수1 : 경고
• 조건2 : 벌점이 0점이면(B2=0)
• 인수2 : 기상곡 선정권
• 조건3 : 만족하는 조건이 없으면(TRUE), 인수3: " "

[오답분석]

① 조건과 인수의 나열이 잘못되었다.
③ 벌점이 10점 이상이면 '경고', 그 외에는 빈칸을 출력하는 수식이다.
④ 벌점이 10점 이상이거나 0점이면 '경고', 그 외에는 '기상곡 선정권'을 출력하는 수식이다.
⑤ 벌점이 10점 이상이면 '경고', 그 외에는 '기상곡 선정권'을 출력하는 수식이다.

09

함수 ▲의 조건인 ■(〇(A2:C2))는 학년, 반, 번호의 합이 홀수이면 참을 반환하는 수식이다. ③의 함수 ▲는 이렇게 반환된 값이 참이면(홀수이면) '청팀', 아니면(짝수이면) '백팀'을 출력한다.

[오답분석]

① 학년, 반, 번호의 평균이 홀수이면 '청팀', 아니면(짝수이면) '백팀'이 출력되는 수식이다.
②·④ 학년, 반, 번호의 합이 홀수이면 '백팀', 아니면(짝수이면) '청팀'이 출력되는 수식이다.
⑤ ■(〇(A2:C2))에 의해 반환되는 값과 '청팀' 텍스트와 비교하여 같으면 참, 다르면 거짓을 반환하는 수식이다. 따라서 이 수식의 출력값은 무조건 거짓으로 출력된다.

10

조건의 개수가 1개이므로 함수 ●를 사용한다.
• 범위 : 분류(C2:C8)
• 조건 : 소설

[오답분석]

① C2:C8에서 숫자가 포함된 셀의 개수를 구하는 수식이다.
② C2:C8에서 비어있지 않은 셀의 개수를 구하는 수식이다.
③ 함수▲에 대한 인수가 잘못 입력되었다. 수식 자체가 오류이므로 결괏값은 출력되지 않는다.
⑤ 분류가 '소설'인 책의 가격의 합을 구하는 함수이다.

01	02	03	04	05	06	07	08	09	10
④	②	④	③	④	②	①	③	②	④

01

정답 ④

교환 포인트가 부족하면 [4번 알림창]이 출력된다.

오답분석

① 행사기간이 아닐 때 [1번 알림창]이 출력된다.
② 참여 대상이 아닐 때 [2번 알림창]이 출력된다.
③ 잔여 교환가능 물건 수량이 없을 때 [3번 알림창]이 출력된다.
⑤ 제시된 순서도로는 서버 오류가 발생하였을 때 출력되는 메시지를 확인할 수 없다.

02

정답 ②

유효하지 않은 주민등록번호를 입력할 경우, [2번 알림창]이 출력된다.

오답분석

① 만 19세 미만이 아닐 경우, [1번 알림창]이 출력된다.
③ 중복된 ID를 입력할 경우, [3번 알림창]이 출력된다.
④ 중복되지 않은 ID를 입력할 경우, 다음 단계인 '비밀번호 보안성 높음' 단계로 진행한다.
⑤ 보인성이 낮은 비밀번호를 입력할 경우, [4번 알림창]이 출력된다.

03

정답 ④

영진이의 대기표는 7번으로, 4번 이상이기 때문에 무인 신청서 작성기로 이동하여 신청서를 작성해야 한다. 따라서 신청서 작성 시간 15분과 업무처리 시간 10분을 더해 영진이는 총 25분간 은행에 머무를 것이다.

04

정답 ③

캔콜라는 캔류이므로 (No → Yes) ☆
과자봉지는 비닐류이므로 (No → No → No → Yes) △
문제집은 종이류이므로 (Yes) □

05

정답 ④

하나는 현재 진료를 모두 마친 상태이므로 진료 이전의 과정은 시간 계산에 포함하지 않는다. 따라서 남은 시간은 5분(진료를 마치고 주사실에 가기 전의 대기시간)+5분(주사실)+10분(주사를 맞고 수납하기 전의 대기시간)으로 총 20분이다.

06

정답 ②

박수를 최대한 많이 치는 경우는 1부터 100까지 한 번도 안 틀리고 게임이 진행되었을 때이고, 박수는 3의 배수일 때만 친다. 따라서 1부터 100 사이의 자연수 중 3의 배수의 개수가 최대 박수의 수가 되므로 최대 박수는 33번이 된다.
a는 게임을 할 때, 짝과 번갈아 가며 말하는 자연수로 1씩 증가한다. 그러므로 ⓐ에는 $a+1$이 들어가야 한다.

07

정답 ①

'나는밥을먹었다.'는 띄어쓰기가 틀린 문장이다. 따라서 No → No → Yes 순으로 처리되어 초록색 교정문장이 출력된다.

08

정답 ③

1일부터 31일까지의 과목별 공부 횟수를 구하는 문제이다. 따라서 최종값 자리인 ⓐ에는 31이 들어간다.
로이는 짝수일에는 수학을 공부하므로 ⓑ에는 '짝수일인가'가 들어가며, '홀수일인가'를 넣고 싶다면 Yes와 No의 위치를 바꿔야 한다.
1~31일 중 수학을 공부하는 짝수일의 수는 15일, 영어를 공부하는 홀수일의 수는 16일이므로 출력값은 15:16이다.

09

a	n
5	2
5+2=7	2×2=4
7+4=11	2×4=8
11+8=19	2×8=16
19+16=35	2×16=32
35+32=67	2×32=64
67+64=131	2×64=128

∴ 131−128=3

10

a	n
4	16
2×4+1=9	2×16−6=26
2×9+1=19	2×26−6=46
2×19+1=39	2×46−6=86
2×39+1=79	2×86−6=166

∴ 79+7=86

남에게 이기는 방법의 하나는
예의범절로 이기는 것이다.

- 조쉬 빌링스 -

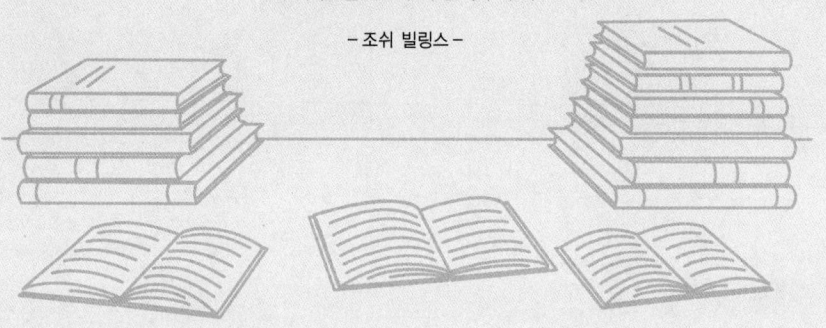

PART 4

최종점검 모의고사

01	02	03	04	05	06	07	08	09	10	11	12	13	14	15	16	17	18	19	20
⑤	②	④	④	①	③	③	④	②	③	③	③	④	④	③	③	③	④	③	①
21	22	23	24	25	26	27	28	29	30	31	32	33	34	35	36	37	38	39	40
④	②	④	③	②	③	②	③	④	③	②	③	②	①	④	④	④	①	④	③
41	42	43	44	45	46	47	48	49	50	51	52	53	54	55	56	57	58	59	60
①	⑤	④	⑤	④	③	③	③	①	②	①	①	④	①	③	①	①	②	⑤	②
61	62	63	64	65	66	67	68	69	70										
⑤	②	④	④	①	⑤	⑤	③	②	①										

01

정답 ⑤

- 남학생 5명 중 2명을 선택하는 경우의 수 : $_5C_2 = \dfrac{5 \times 4}{2 \times 1}$

- 여학생 3명 중 2명을 선택하는 경우의 수 : $_3C_2 = \dfrac{3 \times 2}{2 \times 1}$

- 이 4명을 한 줄로 세우는 경우의 수 : $4!$

$_5C_2 \times _3C_2 \times 4! = 10 \times 3 \times 24 = 720$

따라서 남학생 중 2명을 뽑고, 여학생 중 2명을 뽑아 한 줄로 세우는 경우의 수는 총 720가지이다.

02

정답 ②

주어진 조건에 따라 A, B, C, D의 사무실 위치를 정리하면 다음과 같다.

구분	2층	3층	4층	5층
경우 1	부장	B과장	대리	A부장
경우 2	B과장	대리	부장	A부장
경우 3	B과장	부장	대리	A부장

따라서 B가 과장이므로 대리가 아닌 A는 부장의 직책을 가진다.

[오답분석]
① C의 직책은 알 수 없다.
③ B는 2층 또는 3층에 근무한다.
④ 대리는 3층 또는 4층에 근무한다.
⑤ A부장 외의 또 다른 부장은 2층, 3층 또는 4층에 근무한다.

03

• GDP

한 국가의 국경 안에서 만들어진 최종생산물의 가치를 합한 것이다. 원자재와 중간재는 고려하지 않으며, 외국에서 벌어서 외국에서 소진하는 소비자의 글로벌화가 진행되면서 유용해졌다.

• GNP

한 국가의 국민이 만들어낸 총생산으로 외국에 있는 국민이 만든 것 또한 포함한다. 중간생산물의 가치는 제한 수치이며, 감가상각액을 빼면 국민순생산(NNP)이 된다.

04

정답 ④

제시문은 사회서비스에 대한 정의와 다양한 방식을 소개하며, 이를 통해 알 수 있는 사회서비스의 의의를 알리고 있다.
따라서 (라) 사회서비스의 정의 – (가) 사회서비스의 다양한 방식 – (다) 최근 사회서비스의 경향 – (나) 이를 통해 알 수 있는 사회서비스의 의의 순으로 나열하는 것이 적절하다.

05

정답 ①

기업이 은행 등 금융회사를 통해 자금을 조달하는 것을 간접금융이라고 하며, 은행은 크게 상업은행과 투자은행으로 구분된다. 상업은행은 개인이나 기업을 상대로 예금을 받고 대출하는 업무를 하는 시중은행을 의미하고, 투자은행은 주로 기업을 상대로 영업하며, 주식이나 채권 등의 인수 및 판매, 기업공개, 인수합병 등을 주관하고 자문하는 은행을 말한다. 참고로 직접금융이란 기업이 자금주로부터 직접 자금을 조달하는 것을 의미하며, 주식, 회사채, 신주인수권부사채 등의 발행이 해당된다.

06

정답 ③

ㄱ. 근로자가 총 100명이고, 전체에게 지급된 임금의 총액이 2억 원이므로 근로자 1명당 평균 월 급여액은 $\frac{2억 \ 원}{100명}=200$만 원이다.

ㄴ. 월 210만 원 이상 급여를 받는 근로자 수는 26+22+8+4=60명이다. 따라서 총 100명의 절반인 50명보다 많으므로 옳은 설명이다.

오답분석

ㄷ. 월 180만 원 미만의 급여를 받는 근로자 수는 6+4=10명이다. 따라서 전체 근로자 중 $\frac{10}{100}\times100=10\%$의 비율을 차지하고 있으므로 옳지 않은 설명이다.

07

정답 ③

처음 수의 일의 자릿수를 x라고 하면 다음과 같은 식이 성립한다.
$80+x=10x+8+27$
$9x=45$
$\therefore \ x=5$
따라서 처음 수는 85이다.

08

정답 ④

상품설명 내 '가입금액'란에 따르면 '계약기간 3/4 경과 후 적립할 수 있는 금액은 이전 적립누계액의 1/2 이내'라고 했기 때문에 12개월의 3/4인 9개월을 경과하지 않은 8개월째는 조건에 해당하지 않는다.

제1회 최종점검 모의고사 • 53

09

정답 ②

제시문은 사회보장제도가 무엇인지 정의하고 있으므로 제목으로는 사회보장제도의 의의가 가장 적절하다.

[오답분석]

① 두 번째 문단에서만 사회보험과 민간보험의 차이점을 언급하고 있다.

③ 제시문은 우리나라만의 사회보장에 대한 내용이 아니다.

④ 대상자를 언급하고 있지만 글 내용의 일부로, 글의 전체적인 제목으로는 적절하지 않다.

⑤ 제시문에서 소득보장에 대해서는 언급하고 있지 않다.

10

정답 ③

기말현금＝기초현금＋영업활동으로 인한 현금흐름＋투자활동으로 인한 현금흐름＋재무활동으로 인한 현금흐름

3,000＝1,000＋500＋800＋재무활동으로 인한 현금흐름

따라서 재무활동으로 인한 현금흐름＝700이다.

11

정답 ③

문제에서 주어진 단서를 분석하면 다음과 같다.

• 비밀번호를 구성하는 숫자는 소수가 아니므로 (0, 1, 4, 6, 8, 9) 중에서 4자리 조합이다.

  (소수 : 1과 자기 자신만으로 나누어지는 1보다 큰 양의 정수 예 2, 3, 5, 7, …)

• 비밀번호는 짝수로 시작하며 가장 큰 수부터 차례로 4가지 숫자가 나열되므로, 9는 제외되고 8 또는 6으로 시작한다.

• 단, 8과 6은 단 하나만 비밀번호에 들어가므로 서로 중복하여 사용할 수 없다. 따라서 8410 또는 6410이라는 두 가지 숫자의 조합밖에 나오지 않는다.

[오답분석]

① 두 비밀번호 모두 0으로 끝나므로 짝수이다.

② 두 비밀번호의 앞에서 두 번째 숫자는 4이다.

④ 두 비밀번호 모두 1을 포함하지만 9는 포함하지 않는다.

⑤ 두 비밀번호 중에서 작은 수는 6410이다.

12

정답 ③

• 자산＝자본＋부채

• 자본＝자본금＋자본잉여금＋이익잉여금(당기순이익 포함)

  유상증자를 하면 자본금과 자본잉여금이 증가하고, 이익이 늘어나면 이익잉여금이 증가한다. 주식배당을 하면 이익잉여금이 줄어든 만큼 자본금이 증가하므로 자본은 불변한다. 단, 현금배당을 하면 이익잉여금은 감소하게 된다.

• 1,500억 원＝800억 원＋당기순이익＋500억 원

∴ 당기순이익＝200억 원

13

정답 ④

a	n
5	50
5＋(5＋1)＝11	50－1＝49
11＋(11＋1)＝23	49－1＝48
23＋(23＋1)＝47	48－1＝47
47＋(47＋1)＝95	47－1＝46

∴ 95×46＝4,370

14

전세금 총액이 지원 한도액인 2.0억 원의 200%인 4.0억 원까지 가능한 것이며, 지원 한도액은 최대 2.0억 원이다.

15

A와 B의 매달 상환해야 하는 금액을 각각 a, b원이라고 하자.
• A의 경우

	1달 후	2달 후	…	11달 후	12달 후
	a	$a(1.02)$	…	…	$a(1.02)^{11}$
		a	…	…	$a(1.02)^{10}$
					…
				a	$a(1.02)$
					a
300	300(1.02)	…	…	…	$300(1.02)^{12}$

12달 후의 a에 대한 마지막 항들을 모두 합하면 A가 내야 할 총금액이 나온다(등비수열의 합 공식을 이용한다).

$$a \times \frac{(1.02)^{12}-1}{1.02-1} = 300 \times (1.02)^{12} \;\rightarrow\; a \times \frac{0.27}{0.02} = 300 \times 1.27 \;\rightarrow\; a \fallingdotseq 28만\ 원$$

그러므로 A는 한 달에 28만 원을 낸다.
• B의 경우

	1달 후	…	7달 후	…	11달 후	12달 후
			b	…	…	$b(1.02)^{5}$
						$b(1.02)^{4}$
			…		…	…
					b	$b(1.02)$
						b
300	300(1.02)	…	…	…	$300(1.02)^{11}$	$300(1.02)^{12}$

$$b \times \frac{(1.02)^{6}-1}{1.02-1} = 300 \times (1.02)^{12} \;\rightarrow\; b \times \frac{0.13}{0.02} = 300 \times 1.27 \;\rightarrow\; b \fallingdotseq 58만\ 원$$

B가 매달 내야 하는 금액은 58만 원이다.
따라서 A와 B의 1회당 갚는 돈의 차액은 58－28＝30만 원이다.

16

조건의 주요 명제들을 순서대로 논리 기호화하여 표현하면 다음과 같다.
• 두 번째 명제 : 햇살론 → (~출발적금 ∧ ~미소펀드)
• 세 번째 명제 : ~대박적금 → 햇살론
• 네 번째 명제 : 미소펀드
• 다섯 번째 명제 : (미소펀드 ∨ 출발적금) → 희망예금
네 번째 명제에 따라 미소펀드는 반드시 가입하므로, 다섯 번째 명제에 따라 출발적금 가입여부와 무관하게 희망예금에 가입하고, 두 번째 명제의 대우[(미소펀드 ∨ 출발적금) → ~햇살론]에 따라 햇살론에는 가입하지 않는다. 또한 세 번째 명제의 대우(~햇살론 → 대박적금)에 따라 대박적금은 가입하게 되므로 첫 번째 명제에 따라 미소펀드, 희망예금, 대박적금 3개를 가입하고, 햇살론, 출발적금은 가입하지 않는다.

17

정답 ③

트리플약세(Triple Weak)란 주식 및 채권 시장에서 빠져 나온 자금이 해외로 유출되어 주가·원화가치·채권가격이 동시에 하락하는 약세 금융현상을 말한다. 경제위기와 신용등급의 하락 등의 요인으로 채권가격이 떨어지면, 금리는 올라가고, 고금리는 주식시장 약세로 이어지는 것이 특징이다.

오답분석

① 그레셤의 법칙(Gresham's Law)에 대한 설명이다.
② 경제고통지수(Economic Misery Index)에 대한 설명이다.
④ 소프트 패치(Soft Patch)에 대한 설명이다.
⑤ 더블딥(Double Dip)에 대한 설명이다.

18

정답 ④

A, B기차의 속력은 일정하며 두 기차가 터널 양 끝에서 동시에 출발하면 $\frac{1}{3}$ 지점에서 만난다고 했으므로 두 기차 중 하나는 다른 기차 속력의 2배인 것을 알 수 있다. 또한, A기차보다 B기차가 터널을 통과하는 시간이 짧으므로 B기차의 속력이 더 빠르다. A기차의 길이를 xm, 속력을 ym/s라고 하면 B기차의 속력은 $2y$m/s이다.

$570+x=50\times y \cdots \textcircled{\footnotesize ㄱ}$
$570+(x-60)=23\times 2y \cdots \textcircled{\footnotesize ㄴ}$
$\textcircled{\footnotesize ㄱ}$과 $\textcircled{\footnotesize ㄴ}$을 연립하면
$60=4y \rightarrow y=15$
이를 $\textcircled{\footnotesize ㄱ}$에 대입하면
$x=50\times 15-570 \rightarrow x=180$
따라서 A기차의 길이는 180m이다.

19

정답 ③

전년에 비해 재료비가 감소한 해는 2017년, 2018년, 2021년, 2024년이다.
따라서 4개 연도 중 비용 감소액이 가장 큰 해는 2021년이며, 전년보다 $20,000-17,000=3,000$원 감소했다.

20

정답 ①

'황량한'은 황폐하여 거칠고 쓸쓸함을 의미한다.

21

정답 ④

제품코드(A2:A6)가 1로 끝나는 제품의 예정 생산량(B2:B6) 평균을 구하는 수식은 △(A2:A6,"*1",B2:B6)이다.

오답분석

① 실제 생산량의 합은 ♡(C2:C6)으로 구할 수 있다.
② 예정 생산량의 평균은 ■(B2:B6)으로 구할 수 있다.
③ 원래 생산하기로 예정되어 있던 제품의 총생산량은 예정 생산량을 모두 더한 값으로 ♡(B2:B6)이다.
⑤ 조건에 부합하는 셀의 합을 구하는 문항이므로 함수 ⓢ을 사용해야 한다.

22

정답 ②

국제금융시장을 이동하는 단기자금을 핫머니(Hot Money)라고 한다. 각국의 단기금리의 차이·환율의 차이에 의한 투기적 이익을 목적으로 하는 것과 국내통화 불안을 피하기 위한 자본도피 등 2가지가 있다.

① 마진머니(Margin Money) : 보증금 또는 증거금
③ 스마트머니(Smart Money) : 고수익을 위해 장세의 변화에 따라 신속하게 움직이는 자금
④ 시드머니(Seed Money) : 부실기업을 정리할 때 덧붙여 해주는 신규대출
⑤ 쿨머니(Cool Money) : 가난구제나 빈민층 교육 및 도시빈민촌 환경개선 같은 공익적 사업을 사적 이윤을 추구하는 기업 형태로 운영하는 미래지향적 자본

23 정답 ④

• 세 번째 조건 : A가 받는 상여금은 75만 원이다.
• 네 번째, 여섯 번째 조건 : (B의 상여금)＜(C의 상여금), (B의 상여금)＜(D의 상여금)＜(E의 상여금)이므로 B가 받는 상여금은 25만 원이다.
• 다섯 번째 조건 : C가 받는 상여금은 50만 원 또는 100만 원이다.
이를 정리하여 가능한 경우를 표로 나타내면 다음과 같다.

구분	A	B	C	D	E
경우 1	75만 원	25만 원	50만 원	100만 원	125만 원
경우 2	75만 원	25만 원	100만 원	50만 원	125만 원

따라서 C의 상여금이 A보다 많은 경우는 경우 2로 이때, B의 상여금(25만 원)은 C의 상여금(100만 원)의 25%이다.

① 어떠한 경우에도 A와 B의 상여금은 각각 75만 원, 25만 원이므로 A의 상여금은 반드시 B보다 많다.
② C의 상여금은 경우 1에서 50만 원으로 두 번째로 적고, 경우 2에서 100만 원으로 두 번째로 많다.
③ 모든 경우에서 A를 제외한 나머지 4명의 상여금 평균은 $\dfrac{25만+50만+100만+125만}{4}=75만원$이므로 A의 상여금과 같다.
⑤ C의 상여금이 D보다 적은 경우는 경우 1로 이때, D의 상여금(100만 원)은 E의 상여금(125만 원)의 80%이다.

24 정답 ③

순현재가치법(순현가법)에서 현재가치의 산정은 매년 수익의 현재가치와 매도금액의 현재가치를 각각 구하면 된다.
이때 다음 식에 따라 일시불의 현가계수와 연금의 현가계수를 각각 사용한다.
NPV＝48억 원×3.3522＋10억×0.4672－210억 원＝－44.4224억 원
따라서 이 투자안의 순현가는 약 －44억 원이다.

25 정답 ②

2019년부터 2024년의 당기순이익을 매출액으로 나눈 수치는 다음과 같다.

• 2019년 : $\dfrac{170}{1,139}\fallingdotseq0.15$

• 2020년 : $\dfrac{227}{2,178}\fallingdotseq0.1$

• 2021년 : $\dfrac{108}{2,666}\fallingdotseq0.04$

• 2022년 : $-\dfrac{266}{4,456}\fallingdotseq-0.06$

• 2023년 : $\dfrac{117}{3,764}\fallingdotseq0.03$

• 2024년 : $\dfrac{65}{4,427}\fallingdotseq0.01$

따라서 2019년의 수치가 가장 크므로 다음 해인 2020년의 투자규모가 가장 크다.

26

정답 ③

2019년부터 공정자산총액과 부채총액의 차를 순서대로 나열하면 952, 1,067, 1,383, 1,127, 1,864, 1,908이다.

[오답분석]

① 2022년에는 자본총액이 전년 대비 감소했다.
② 직전 해에 비해 당기순이익이 가장 많이 증가한 해는 2023년이다.
④ 총액 규모가 가장 큰 것은 공정자산총액이다.
⑤ 2023년 대비 2024년에 자본총액은 증가하였지만 자본금은 감소하였으므로 자본액 중 자본금이 차지하는 비중은 감소한 것을 알 수 있다.

27

정답 ②

경기적 실업은 경기침체로 인해 유발되는 실업으로, 주로 불경기에 노동력에 대한 총수요의 부족으로 인해 발생한다. 이러한 종류의 실업은 장기적인 성질이 있기 때문에 사회적 폐해가 크다.

[오답분석]

① 구조적 실업 : 자본주의 경제구조의 변화에서 오는 실업 형태로, 산업 부문 간 노동 수급의 불균형으로 발생하는 실업
③ 마찰적 실업 : 상업 간 또는 지역 간에 노동력이 이동하는 과정에서 일시적 수급 불균형으로 인해 발생하는 실업
④ 계절적 실업 : 어떠한 산업이 계절적으로 변동했기 때문에 일어나는 단기적인 실업

28

정답 ③

직원들의 책임감(B2:B4) 평균과 협동심(C2:C4) 평균의 합인 166이 표시된다.

[오답분석]

① 근무수행 평균(F2:F4) 중 1번째로 큰 값과 1번째로 작은 값의 합인 171이 표시된다.
② 근무수행 평균(F2:F4) 중 가장 높은 점수와 가장 낮은 점수의 합인 171이 표시된다.
④ 이름이 '이'로 시작하는 직원들의 근무수행 평균(F2:F4)의 합인 176.5가 표시된다.
⑤ 이름이 '림'으로 끝나는 직원들의 근무수행 평균(F2:F4)의 합인 171이 표시된다.

29

정답 ④

주어진 조건을 정리하면 다음과 같다.

구분	1일	2일	3일	4일	5일	6일
경우 1	B	E	F	C	A	D
경우 2	B	C	F	D	A	E
경우 3	A	B	F	C	E	D
경우 4	A	B	C	F	D	E
경우 5	E	B	C	F	D	A
경우 6	E	B	F	C	A	D

따라서 B영화는 어떠한 경우에도 1일 또는 2일에 상영된다.

[오답분석]

① 경우 3 또는 4에서 A영화는 C영화보다 먼저 상영된다.
② 경우 1 또는 5, 6에서 C영화는 E보다 늦게 상영된다.
③ 경우 1 또는 3에서 폐막작으로, 경우 4 또는 5에서 5일에 상영된다.
⑤ 경우 1 또는 3에서 E영화는 개막작이나 폐막작으로 상영되지 않는다.

30

블루투스 제품이 범위 안에서 인식되지 않을 때, [3번 알림창]이 출력된다.

[오답분석]

① 블루투스 제품이 정품임을 인증받지 않았을 때, [2번 알림창]이 출력된다.
② 블루투스 제품이 스마트폰과 호환되지 않을 때, [1번 알림창]이 출력된다.
④ 기기 등록을 완료하였고 S사 회원가입에 동의하였을 때, [4번 알림창]이 출력된다.
⑤ 기기 등록을 완료하였으나 S사 회원가입에 동의하지 않았을 때, [5번 알림창]이 출력된다.

31

국내 금융기관에 대한 SWOT 분석 결과는 다음과 같다.

강점(Strength)	약점(Weakness)
• 높은 국내 시장 지배력 • 우수한 자산건전성 • 뛰어난 위기관리 역량	• 은행과 이자수익에 편중된 수익구조 • 취약한 해외 비즈니스와 글로벌 경쟁력
기회(Opportunity)	위협(Threat)
• 해외 금융시장 진출 확대 • 기술 발달에 따른 핀테크의 등장 • IT 인프라를 활용한 새로운 수익 창출	• 새로운 금융 서비스의 등장 • 글로벌 금융기관과의 경쟁 심화

ㄱ. SO전략은 강점을 살려 기회를 포착하는 전략으로, 강점인 국내 시장점유율을 기반으로 핀테크 사업에 진출하려는 ㄱ은 적절한 SO전략으로 볼 수 있다.
ㄷ. ST전략은 강점을 살려 위협을 회피하는 전략으로, 강점인 우수한 자산건전성을 강조하여 글로벌 금융기관과의 경쟁에서 우위를 차지하려는 ㄷ은 적절한 ST전략으로 볼 수 있다.

[오답분석]

ㄴ. WO전략은 약점을 강화하여 기회를 포착하는 전략이다. 그러나 위기관리 역량은 국내 금융기관이 지니고 있는 강점에 해당하므로 WO전략으로 적절하지 않다.
ㄹ. 해외 비즈니스 역량을 강화하여 해외 금융시장에 진출하는 것은 약점을 보완하여 기회를 포착하는 WO전략에 해당한다.

32

제시문은 산업 사회의 여러 가지 특징에 대해 설명함으로써 산업 사회가 가지고 있는 문제점들을 강조하고 있다. 따라서 중심 내용으로 가장 적절한 것은 '산업 사회의 특징과 문제점'이다.

33

'안압지 – 석굴암 – 첨성대 – 불국사'는 세 번째로 방문한 곳이 첨성대라면, 첫 번째로 방문한 곳은 불국사라는 다섯 번째 조건에 맞지 않는다.

34

여성 가입고객 중 예금에 가입한 인원은 35명, 적금에 가입한 인원은 30명이고, 여성 전체 고객은 50명이다. 그러므로 여성 가입고객 중 예·적금 모두 가입한 인원은 (35+30)−50=15명이다. 또한 남성 전체 고객 50명 중 예·적금 모두 가입한 인원은 20%라고 했으므로 50×0.2=10명이 된다. 따라서 전체 가입고객 100명 중 예·적금 모두 가입한 고객은 15+10=25명이므로, 비중은 $\frac{25}{100} \times 100 = 25\%$이다.

35

7월에 비해 8월에 변경된 사항을 반영하여 지급내역을 계산하고, 또한 인상된 건강보험료율은 5%이므로 3,500,000×0.05=175,000원이라는 것을 반영하면 다음과 같다.

(단위 : 원)

지급내역	기본급	1,350,000	공제내역	갑근세	900,000
	직책수당	400,000		주민세	9,000
	직무수당	450,000		건강보험	175,000
	연장근로	350,000		국민연금	135,000
	심야근로	250,000		고용보험	24,000
	휴일근로	300,000		근태공제	−
	월차수당	400,000		기타	−
	계	3,500,000		계	1,243,000

따라서 실수령액은 3,500,000−1,243,000=2,257,000원이다.

36

(가)는 기존 경제학(주류 경제학, 신고전 경제학)에 대한 반발로 물리학자들에 의해 제시된 현실 경제의 복잡한 시스템에 대한 설명이고, (나)는 (가)에서 제시한 부분인 왈라스나 애덤 스미스가 꿈꿨던 '한 치의 오차도 없이 맞물려 돌아가는 톱니바퀴' 같은 기존 경제학의 특성에 대해 구체적인 예를 들어 설명하고 있다.

37

오답분석

① ⓒ은 ⓔ 사위이다.
② ⓒ은 ⓔ의 외손주이다.
③ ㉠은 ⓒ의 처제 또는 처형이다.
⑤ ㉠은 ⓔ의 딸이다.

38

6월 11일 전체 라면 재고량을 x개라고 하자.
A, B업체의 6월 11일 라면 재고량은 각각 0.1x개, 0.09x개이므로 6월 15일 A, B업체의 재고량을 구하면 다음과 같다.
• A업체 : 0.1x+300+200−150−100=0.1x+250
• B업체 : 0.09x+250−200−150−50=0.09x−150
6월 15일에는 A업체의 재고량이 B업체보다 500개가 더 많으므로
0.1x+250=0.09x−150+500
∴ x=10,000
따라서 6월 11일 전체 라면 재고량은 10,000개이다.

39

마지막 조건에 따라 지영이는 대외협력부에서 근무하고, 다섯 번째 조건의 대우에 따라 유진이는 감사팀에서 근무한다. 그러므로 네 번째 조건에 따라 재호는 마케팅부에서 근무하며, 여섯 번째 조건에 따라 혜인이는 회계부에서 근무를 할 수 없다.

세 번째 조건에 의해 성우가 비서실에서 근무하게 되면, 희성이는 회계부에서 근무하고, 혜인이는 기획팀에서 근무하게 되며, 세 번째 조건의 대우에 따라 희성이가 기획팀에서 근무하면, 성우는 회계부에서 근무하고, 혜인이는 비서실에서 근무하게 된다. 이를 정리하면 다음과 같다.

감사팀	대외협력부	마케팅부	비서실	기획팀	회계부
유진	지영	재호	성우	혜인	희성
			혜인	희성	성우

따라서 반드시 참인 명제는 '혜인이는 회계부에서 근무하지 않는다.'이다.

오답분석
① 재호는 마케팅부에서 근무한다.
② 희성이는 회계부에서 근무할 수도 있다.
③ 성우는 비서실에서 근무할 수도 있다.
⑤ 유진이는 감사팀에서 근무한다.

40

제시문을 통해 펀드 가입 절차에 대한 내용은 찾아볼 수 없다.

오답분석
① 첫 번째 문단에서 확인할 수 있다.
② 주식 투자 펀드와 채권 투자 펀드에 대한 내용으로 확인할 수 있다.
④ 펀드에 가입하면 돈을 벌 수도 손해를 볼 수도 있다고 세 번째 문단에서 확인할 수 있다.
⑤ 마지막 문단에서 확인할 수 있다.

41

주식 투자 펀드의 수익률 차이가 심하게 나는 것은 주식이 경기 변동의 영향을 많이 받기 때문이다.

오답분석
② 채권 투자 펀드에 대한 설명이다.
③ 채권을 사서 번 이익에서 투자 기관의 수수료를 뺀 금액이 수익이 된다.
④ 주식 투자 펀드와 채권 투자 펀드 모두 투자 기관의 수수료가 존재한다.
⑤ 주식 투자 펀드에 대한 설명이다.

42

ㄷ. 케이블PP를 제외한 나머지 매체들의 광고매출액을 더하면 16,033억 원이다. 케이블PP의 광고매출액은 15,008억 원이므로 케이블PP의 광고매출액은 매년 감소한다.
ㄹ. 모바일은 거의 2배 가까이 증가한 반면, 나머지는 이에 한참 미치지 못하고 있다.

오답분석
ㄱ. 2022년의 경우 전년 대비 약 8,000억 원 증가하였고, 2023년과 2024년에는 약 9,000억 원씩 증가하였다. 이는 각각 28,659억 원, 36,618억 원, 45,678억 원의 0.3배보다 작다.
ㄴ. 2022년 방송 매체 중 지상파TV 광고매출액이 차지하는 비중은 약 $\frac{14}{35}$ 이고, 온라인 매체 중 인터넷(PC)이 차지하는 비중은 약 $\frac{20}{57}$ 이므로 인터넷(PC) 광고매출액이 차지하는 비중이 더 작다.

43

성과급 지급 기준에 따라 각 직원의 평가항목별 점수와 평정 점수 및 이에 따른 성과급 지급액을 계산하면 다음과 같다.

(단위 : 점)

구분	업무량	업무수행 효율성	업무 협조성	업무처리 적시성	업무결과 정확성	평정 점수	성과급(만 원)
A팀장	10	10	20	12	20	72	75
B대리	8	5	15	16	20	64	45
C주임	8	25	25	4	16	78	80
D주임	10	10	20	12	8	60	45
E사원	8	25	15	16	20	84	90

ㄴ. B대리와 D주임은 둘 다 45만 원의 성과급을 지급받는다.
ㄹ. E사원은 90만 원으로 팀원들 중 가장 많은 성과급을 지급받는다.

오답분석

ㄱ. 성과급은 평정 점수 자체가 아닌 그 구간에 따라 결정되므로 평정 점수는 달라도 지급받는 성과급이 동일한 직원들이 있을 수 있다. B대리는 D주임보다 평정 점수가 더 높지만 두 직원은 동일한 성과급을 지급받는다.
ㄷ. A팀장의 성과급은 75만 원으로, D주임이 지급받을 성과급의 2배인 45만 원×2=90만 원 이하이다.

44

수정된 성과 평가 결과에 따라 각 직원의 평정 점수와 성과급을 정리하면 다음과 같다.

(단위 : 점)

구분	업무량	업무수행 효율성	업무 협조성	업무처리 적시성	업무결과 정확성	평점 점수	성과급(만 원)
A팀장	10	10	20	12	20	72	75
B대리	6	5	15	16	20	62	45
C주임	8	25	25	16	16	90	90
D주임	10	5	20	12	8	55	45
E사원	8	25	15	16	12	76	80

따라서 두 번째로 많은 성과급을 지급받는 직원은 80만 원을 지급받는 E사원이다.

45

웨스트팔리아체제라 부르는 주권국가 중심의 현 국제정치질서에서는 주권존중, 내정 불간섭 원칙이 엄격히 지켜진다. 그러나 인권보호질서는 아직 형성과정에 있으며 주권국가 중심의 현 국제정치질서와 충돌하고 있다. 따라서 인권보호질서가 내정 불간섭 원칙의 엄격한 준수를 요구한다는 것은 제시문의 내용으로 적절하지 않다.

46

5만 미만에서 10만~50만 미만의 투자 건수 비율을 합하면 된다. 따라서 28+20.9+26=74.9%이다.

47

100만~500만 미만에서 500만 미만의 투자 건수 비율을 합하면 11.9+4.5=16.4%이다.

62 · 신한은행 SLT 필기시험

48

③은 성명(C2:C7)이 '이'로 시작하고 소속(B2:B7)이 '기획'인 직원 수를 구하는 수식이다(1 – 이지은).

[오답분석]

① 사원번호(A2:A7)에서 왼쪽을 기준으로 1 ~ 4번째 문자를 반환했을 때 그 수가 '2017'이거나 소속(B2:B7)이 '기업영업'인 직원은 TRUE를 출력한다(2 – 오지훈, 이여름).
② 사원번호(A2:A7)에서 오른쪽을 기준으로 1 ~ 3번째 문자를 반환했을 때 그 수가 400 이상이고, 소속(B2:B7)이 '마케팅'인 직원은 TRUE를 출력한다(2 – 김성규, 이여름).
④ 참여 유무(D2:D7)가 '불참'인 직원 수를 구하는 수식은 ＝△(D2:D7,"불참")이다.
⑤ 성명(C2:C7)이 '영'으로 끝나는 직원 수를 구하는 수식이다(2 – 박진영, 장나영).

49

조직이해능력과 문제해결능력 점수의 합은 다음과 같다.
• A : 74＋84＝158점
• B : 82＋99＝181점
• C : 66＋87＝153점
• D : 53＋95＝148점
• E : 92＋91＝183점
• F : 68＋100＝168점
• G : 80＋92＝172점
따라서 높은 점수를 받아 총무팀에 배치될 사람은 B, E이다.

50

개인별 필기시험과 면접시험 총점에 가중치를 적용하여 환산 점수를 계산하면 다음과 같다.

(단위 : 점)

구분	필기시험 총점	면접시험 총점	환산 점수
A	92＋74＋84＝250	60＋90＝150	250×0.7＋150×0.3＝220
B	89＋82＋99＝270	80＋90＝170	270×0.7＋170×0.3＝240
C	80＋66＋87＝233	80＋40＝120	233×0.7＋120×0.3＝199.1
D	94＋53＋95＝242	60＋50＝110	242×0.7＋110×0.3＝202.4
E	73＋92＋91＝256	50＋100＝150	256×0.7＋150×0.3＝224.2
F	90＋68＋100＝258	70＋80＝150	258×0.7＋150×0.3＝225.6
G	77＋80＋92＝249	90＋60＝150	249×0.7＋150×0.3＝219.3

따라서 환산 점수에서 최저점을 받아 채용이 보류되는 사람은 199.1점의 C이다.

51

제시된 정보를 수식으로 비교해 보면 다음과 같다.
A>B, D>C, F>E>A, E>B>D
∴ F>E>A>B>D>C
따라서 실적이 가장 높은 외판원은 F이다.

52

(가) 문단의 마지막 문장에서 곰돌이 인형이 말하는 사람에게 주의를 기울여준다고 했으므로 그다음으로 그 이유를 설명하는 보기가 오는 것이 적절하다.

53

정답 ④

다른 직원들의 휴가 일정이 겹치지 않고, 주말과 공휴일이 아닌 평일이며, 전체 일정도 없는 20 ~ 21일이 김대리의 휴가 일정으로 적절하다.

오답분석

① 7월 1일은 김사원의 휴가이므로 휴가일로 적절하지 않다.
② 7월 4일은 S은행 전체 회의가 있어 휴가일로 적절하지 않다.
③ 7월 9일은 주말이므로 휴가일로 적절하지 않다.
⑤ 7월 29일은 유부장의 휴가일이며, 30일은 주말이므로 휴가일로 적절하지 않다.

54

정답 ①

전체 회의와 주말을 제외하면 7월에 휴가를 사용할 수 있는 날은 총 20일이다.
따라서 직원이 총 12명이므로 한 사람당 1일을 초과할 수 없다.

55

정답 ③

'서비스 이용조건'에서 무이자할부 등의 이용금액은 적립 및 산정 기준에서 제외된다고 하였으므로 자동차의 무이자할부 구매금액은 적립을 받을 수 없다.

오답분석

① '전 가맹점 포인트 적립 서비스'에서 가맹점에서 10만 원 이상 사용했을 때, 적립 포인트는 이용금액의 1%이다.
② '바우처 서비스'에서 카드 발급 초년도 1백만 원 이상 이용 시 신청이 가능하다고 했으므로 K대리는 바우처를 신청할 수 있다.
④ '보너스 캐시백'을 보면 매년 1회 연간 이용금액에 따라 캐시백이 제공된다. 따라서 K대리가 1년간 4천만 원을 사용했을 경우 3천만 원 이상으로 5만 원을 캐시백으로 받을 수 있다. 매년 카드 발급월 익월 15일에 카드 결제계좌로 입금이 되어 2025년 10월 15일에 입금이 된다.
⑤ '바우처 서비스'에서 바우처 신청 기간 내 미신청 시 혜택이 소멸한다고 하였으며, 그 기간은 매년 카드 발급월 익월 1일부터 12개월로 지정하고 있다.

56

정답 ①

K대리가 11월 '위 카드' 사용내역서에서 '서비스 이용조건'에 제시된 이용금액이 적립 및 산정 기준에서 제외되는 경우는 무이자할부, 제세공과금, 카드론(장기카드대출), 현금 서비스(단기카드대출)이다. 이 경우를 제외하고, 전 가맹점에서 10만 원 미만 0.7%, 10만 원 이상 1%이며, 2만 원 이상 즉시결제 서비스 이용 시 0.2%가 적립된다.

가맹점명	사용금액	비고	포인트 적립
○○가구	200,000원	3개월 무이자 할부	무이자할부 제외
A햄버거 전문점	12,000원		0.7%
지방세	2,400원		제세공과금 제외
현금 서비스	70,000원		현금 서비스 제외
C영화관	40,000원		0.7%
◇◇할인점	85,000원		0.7%
카드론(대출)	500,000원		카드론 제외
M커피	27,200원	즉시결제	0.2%
M커피	19,000원	즉시결제	2만 원 미만으로 적립 제외
△△스시	100,000원		1%

따라서 K대리가 11월에 적립하는 포인트는 {(12,000+40,000+85,000)×0.007}+(27,200×0.002)+(100,000×0.01) =959+54.4+1,000=2,013.4점이다.

57

제시문은 '휴리스틱'의 개념 설명을 시작으로 휴리스틱을 이용하는 방법인 '이용가능성 휴리스틱'에 대한 설명과 휴리스틱의 문제점인 '바이어스(Bias)'의 개념을 연이어서 설명한다. 즉, '휴리스틱'에 대한 정보의 폭을 넓혀가며 설명하고 있다. 따라서 논지 전개 방식으로 가장 적절한 것은 ①이다.

58

모집단에서 크기 n인 표본을 추출하고, 모표준편차를 σ이라고 할 때, 표본표준편차는 $\frac{\sigma}{\sqrt{n}}$이다.

따라서 표본크기 n은 64, 모표준편차 σ는 4이므로 표본표준편차는 $\frac{\sigma}{\sqrt{n}} = \frac{4}{\sqrt{64}} = \frac{4}{8} = 0.5$이다.

59

정보를 모두 논리 기호화하면 다음과 같다.
- A
- $\sim$B → $\sim$D
- $\sim$C → E
- C, D 중 1명 이상
- $\sim$D → $\sim$A

A팀장이 참석하면, 다섯 번째 조건의 대우가 A → D이므로 D주임도 참석하고, 두 번째 조건의 대우인 D → B에 따라 B대리도 참석한다.

따라서 A팀장이 반드시 참석하므로 B대리, D주임은 어떤 경우에도 참석하며, C와 E의 경우 C주임의 참석 여부에 따라 경우가 나뉜다.

1) C주임이 참석하는 경우

　C주임이 참석하는 경우, E사원의 참석 여부는 알 수 없다.

　따라서 C주임이 참석하면서 E사원이 참석하지 않는 경우와 C주임이 참석하고 E사원도 참석하는 경우 두 가지가 가능하다.

2) C주임이 참석하지 않는 경우

　C주임이 참석하지 않는 경우, 세 번째 조건에 따라 E사원은 참석한다.

　따라서 이를 고려하면 A팀장, B대리, D주임은 반드시 참석하며, C주임과 E사원도 둘 중 1명은 참석하므로 적어도 4명은 참석한다.

[오답분석]
① 위 설명에 따르면 D주임이 참석하므로 B대리는 반드시 참석한다.
② B대리는 반드시 참석하지만, C주임은 참석하지 않는 경우가 있다.
③ E사원이 참석하지 않는 경우도 있다.
④ D주임은 반드시 참석하지만, C주임이 참석하지 않는 경우가 있다.

60

임대보증금 전환은 연 1회 가능하므로 다음 해에 전환할 수 있다.

1년 동안 A대학생이 내는 월 임대료는 500,000×12=6,000,000원이고, 이 금액에서 최대 56%까지 보증금으로 전환이 가능하므로 6,000,000×0.56=3,360,000원을 보증금으로 전환할 수 있다. 보증금에 전환이율 6.72%를 적용하여 환산한 환산보증금은 3,360,000÷0.0672=50,000,000원이 된다. 따라서 월세를 최대로 낮췄을 때의 월세는 500,000×(1−0.56)=220,000원이며, 보증금은 현재 보증금 3천만 원에 환산보증금 5천만 원을 추가하여 8천만 원이 된다.

61

정답 ⑤

명시적 인센티브 계약을 하면 성과에 기초하여 명시적인 인센티브가 지급된다. 그러므로 성과를 측정하기 어려운 업무를 근로자들이 등한시하게 되는 결과를 초래할 수 있다. 따라서 성과를 측정하기 어려운 업무에 종사하는 근로자에 대한 보상에서는 암묵적인 인센티브가 더 효과적이다.

[오답분석]
① 첫 번째 문단에서 확인할 수 있다.
② 세 번째 문단에서 확인할 수 있다.
③ 두 번째 문단에서 확인할 수 있다.
④ 마지막 문단에서 확인할 수 있다.

62

정답 ②

암묵적 계약은 객관적으로 확인할 수 있는 조건보다는 주관적인 평가에 기초한 약속이다.

63

정답 ④

최고기온(B2:B8)에서 최저기온(C2:C8)을 뺀 값 중 가장 큰 값을 함수 ▲를 사용해서 구하는 수식이다.

[오답분석]
① 월요일의 최저기온 합을 구하는 수식이다.
② 월요일의 일교차를 구하는 수식이다.
③ 월요일의 최고기온과 최저기온 합을 구하는 수식이다.
⑤ 요일별 최저기온 중 가장 작은 값을 구하는 함수이다.

64

정답 ④

진영이는 데이터 리필과 관련한 내용을 문의하기 위해 고객센터에 전화했다. 따라서 No → No → No → Yes 순으로 처리되어 4번이 출력된다.

65

정답 ①

보기는 ◇◇마트에서 결제 후 받은 메일이다. 따라서 No → No → Yes 순으로 처리되어 보기는 [청구・결제 메일함]에 보관된다.

66

정답 ⑤

ㄴ. 초평면은 기본적으로 선형 공간이므로, 데이터의 분포가 선형으로 분류되지 않을 때에는 성능이 떨어질 수 있다. 이러한 선형 SVM의 한계는 커널(Kernel)이라는 매핑 함수를 도입해서 비선형 분할선을 정의함으로써 해결되는데, 대표적인 비선형 함수로는 n차 다항 함수, RBF(방사 기저 함수) 등이 있다.

ㄷ. SVM의 목적은 n차원의 데이터 공간에서 샘플 그룹들을 구분해 내는 최적(Optimal)의 분할선을 찾아내는 것이다. SVM은 커널 함수를 어떻게 정의하는가에 따라 선형 또는 비선형 분할선을 가진다.

ㄹ. 선형 SVM의 경성(Hard) 마진은 두 클래스를 분류할 수 있는 최대 마진의 초평면을 찾는 방법으로서, 오분류(오차)를 전혀 허용하지 않는다. 그러나 모든 데이터를 선형으로 오분류 없이 나눌 수 있는 결정 경계를 찾는 것은 지극히 어려운데, 경계가 너무 복잡해지고 과적합(Overfitting)의 우려가 있다. 따라서 일반적으로는 약간의 오분류를 허용하는 연성(Soft) 마진을 사용한다.

ㄱ. 서포트 벡터 머신(SVM)은 주어진 샘플 그룹에 대해 그룹 분류(Classification) 규칙을 찾아내는 기법으로서, 기계 학습 (Machine Learning) 분야에서 분류를 위한 대표적인 알고리즘이다. 마진(Margin)은 초평면(Hyperplane)에 의해 분리된 클래스들 중 초평면과 가장 가까운 클래스와 초평면 사이의 거리를 뜻한다. SVM은 마진을 극대화하는 경계선을 찾아 데이터 분류의 오차 범위를 최소화한다. 즉, SVM이 지향하는 최적의 분할선의 성질은 초평면들 중 최대의 마진을 갖는 초평면이다.

67

정답 ⑤

지원씨는 평가시험 점수가 평균 이상이고(Yes →), 4년의 경력(Yes → Yes →)과 관련 자격증(Yes →)을 가지고 있으므로 코스 E가 출력된다.

68

정답 ③

용수는 홀수 반에 짝수 번이므로 신체검사 순서는 (Yes →) 시력 → 악력, (No →) 청력 → 체중 / 키이다.

69

정답 ②

본인의 월평균소득이 전년도 도시근로자 1인 가구 월평균소득의 100%를 초과하더라도, 2순위 자격요건은 본인과 부모의 월평균소득의 합산한 금액을 기준으로 하므로 입주대상이 될 수 있다.

① 만 19세 이상이어야 하며, 고등학교를 졸업 혹은 중퇴한 지 2년 이내인 경우에만 입주대상에 해당된다.
③ 2순위와 3순위 입주대상자 모두 보증금 200만 원을 납부하게 된다.
④ 자동차가액이 3,496만 원을 초과하여 2 ~ 3순위의 자동차가액 기준 자산 요건을 모두 불충족하므로, 입주대상에 해당되지 않는다.
⑤ 최초 계약을 포함하여 2년 단위로 총 3회 계약이 가능하므로 최대 6년간 거주가 가능하다.

70

정답 ①

• 민우 : 3순위 자격요건을 충족하고 있으나, 자산 요건 기준인 25,400만 원을 초과한 현금자산을 보유하고 있으므로 입주대상에 해당되지 않는다.
• 정아 : 청년매입임대주택은 미혼 청년을 입주대상으로 하고 있으므로, 차상위계층 가구에 해당되더라도 해당 사업의 대상이 될 수 없다.

• 소현 : 3순위 입주대상에 해당된다.
• 경범 : 2순위 입주대상에 해당된다.

01	02	03	04	05	06	07	08	09	10	11	12	13	14	15	16	17	18	19	20
④	②	④	④	③	②	⑤	③	③	④	①	⑤	③	①	②	②	③	①	①	②
21	22	23	24	25	26	27	28	29	30	31	32	33	34	35	36	37	38	39	40
④	⑤	②	③	②	④	②	④	②	②	②	①	④	⑤	④	④	④	④	②	①
41	42	43	44	45	46	47	48	49	50	51	52	53	54	55	56	57	58	59	60
③	③	⑤	①	⑤	④	⑤	⑤	②	②	②	⑤	⑤	④	⑤	④	⑤	②	④	③
61	62	63	64	65	66	67	68	69	70										
⑤	①	②	⑤	③	②	③	③	③	⑤										

01

정답 ④

10월 20 ~ 21일은 주중이며, 출장 혹은 연수 일정이 없고, 부서이동 전에 해당되므로 김인턴이 경기본부의 파견 근무를 수행할 수 있는 일정이다.

오답분석

① 10월 6 ~ 7일은 김인턴의 연수 참석 기간이므로 파견 근무를 진행할 수 없다.
② 10월 11 ~ 12일은 주말인 11일을 포함하고 있다.
③ 10월 14 ~ 15일 중 15일은 목요일로, 김인턴이 H본부로 출장을 가는 날짜이다.
⑤ 10월 27 ~ 28일은 김인턴이 27일부터 부서를 이동한 이후이므로, 김인턴이 아니라 후임자가 경기본부로 파견 근무를 간다.

02

정답 ②

100만 원을 맡겨서 다음 달에 104만 원이 된다는 것은 이자율이 4%라는 의미이다.
50만 원을 입금하면 다음 달에는 (원금)+(이자액)=52만 원이 된다.
따라서 다음 달 잔액은 52−30=22만 원이고, 그 다음 달 총잔액은 220,000×1.04=228,800원이 된다.

03

정답 ④

혁신도시개발의 매출총이익의 크기는 법인세비용 차감 전 순이익의 $\frac{771}{903} \times 100 ≒ 85.4\%$이므로 75% 이상이다.

오답분석

① 주택관리사업의 판매비와 관리비는 공공주택사업의 판매비와 관리비의 $\frac{1,789}{2,764} \times 100 ≒ 64.7\%$로 80% 미만이다.
② 금융원가가 가장 높은 사업은 주택관리사업이고, 기타수익이 가장 높은 사업은 일반사업이므로 순위는 동일하지 않다.
③ 행정중심복합도시의 영업이익이 2024년 총 영업이익에서 차지하는 비율은 $\frac{2,976}{26,136} \times 100 ≒ 11.4\%$로 20% 미만이다.
⑤ 산업단지개발의 매출원가는 일반사업의 매출원가의 $\frac{4,436}{56,828} \times 100 ≒ 7.8\%$로 15% 미만이다.

04

기업이 글로벌 전략을 수행하면 외국 현지법인과의 커뮤니케이션 비용이 증가하고 외국의 법률이나 제도 개편 등 기업 운영상 리스크에 대한 본사 차원의 대응 역량이 더욱 요구되므로, 경영상의 효율성은 오히려 낮아질 수 있다.

[오답분석]

① 글로벌 전략을 통해 대량생산을 통한 원가절감, 즉 규모의 경제를 이룰 수 있다.

② 글로벌 전략을 통해 세계 시장에서 외국 기업들과의 긴밀한 협력이 가능하다.

③ 외국의 무역장벽이 높으면, 국내 생산 제품을 수출하는 것보다 글로벌 전략을 통해 외국에 직접 진출하는 것이 효과적일 수 있다.

⑤ 글로벌 전략을 통해 국내보다 상대적으로 인건비가 저렴한 국가의 노동력을 고용하여 원가를 절감할 수 있다.

05

가장 먼저 물건을 고를 수 있는 동성이가 세탁기를 받을 경우와 컴퓨터를 받을 경우 두 가지로 나누어 생각해 볼 수 있다.
- 동성이가 세탁기를 받을 경우 : 현규는 드라이기를 받게 되고, 영희와 영수는 핸드크림 또는 로션을 받게 되며, 미영이는 컴퓨터를 받게 된다.
- 동성이가 컴퓨터를 받을 경우 : 동성이의 다음 순서인 현규가 세탁기를 받을 경우와 드라이기를 받을 경우로 나누어 생각해 볼 수 있다.
  - 현규가 세탁기를 받을 경우 : 영희와 영수는 로션 또는 핸드크림을 각각 가지게 되고, 미영이는 드라이기를 받게 된다.
  - 현규가 드라이기를 받을 경우 : 영희와 영수는 로션 또는 핸드크림을 각각 가지게 되고, 미영이는 세탁기를 받게 된다.

따라서 미영이가 드라이기를 받는 경우도 존재한다.

06

미세먼지의 경우 최소 $10\mu\text{m}$ 이하의 먼지로 정의되고 있지만, 황사의 경우 주로 지름 $20\mu\text{m}$ 이하의 모래로 구분하되 통념적으로는 입자 크기로 구분하지 않는다. 따라서 $10\mu\text{m}$ 이하의 황사의 경우 크기만으로 미세먼지와 구분 짓기는 어렵다는 내용이 빈칸에 들어가는 것이 가장 적절하다.

[오답분석]

① · ⑤ 제시문을 통해서 알 수 없는 내용이다.

③ 제시문에서 미세먼지의 역할에 대한 설명을 찾을 수 없다.

④ 제시문에서 설명하는 황사와 미세먼지의 근본적인 구별법은 구성성분의 차이이다.

07

각 선택지의 값을 구하면 다음과 같다.

① 전체 오후 강설량 중 가장 작은 값과 오전 강설량 중 가장 큰 값을 구해 합을 구하는 함수이다. 따라서 값은 $0+80=80$이다.

② 전체 오후 강설량 중 가장 작은 값과 금요일 오전 강설량과 목요일 오후 강설량의 평균값 중 큰 값을 구하는 함수이다. 이번 주 오후 강설량 중 가장 작은 값은 0이므로 금요일 오전 강설량과 목요일 오후 강설량의 평균값을 구하면 된다. 따라서 값은 $(80+40)\div2=60$이다.

③ 월~금요일의 오전 및 오후 값 중 가장 큰 값과, 수요일의 오전, 오후 총 적설량 값의 평균을 구하는 함수이다. 따라서 값은 $(90+60+70)\div2=110$이다.

④ B2:C6 범위 중 수요일이 있는 행인 4행의 데이터인 B4, C4의 합을 구하는 함수이다. 따라서 값은 $60+70=130$이다.

⑤ 전체 오전 강설량의 평균값과 월요일 오전과 오후 강설량 중 가장 작은 값의 차를 구하는 함수이다. 따라서 값은 $(50+30+60+30+80)\div5-0=50$이다.

따라서 ⑤가 가장 작은 값을 출력한다.

08

정답 ③

여러 통화로 표시된 판매단가를 USD 기준으로 바꾸면 다음과 같다.

구분	A기업	B기업	C기업	D기업	E기업
판매단가(a)	8USD	50CNY	270TWD	30AED	550INR
교환비율(b)	1	6	35	3	70
(a)÷(b)	8	8.33⋯	7.71⋯	10	7.85⋯

따라서 C기업의 판매단가가 가장 경쟁력이 높다.

09

정답 ③

조건에 따라 접근성을 고려하지 않으며, 환경영향력의 등급이 최저등급인 참가자를 제외한다.

구분	예상 소모비용 (만 원/월)	경제성	노동효율	환경영향력
가	500	A	A	C
나	750	B	B	A
다	900	C	A	A
라	600	B	B	B
마	850	B	C	A
바	950	C	B	A
사	550	A	A	C
아	800	B	A	A
자	700	A	B	B

환경영향력을 제외한 분야 중에서 어느 한 분야라도 최고등급이 없는 참가자를 제외한다.

구분	예상 소모비용 (만 원/월)	경제성	노동효율	환경영향력
나	750	B	B	A
다	900	C	A	A
라	600	B	B	B
마	850	B	C	A
바	950	C	B	A
아	800	B	A	A
자	700	A	B	B

따라서 채택된 참가자는 다, 아, 자이므로, 참가자가 제시한 아이디어의 예상 소모비용의 합은 900+800+700=2,400만 원/월이다.

10

정답 ④

ㄱ. 지분율 상위 4개 회원국은 중국, 인도, 러시아, 독일이다. 네 국가의 투표권 비율을 합하면 26.06+7.51+5.93+4.15=43.65%로 40% 이상이다.

ㄴ. 중국을 제외한 지분율 상위 9개 회원국의 지분율과 투표권 비율의 차를 구하면 다음과 같다.

• 인도 : 8.52−7.51=1.01%p
• 러시아 : 6.66−5.93=0.73%p
• 독일 : 4.57−4.15=0.42%p
• 한국 : 3.81−3.50=0.31%p
• 호주 : 3.76−3.46=0.30%p
• 프랑스 : 3.44−3.19=0.25%p
• 인도네시아 : 3.42−3.17=0.25%p
• 브라질 : 3.24−3.02=0.22%p
• 영국 : 3.11−2.91=0.20%p

따라서 중국을 제외한 지분율 상위 9개 회원국 중 지분율과 투표권 비율의 차이가 가장 큰 회원국은 인도이다.

ㄹ. 독일과 프랑스의 지분율 합은 4.57+3.44=8.01%이다. AIIB의 자본금 총액이 2,000억 달러일 때, 독일과 프랑스가 AIIB에 출자한 자본금의 합이 x억 달러라고 하면 다음과 같다.

$$8.01=\frac{x}{2,000}\times100$$

$$\therefore x=\frac{8.01\times2,000}{100}=160.2$$

따라서 160억 달러 이상이므로 옳은 설명이다.

[오답분석]
ㄷ. 지분율 상위 10개 회원국 중 A지역 회원국의 지분율 합과 B지역 회원국의 지분율 합을 구하면 다음과 같다.
 • A지역 : 30.34+8.52+3.81+3.76+3.42=49.85%
 • B지역 : 6.66+4.57+3.44+3.24+3.11=21.02%
21.02×3=63.06>49.85이므로 옳지 않은 설명이다.

11

정답 ①

제6조에 따르면 지역본부장은 부당이득 관리를 수관한 1월 3일에 납입고지를 하여야 하며, 이 경우 납부기한은 1월 13일에서 2월 2일 중에 해당될 것이므로 A는 늦어도 2월 2일 이내에 징수금을 납부하여야 한다. 따라서 ㄱ은 옳은 설명이다.

[오답분석]
ㄴ. 제7조에 따르면 지역본부장은 4월 16일 납부기한 내에 완납하지 않은 B에 대하여 납부기한으로부터 10일 이내인 4월 26일까지 독촉장을 발급하여야 한다. 이 독촉장에 따른 납부기한은 5월 6일에서 5월 16일 중에 해당될 것이므로 B는 늦어도 5월 16일까지 징수금을 납부하여야 한다.
ㄷ. 제9조에 따르면 체납자가 주민등록지에 거주하지 않는 경우 관계공부열람복명서를 작성하거나 체납자 주민등록지 관할 동(읍・면)장의 행방불명확인서를 발급받는 것은 지역본부장이 아닌 담당자이다.
ㄹ. 제10조 제1항에 따르면 관할 지역본부장은 체납정리의 신속 및 업무폭주 등을 방지하기 위하여 재산 및 행방에 대한 조사업무를 체납 발생 시마다 수시로 실시하여야 한다.

12

정답 ⑤

보상적 임금격차는 선호하지 않는 조건을 가진 직장은 불리한 조건을 임금으로 보상해 줘야 한다는 것이다. 대부분의 사람들은 3D 작업환경에서 일하기 싫어하기 때문에 이런 직종에서 필요한 인력을 충원하기 위해서는 작업환경이 좋은 직종에 비해 더 높은 임금을 제시해야 한다. 이러한 직업의 비금전적인 특성을 보상하기 위한 임금의 차이를 보상적 격차 또는 평등화 격차라고 한다. 보상적 임금격차의 발생 원인에는 노동의 난이도, 작업환경, 명예, 주관적 만족도, 불안정한 급료 지급, 교육훈련의 차이, 고용의 안정성 여부, 작업의 쾌적도, 책임의 정도, 성공・실패의 가능성 등이 있다.

13

정답 ③

제시된 보기의 문장은 미첼이 찾아낸 '탈출속도'의 계산법과 공식에 대한 것이다. 따라서 보기에 제시된 탈출 속도에 대한 언급이 본문의 어디서 시작되는지 살펴봐야 한다. 제시문의 경우 (가) 영국의 자연 철학자 존 미첼이 제시한 이론에 대한 소개, (나) 해당 이론에 대한 가정과 '탈출속도'의 소개, (다) '임계 둘레'에 대한 소개와 사고실험, (라) 앞선 임계 둘레 사고실험의 결과, (마) 사고실험을 통한 미첼의 추측의 순서로 쓰여 있으므로 보기의 문장은 '탈출속도'가 언급된 (나)의 다음이자 '탈출속도'를 바탕으로 임계 둘레를 추론해 낸 (다)에 위치하는 것이 가장 적절하다.

14

정답 ①

배드민턴은 물에서 하는 운동이 아니며(No →) 라켓을 사용하므로(Yes →) □ 인쇄
축구는 물에서 하는 운동이 아니며(No →) 라켓을 사용하지 않고(No →), 손 사용 또한 불가하기 때문에(No →) ♡ 인쇄
수영은 물에서 하는 운동이기 때문에(Yes →) ○ 인쇄

15

정답 ②

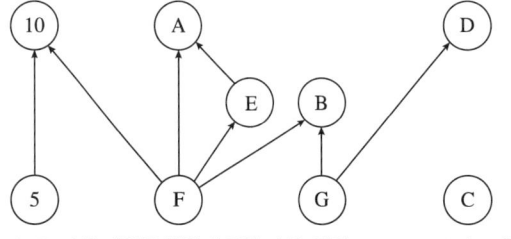

A, B, C를 제외한 빈칸에 적힌 수를 각각 D, E, F, G라고 하자.
F는 10의 약수이고 원 안에는 2에서 10까지의 자연수가 적혀 있으므로 F는 2이다.
10을 제외한 2의 배수는 4, 6, 8이고, A는 E와 F의 공배수이다. 즉, A는 8, E는 4이고, B는 6이다.
6의 약수는 1, 2, 3, 6이므로 G는 3이고 D는 3의 배수이므로 9이며, 남은 7은 C이다.
그러므로 A, B, C에 해당하는 수의 합은 $8+6+7=21$이다.

16

정답 ②

처음에 빨간색 수건을 꺼낼 확률은 $\dfrac{3}{(3+4+3)}=\dfrac{3}{10}$ 이고,

다음에 수건을 꺼낼 때는 빨간색 수건이 한 장 적으므로 파란색 수건을 꺼낼 확률은 $\dfrac{3}{(2+4+3)}=\dfrac{3}{9}=\dfrac{1}{3}$ 이다.

따라서 처음에 빨간색 수건을 뽑고, 다음에 파란색 수건을 뽑을 확률은 $\dfrac{3}{10}\times\dfrac{1}{3}=\dfrac{1}{10}$ 이다.

17

정답 ③

ㄴ과 ㄷ이 정언 명제이므로 함축 관계를 판단하면 ③은 반드시 참임을 알 수 있다.

[오답분석]
① 김과장이 공격수라면 안경을 쓰고 있지 않다.
② 김과장이 A팀의 공격수라면 검정색 상의를 입고, 축구화를 신고 있지 않다.
④ 김과장이 검정색 상의를 입고 있다는 조건으로 안경을 쓰고 있는지 여부를 판단할 수 없다.
⑤ 김과장이 A팀의 수비수라면 안경을 쓰고 있다.

18

정답 ①

92m^2의 6억 원 초과 9억 원 이하 주택의 표준세율은 $0.02+0.002+0.002=0.024$이므로 거래금액을 x원이라고 하면 다음과 같다.
$x\times(1+0.024)=670,000,000$
$\rightarrow 1.024x=670,000,000$
$\therefore x\fallingdotseq 654,290,000(\because$ 만 원 단위 미만 절사$)$
따라서 92m^2 아파트의 거래금액은 $65,429$만 원이다.

19

왼쪽을 기준으로 4글자를 반환하므로 [D2]에 들어갈 수식으로 ①은 옳다.

오답분석

② 왼쪽을 기준으로 5글자를 반환하여 '점'까지 출력되므로 오답이다.
③ 1 ~ 5번째 글자를 반환하므로 오답이다.
④ [B2]의 문자 개수를 세는 수식이다.
⑤ 오른쪽을 기준으로 4글자를 반환하므로 오답이다.

20

중국은 의복과 자동차 생산에 있어 모두 절대우위를 갖는다. 그러나 리카도는 비교우위론에서 양국 중 어느 한 국가가 절대우위에 있는 경우라도 상대적으로 생산비가 낮은 재화생산에 특화하여 무역을 한다면 양국 모두 무역으로부터 이익을 얻을 수 있다고 보았다.

이때 생산하는 재화를 결정하는 것은 재화의 국내생산비로 재화생산의 기회비용을 말한다. 주어진 자료를 바탕으로 각 재화생산의 기회비용을 알아보면 다음과 같다.

구분	의복(벌)	자동차(대)
중국	0.5	0.33
인도	2	3

기회비용 표에서 보면 중국은 자동차의 기회비용이 의복의 기회비용보다 낮고, 인도는 의복의 기회비용이 자동차의 기회비용보다 낮으므로 중국은 자동차, 인도는 의복에 비교우위가 있다.

21

가 공정으로 시작하는 공정 과정은 '준비단계 – 가 – 다 – 마 – 바'로 총소요 시간은 $20+30+60+20+45=175$분이다. 나 공정으로 시작하는 공정 과정은 '나 – 라 – 바'로 총소요시간은 $15+35+45=95$분이다. 각 공정에서 10시간(600분) 동안 한 공정 과정이 끝나는 횟수는 첫 번째 공정은 $\frac{600}{175}≒3$번, 두 번째 공정은 $\frac{600}{95}≒6$번이다.

따라서 두 공정 과정에서 생산되는 완제품 개수의 차이는 $3\times7-6\times3=21-18=3$개이다.

22

가 공정을 가동시키는 횟수를 x회, 나 공정을 가동시키는 횟수 y회라고 하자.

$7x+3y=150$이고, 한 공정이 끝날 때까지의 소요 시간이 긴 공정을 중심으로 계산하면 175분인 가 공정 횟수(x)를 12번 가동시키면 이 공정과정에서는 $12\times7=84$개의 완제품이 나온다. 이 공정을 12번 가동하는 데 소요되는 총 시간은 $175\times12=2,100$분이며, 소요 시간이 95분인 나 공정 과정은 2,100분 동안 $\frac{2,100}{95}≒22$번의 과정을 완료할 수 있고, 완제품은 $22\times3=66$개이다.

따라서 2,100분 동안 만들어지는 완제품은 $84+66=150$개로 최소 소요 시간은 35시간이다.

23

두 번째 문단을 통해 주택 또는 상가의 임대차계약은 민법에 대한 특례를 규정한 주택임대차보호법 및 상가건물 임대차보호법의 적용을 받음을 알 수 있다.

24

일본의 수출건수 대비 수입건수 비율은 $\frac{742,746}{377,583} \times 100 ≒ 196.7\%$로 맞는 설명이다.

오답분석

① 중국의 수출건수 대비 미국 수출건수 비율은 $\frac{397,564}{953,140} \times 100 ≒ 41.7\%$이다.

② 6위가 아닌 7위이다.

④ 기타로 분류된 국가 중에서도 수입금액이 USD 200억 이상인 국가가 있을 수 있으므로 알 수 없다.

⑤ 멕시코 수출건수당 수출금액은 $\frac{4,322,144}{55,157} ≒ 78.36$, 즉 약 USD 78,360이다.

25

정답 ②

• B : 싱가포르의 수입건수는 수출건수의 $\frac{63,877}{89,198} \times 100 ≒ 71.6\%$로 70% 이상이다.

• D : 인도의 무역수지 5배는 3,964,166×5＝19,820,830이므로, 홍콩의 무역수지보다 크다.

오답분석

• A : 독일의 수출건수는 필리핀의 수출건수보다 $\frac{70,715-48,379}{48,379} \times 100 ≒ 46.2\%$만큼 많다.

• C : 자료의 국가명은 수입건수 크기에 따라 정렬한 것이 아니다. 하지만 기타로 분류된 국가의 수입건수를 모두 합해도 대 미국의 수입건수보다 작으므로 미국은 우리나라가 수입하는 국가들 중 수입건수가 가장 많은 국가이다.

26

정답 ④

주어진 조건에 따라 부서별 위치를 표로 정리하면 다음과 같다.

구분	경우 1	경우 2
6층	연구·개발부	연구·개발부
5층	서비스개선부	가입지원부
4층	가입지원부	서비스개선부
3층	기획부	기획부
2층	인사운영부	인사운영부
1층	복지사업부	복지사업부

따라서 3층에 위치한 기획부의 직원은 출근 시 반드시 계단을 이용해야 하므로 ④는 항상 옳다.

오답분석

① 경우 1에서 김대리는 출근 시 엘리베이터를 타고 4층에서 내린다.

② 경우 2에서 가입지원부의 김대리는 서비스개선부의 조대리보다 엘리베이터에서 나중에 내린다.

③ 커피숍과 같은 층에 위치한 부서는 복지사업부이다.

⑤ 엘리베이터 이용에만 제한이 있을 뿐 계단 이용에는 층별 이용 제한이 없다.

27

정답 ②

12월의 마지막 날은 31일이기 때문에 ⓐ는 31이다. 지수는 짝수일마다 10,000원씩 저축하므로 홀수일에는 저축하지 않고, 다음날로 넘어가야 한다. 따라서 ⓑ는 Yes, ⓒ는 No이다.

28

A국에서 해외 유학생과 외국인 관광객이 증가하면 달러 공급이 늘어나 A국 화폐의 가치가 상승하므로 환율은 하락한다. 환율이 하락하면 수출은 줄고, 수입은 늘어나서 경상수지가 악화될 것이다. 반면 B국에서는 해외 투자의 증가와 외국인 투자자들이 자금을 회수하므로 달러 수요가 늘어나 B국 화폐의 가치는 하락한다.

29

ㄱ. 회사가 가지고 있는 신속한 제품 개발 시스템의 강점을 활용하여 새로운 해외시장의 소비자 기호를 반영한 제품을 개발하는 것은 강점을 통해 기회를 포착하는 SO전략에 해당한다.

ㄷ. 공격적 마케팅을 펼치고 있는 해외 저가 제품과 달리 오히려 회사가 가지고 있는 차별화된 제조 기술을 활용하여 고급화 전략을 추구하는 것은 강점으로 위협을 회피하는 ST전략에 해당한다.

오답분석

ㄴ. 저임금을 활용한 개발도상국과의 경쟁 심화와 해외 저가 제품의 공격적 마케팅을 고려하면 국내에 화장품 생산 공장을 추가로 건설하는 것은 적절한 전략으로 볼 수 없다. 약점을 보완하여 위협을 회피하는 전략을 활용하기 위해서는 오히려 저임금의 개발도상국에 공장을 건설하여 가격 경쟁력을 확보하는 것이 더 적절하다.

ㄹ. 낮은 브랜드 인지도가 약점이기는 하나, 해외시장에서의 한국 제품에 대한 선호가 증가하고 있는 점을 고려하면 현지 기업의 브랜드로 제품을 출시하는 것은 적절한 전략으로 볼 수 없다. 약점을 보완하여 기회를 포착하는 전략을 활용하기 위해서는 오히려 한국 제품임을 강조하는 홍보 전략을 세우는 것이 더 적절하다.

30

A는 경제 성장에 많은 전력이 필요하다는 것을 전제로, 경제 성장을 위해서 발전소를 증설해야 한다고 주장한다. 이러한 A의 주장을 반박하기 위해서는 근거로 제시하고 있는 전제를 부정하는 것이 효과적이므로 경제 성장에 많은 전력이 필요하지 않음을 입증하는 ②를 통해 반박하는 것이 효과적이다.

31

제시문은 세계 대공황의 원인으로 작용한 '보이지 않는 손'과 그에 대한 해결책으로 새롭게 등장한 케인스의 '유효수요이론'을 설명하고 있다. 따라서 글의 주제로 '세계 대공황의 원인과 해결책'이 가장 적절하다.

오답분석

① 고전학파 경제학자들이 주장한 '보이지 않는 손'은 세계 대공황의 원인에 해당하는 부분이므로 제시문 전체의 주제가 될 수 없다.

③・④ 유효수요이론은 해결책 중 하나로 언급되었으며, 일부에 지나지 않으므로 제시문 전체의 주제가 될 수 없다.

⑤ 세이의 법칙의 이론적 배경에 대한 내용은 없다.

32

5급 공무원과 7급 공무원 채용인원 모두 2018년부터 2021년까지 전년 대비 증가했고, 2022년에는 전년 대비 감소했다.

오답분석

ㄴ. 2014 ~ 2024년 동안 채용인원이 가장 적은 해는 5급과 7급 공무원 모두 2014년이며, 가장 많은 해는 5급과 7급 공무원 모두 2021년이다. 따라서 2021년과 2014년의 채용인원 차이는 5급 공무원이 28−18＝10백 명, 7급 공무원이 49−31＝18백 명으로 7급 공무원이 더 많다.

ㄷ. 2015년부터 2024년까지 전년 대비 채용인원의 증감량이 가장 많은 해는 5급 공무원의 경우 2022년으로 전년 대비 28−23＝5백 명이 감소했고, 7급 공무원의 경우 2015년으로 전년 대비 38−31＝7백 명이 증가했으므로 동일하지 않다.

ㄹ. 2022년 채용인원은 5급 공무원이 23백 명, 7급 공무원이 47백 명으로 7급 공무원 채용인원이 5급 공무원 채용인원의 2배인 23×2＝46백 명보다 많다.

33

정답 ④

- 만나는 시간

$(거리)=(속력)\times(시간)$이므로 두 사람이 이동한 시간을 x시간이라고 하자.

두 사람이 이동한 거리의 합은 16km이므로 식은 다음과 같다.

$16=3x+5x$

$\therefore x=2$

따라서 두 사람은 출발한 지 2시간 만에 만나게 된다.

- 거리의 차

 – 갑이 이동한 거리 : $3\times2=6$km

 – 을이 이동한 거리 : $5\times2=10$km

따라서 두 사람이 이동한 거리의 차는 $10-6=4$km이다.

34

정답 ⑤

D가 산악회 회원인 경우와 아닌 경우로 나누어보면 다음과 같다.

ⅰ) D가 산악회 회원인 경우

네 번째 조건에 따라 D가 산악회 회원이면 B와 C도 산악회 회원이 되며, A는 두 번째 조건의 대우에 따라 산악회 회원이 될 수 없다. 따라서 B, C, D가 산악회 회원이다.

ⅱ) D가 산악회 회원이 아닌 경우

세 번째 조건에 따라 D가 산악회 회원이 아니면 B가 산악회 회원이 아니거나 C가 산악회 회원이어야 한다. 그러나 첫 번째 조건의 대우에 따라 C는 산악회 회원이 될 수 없으므로 B가 산악회 회원이 아님을 알 수 있다. 그러므로 B, C, D 모두 산악회 회원이 아니다. 이때 최소 한 명 이상은 산악회 회원이어야 하므로 A는 산악회 회원이다.

따라서 항상 참인 것은 ④이다.

35

정답 ④

고원이가 한 말은 확정급여형 퇴직연금제도에 대한 설명이다. 확정급여형의 경우 퇴직 시 '퇴직 직전 3개월간의 평균임금을 근속연수에 곱한 금액'만큼 사전에 정해진 금액을 받는다.

> **확정기여형 퇴직연금제도의 특징**
> - 사용자가 납입할 부담금이 사전에 확정되어 있다.
> - 사용자가 납입한 부담금을 근로자가 직접 운용하고, 운용에 따른 손익까지 최종 급여로 지급받는다.
> - 매년의 운용성과가 누적된다면 복리효과를 기대할 수 있다는 장점이 있다.

36

정답 ④

$=\triangle(\blacktriangle(\blacksquare(A2=1,A2=2),C2*0.6+D2*0.4,C2*0.4+D2*0.6),2)$를 살펴보면 다음과 같다.

$=\blacksquare(A2=1,A2=2)$는 '학년(A열)이 1학년 또는 2학년이 맞는가?'를 나타낸다.

$=\blacktriangle(조건,C2*0.6+D2*0.4,C2*0.4+D2*0.6)$는 조건이 참이라면 C2*0.6+D2*0.4를 계산하고 아니라면, 즉 3학년이거나 4학년이라면 C2*0.4+D2*0.6을 계산하라는 의미이다. 이렇게 계산한 최종점수에 $=\triangle(최종점수,2)$를 이용하여 소수점 둘째 자리에서 반올림하면 주어진 결괏값을 얻을 수 있다.

37

편의 샘플링(Convenience Sampling)은 비통계적(비확률적) 표본추출 방법의 일종으로, 조사자의 자의적인 판단에 따라 간편한 방법으로 표본을 추출하는 방법이다. 비용, 시간이 적게 들고 조사가 편리하지만, 추출된 샘플이 모집단을 대표하지 않고 편향되어 있을 가능성이 높다. 편의 샘플링, 할당 샘플링(Quota Sampling), 스노우볼 샘플링(Snowball Sampling) 등의 비통계적 표본추출 방법은 일반적으로 모집단을 정확하게 규정지을 수 없는 경우, 표본 오차가 큰 문제가 되지 않는 경우, 본 조사에 앞서서 진행되는 새로운 개념에 대한 탐색적 연구 등에 사용된다.

[오답분석]

모집단 전체를 조사하는 전수조사는 인력·비용·시간 등이 많이 소요되고, 현실적으로 집단 내 모든 단위를 조사하는 것은 불가능한 경우가 많기 때문에 대부분의 통계 조사는 표본조사에 의해 이루어진다. 통계적 표본추출은 확률의 법칙을 이용해 표본을 추출하는 방법으로써, 모집단에 속하는 모든 추출 단위에 대해 사전에 일정한 추출 확률이 주어지며 표본 자료로부터 얻을 수 있는 추정량의 통계적 정확도를 확률적으로 나타낼 수 있다. 이러한 통계적 표본추출 방법의 종류에는 ①·②·③·⑤와 클러스터(군집) 샘플링 등이 있다.

38

갑~무가 얻는 점수는 각각 다음과 같다.
- 갑 : 기본 점수 80점에 오탈자 33건이므로 5점 감점, 전체 글자 수 654자이므로 3점 추가, A등급 2개와 C등급 1개이므로 15점 추가하여 총 $80-5+3+15=93$점이다.
- 을 : 기본 점수 80점에 오탈자 7건이므로 0점 감점, 전체 글자 수 476자이므로 0점 추가, B등급 3개이므로 5점 추가하여 총 $80+5=85$점이다.
- 병 : 기본 점수 80점에 오탈자 28건이므로 4점 감점, 전체 글자 수 332자이므로 10점 감점, B등급 2개와 C등급 1개이므로 0점 추가하여 총 $80-4-10=66$점이다.
- 정 : 기본 점수 80점에 오탈자 25건이므로 4점 감점, 전체 글자 수가 572자이므로 0점 추가, A등급 3개이므로 25점 추가하여 총 $80-4+25=101$점이다.
- 무 : 기본 점수 80점에 오탈자 12건이므로 1점 감점, 전체 글자 수가 786자이므로 8점 추가, A등급 1개와 B등급 1개와 C등급 1개이므로 10점 추가하여 총 $80-1+8+10=97$점이다.

따라서 점수가 가장 높은 학생은 정이다.

39

제시문은 (가) 대상이 되는 연구 방법의 진행 과정과 그 한계 – (마) 융이 기존의 연구 방법에 추가한 과정을 소개 – (라) 기존 연구자들이 간과했던 새로운 사실을 찾아낸 융의 실험의 의의 – (나) 융의 실험을 통해 새롭게 드러난 결과 분석 – (다) 새롭게 드러난 심리적 개념을 정의한 융의 사상 체계에서의 핵심적 요소에 대한 설명 순으로 나열하는 것이 적절하다.

40

주어진 조건에 따라 학생 순서를 배치해보면 다음과 같다.

1번째	2번째	3번째	4번째	5번째	6번째	7번째	8번째
마	다	가	아	바	나	사	라

따라서 3번째에 올 학생은 가이다.

41

ㄱ. 각 팀장이 매긴 순위에 대한 가중치는 모두 동일하다고 했으므로 1, 2, 3, 4순위의 가중치를 각각 4, 3, 2, 1점으로 정해 4명의 면접점수를 산정하면 다음과 같다.

- 갑 : 2+4+1+2=9
- 을 : 4+3+4+1=12
- 병 : 1+1+3+4=9
- 정 : 3+2+2+3=10

면접점수가 높은 을과 정 중에 1명이 입사를 포기하면 갑과 병 중 1명이 채용된다. 따라서 갑과 병의 면접점수는 9점으로 동점이지만 조건에 따라 인사팀장이 부여한 순위가 높은 갑을 채용하게 된다.

ㄷ. 경영관리팀장이 갑과 병의 순위를 바꿨을 때, 4명의 면접점수를 산정하면 다음과 같다.

- 갑 : 2+1+1+2=6
- 을 : 4+3+4+1=12
- 병 : 1+4+3+4=12
- 정 : 3+2+2+3=10

따라서 을과 병이 채용되므로 정은 채용되지 못한다.

오답분석

ㄴ. 인사팀장이 을과 정의 순위를 바꿨을 때, 4명의 면접점수를 산정하면 다음과 같다.

- 갑 : 2+4+1+2=9
- 을 : 3+3+4+1=11
- 병 : 1+1+3+4=9
- 정 : 4+2+2+3=11

따라서 을과 정이 채용되므로 갑은 채용되지 못한다.

42

ㄴ. 그래프를 통해 2월 21일의 원/달러 환율이 지난주 2월 14일보다 상승하였음을 알 수 있으므로 옳은 설명이다.

ㄷ. 달러화의 강세란 원/달러 환율이 상승하여 원화가 평가절하되면서 달러의 가치가 높아지는 것을 의미한다.
따라서 3월 12∼19일까지 원/달러 환율이 계속해서 상승하는 추세이므로 옳은 설명이다.

오답분석

ㄱ. 3월 원/엔 환율의 경우 최고 환율은 3월 9일의 1,172.82원으로, 3월 한 달 동안 1,100원을 상회하는 수준에서 등락을 반복하고 있다.

ㄹ. 달러/엔 환율은 $\dfrac{(원/엔\ 환율)}{(원/달러\ 환율)}$로 도출할 수 있다. 그래프에 따르면 3월 27일 원/달러 환율은 3월 12일에 비해 상승하였고, 반대로 원/엔 환율은 하락하였다. 따라서 분모는 증가하고 분자는 감소하였으므로 3월 27일의 달러/엔 환율은 3월 12일보다 하락하였음을 알 수 있다.

43

제시된 내용에 따라 앞서 달리고 있는 순서대로 나열하면 'A−D−C−E−B'이다.
따라서 이 순위대로 결승점까지 달린다면 C는 3등을 할 것이다.

44

'평균'을 구하는 수식은 =▼(■(C2:D2),1)이다. '순위'는 평균횟수가 가장 많은 사람이 1위이므로 내림차순으로 정렬해야 한다.
따라서 '순위'를 구하는 수식은 =▲(E2,$E$2:$E:$7) 또는 =▲(E2,$E$2:$E:$7,0)이다.

45

주어진 조건과 시간표에 따라 나올 수 있는 경우를 정리하면 다음과 같다.

구분	월(전공1)	화(전공2)	수(교양1)	목(교양2)	금(교양3)
경우 1	B	C	D	A	E
경우 2	B	C	A	D	E
경우 3	B	C	A	E	D

E는 교양 수업을 신청한 A보다 나중에 수강한다고 하였으므로 목요일 또는 금요일에 강의를 들을 수 있다. 이때, 목요일과 금요일에는 교양 수업이 진행되므로 'E는 반드시 교양 수업을 듣는다.'는 항상 참이 된다.

오답분석

① A가 수요일에 강의를 듣는다면 E는 교양2 또는 교양3 강의를 들을 수 있다.

② B가 수강하는 전공 수업의 정확한 요일을 알 수 없으므로 C는 전공1 또는 전공2 강의를 들을 수 있다.

③ C가 화요일에 강의를 듣는다면 D는 교양 강의를 듣는다. 이때, 교양 수업을 듣는 A는 E보다 앞선 요일에 수강하므로 E는 교양2 또는 교양3 강의를 들을 수 있다.

④ D는 전공 수업을 신청한 C보다 나중에 수강하므로 전공 또는 교양 수업을 들을 수 있다.

46

ERP(Enterprise Resource Planning, 전사적 자원관리)의 특징
• 기업의 서로 다른 부서 간의 정보 공유를 가능하게 한다.
• 의사결정권자와 사용자가 실시간으로 정보를 공유하게 한다.
• 보다 신속한 의사결정, 보다 효율적인 자원 관리를 가능하게 한다.

오답분석

① JIT(Just-In-Time) : 과잉생산이나 대기시간 등의 낭비를 줄이고 재고를 최소화하여 비용 절감과 품질 향상을 달성하는 생산 시스템

② MRP(Material Requirement Planning, 자재소요계획) : 최종제품의 제조과정에 필요한 원자재 등의 종속수요 품목을 관리하는 재고관리기법

③ MPS(Master Production Schedule, 주생산계획) : MRP의 입력자료 중 하나로, APP를 분해하여 제품이나 작업장 단위로 수립한 생산계획

⑤ APP(Aggregate Production Planning, 총괄생산계획) : 제품군별로 향후 약 1년간의 수요예측에 따른 월별 생산목표를 결정하는 중기계획

47

ㄱ. CD(Certificate of Deposit, 양도성예금증서)는 은행이 자금조달 목적으로 투자자들에게 발행한다. 이때의 금리를 CD금리라고 한다. CD의 만기는 보통 91일 이내인 단기이며, 투자자들 간 중도매도 가능하다.

ㄴ. CP(Commercial Paper, 기업어음)의 발행주체는 은행이 아닌 기업이다. CD와 마찬가지로, 기업이 단기적 자금조달을 위해 투자자들에게 발행한다.

ㄹ. RP(Repurchase Agreement, 환매조건부채권)는 판매 후 정해진 기간이 경과하면 일정 가격에 해당 채권을 재매입할 것을 조건으로 하는 채권 매매형태이다. 대상이 되는 채권은 국채, 지방채 등 우량채권이고, 예금자보호법을 적용받지 않는다. 또한 CD, CP 역시 예금자보호 대상은 아니다.

오답분석

ㄷ. 코픽스(KOPIX)는 시중 8개 은행이 제공한 자금조달 정보를 기초로 하여 매월 산정된다. 해당 월에 새로 조달된 자금을 대상으로 하므로 시장금리의 변동을 잘 반영한다는 특징이 있으며 변동금리형 주택담보대출의 기준금리로 사용된다.

48

전체 단속건수에서 광주 지역과 대전 지역이 차지하는 비율은 다음과 같다.

- 광주 : $\frac{1,090}{20,000} \times 100 = 5.45\%$

- 대전 : $\frac{830}{20,000} \times 100 = 4.15\%$

따라서 광주 지역이 대전 지역보다 1.3%p 더 높다.

오답분석

① 경기의 무단횡단·신호위반·과속·불법주정차 위반 건수는 서울보다 적지만, 음주운전 위반 건수는 서울보다 많다.

② 수도권 지역의 단속건수는 3,010+2,650+2,820=8,480건으로, 전체 단속건수에서 차지하는 비율은 $\frac{8,480}{20,000} \times 100$ =42.4%이다. 따라서 수도권 지역의 단속건수는 전체 단속건수의 절반 미만이다.

③ 신호위반이 가장 많이 단속된 지역은 980건으로 제주이지만, 과속이 가장 많이 단속된 지역은 1,380건으로 인천이다.

④ 울산 지역의 단속건수는 1,250건으로, 전체 단속건수에서 차지하는 비율은 $\frac{1,250}{20,000} \times 100 = 6.25\%$이다.

49

오답분석

ㄱ. 현재의 생산량 수준은 조업중단점과 손익분기점 사이의 지점으로, 평균총비용곡선은 우하향하고, 평균가변비용곡선은 우상향한다.

ㄷ. 시장가격이 한계비용과 평균총비용곡선이 교차하는 지점보다 낮은 지점에서 형성되는 경우 평균수익이 평균비용보다 낮아 손실이 발생한다. 문제에서 시장가격과 한계비용은 300이지만 평균총비용이 400이므로, 개별기업은 현재 음의 이윤을 얻고 있다고 볼 수 있다.

ㅁ. 조업중단점은 평균가변비용의 최저점과 한계비용곡선이 만나는 지점이다. 문제의 경우 개별기업의 평균가변비용은 200, 한계비용은 300이므로 조업중단점으로 볼 수 없다.

50

두 번째 문단의 '달러화의 약세 전환에도 불구하고'라는 말을 통해 달러화의 약세가 매출에 부정적 영향을 미침을 알 수 있다. 따라서 달러화의 강세는 반대로 매출액에 부정적 영향이 아니라 긍정적 영향을 미칠 것임을 알 수 있다.

오답분석

① 세 번째 문단에 따르면 S기업은 낸드플래시 시장에서 고용량화 추세가 확대될 것으로 보고 있으므로 시장에서의 수요에 대응하기 위해 고용량 낸드플래시 생산에 대한 투자를 늘릴 것이다.

③ 두 번째 문단의 두 번째 문장에 따르면 기업이 신규 공정으로 전환하는 경우, 이로 인해 원가 부담이 발생한다는 내용이 나와 있다. 따라서 기업 입장에서 원가 부담은 원가의 상승을 나타내므로 옳은 설명이다.

④ 첫 번째 문단에서 매출액은 26조 9,907억 원이고, 영업이익은 2조 7,127억 원이다. 따라서 영업이익률은 $\frac{27,127}{269,907} \times 100 \fallingdotseq$ 10%이다.

⑤ 두 번째 문단에 따르면 2024년 4분기 영업이익은 직전분기 대비 50% 감소했다고 했으므로 3분기 영업이익은 4분기 영업이익의 2배이다.

51

S은행 주요 고객이 뽑은 항목 순위에 따른 상품별 평점과 김사원이 잘못 기록한 평점 순위는 다음과 같다.
1) 중요 항목 순위에 따른 평점

구분	총점	상품순위
A적금	$(4 \times 50) + (2 \times 30) + (3 \times 15) + (2 \times 5) = 315$점	2등
B적금	$(2 \times 50) + (4 \times 30) + (2 \times 15) + (3 \times 5) = 265$점	4등
C펀드	$(5 \times 50) + (3 \times 30) + (1 \times 15) + (2 \times 5) = 365$점	1등
D펀드	$(3 \times 50) + (3 \times 30) + (4 \times 15) + (2 \times 5) = 310$점	3등
E적금	$(2 \times 50) + (3 \times 30) + (1 \times 15) + (4 \times 5) = 225$점	5등

2) 1순위와 3순위가 바뀐 항목 순위에 따른 평점

구분	총점	상품순위
A적금	$(3 \times 50) + (2 \times 30) + (4 \times 15) + (2 \times 5) = 280$점	2등
B적금	$(2 \times 50) + (4 \times 30) + (2 \times 15) + (3 \times 5) = 265$점	3등
C펀드	$(1 \times 50) + (3 \times 30) + (5 \times 15) + (2 \times 5) = 225$점	4등
D펀드	$(4 \times 50) + (3 \times 30) + (3 \times 15) + (2 \times 5) = 345$점	1등
E적금	$(1 \times 50) + (3 \times 30) + (2 \times 15) + (4 \times 5) = 190$점	5등

따라서 주요 고객이 뽑은 항목 순위에 따른 상품 순위보다 김사원이 잘못 기록한 순위에 따른 상품 순위에서 순위가 상승한 상품은 B적금과 D펀드이다.

52

본원통화는 현금통화와 지급준비금으로 이루어진다. 중앙은행으로부터 시중에 자금이 공급되면 본원통화가 증가한다.
따라서 ㄱ, ㄷ, ㄹ은 모두 중앙은행으로부터 시중에 자금이 공급되는 경우에 해당한다.

[오답분석]
ㄴ. 중앙은행이 지급준비율을 인하하는 것 자체로는 시중으로 자금이 공급되지 않는다. 다만, 지급준비율이 인하되면 금융기관의 대출이 늘어나게 되므로 통화량은 증가하게 된다.

53

대화 내용을 살펴보면 영석이의 말에 선영이가 동의했으므로 영석과 선영은 진실 혹은 거짓을 함께 말한다. 이때 지훈은 선영이가 거짓말만 한다고 하였으므로 반대가 된다. 또한 동현의 말에 정은이가 부정했기 때문에 둘 다 진실일 수 없다. 하지만 정은이가 둘 다 좋아한다는 경우의 수가 있으므로 둘 모두 거짓일 수 있고, 마지막 선영이의 말로 선영이가 진실일 경우에는 동현과 정은은 모두 거짓만을 말하게 된다. 이에 대한 경우의 수를 표로 정리하면 다음과 같다.

구분	경우 1	경우 2	경우 3
동현	거짓	거짓	진실
정은	거짓	진실	거짓
선영	진실	거짓	거짓
지훈	거짓	진실	진실
영석	진실	거짓	거짓

따라서 경우 1에 따라 지훈이 거짓을 말할 때, 진실만을 말하는 사람을 찾고 있으므로 선영, 영석이 된다.

54

- (가)=723−(76+551)=96
- (나)=824−(145+579)=100
- (다)=887−(137+131)=619
- (라)=114+146+688=948

따라서 (가)+(나)+(다)+(라)=96+100+619+948=1,763이다.

55

지원자의 직무 능력을 가릴 수 있는 요소들을 배제하는 것은 기존의 채용 방식이 아닌 블라인드 채용 방식으로, 이를 통해 직무 능력만으로 인재를 평가할 수 있다. 따라서 ⑤는 블라인드 채용의 등장 배경으로 적절하지 않다.

56

블라인드 면접의 경우 자료 없이 면접을 진행하는 무자료 면접 방식과 면접관의 인지적 편향을 유발할 수 있는 항목을 제거한 자료를 기반으로 면접을 진행하는 방식이 있다.

오답분석

① 무서류 전형은 최소한의 정보만을 포함한 입사지원서를 접수하되 이를 선발 기준으로 활용하지 않는 방식이다.
② 블라인드 처리되어야 할 정보를 수집할 경우, 온라인 지원서상 개인정보를 암호화하여 채용담당자는 이를 볼 수 없도록 기술적으로 처리한다.
③ 무자료 면접 방식은 입사지원서, 인·적성검사 결과 등의 자료 없이 면접을 진행한다.
⑤ 기존에 쌓아온 능력·지식 등은 서류 전형이 아닌 필기 및 면접 전형을 통해 검증된다.

57

(가)는 지원자들의 무분별한 스펙 경쟁을 유발하는 반면, (나)는 지원자의 목표 지향적인 능력과 역량 개발을 촉진한다.

[58~60]

※ 자음과 모음을 규칙에 따라 치환한 것은 다음과 같다.

1. 자음

ㄱ	ㄲ	ㄴ	ㄷ	ㄸ	ㄹ	ㅁ	ㅂ	ㅃ	ㅅ	ㅆ	ㅇ	ㅈ	ㅉ	ㅊ	ㅋ	ㅌ	ㅍ	ㅎ
a	b	c	d	e	f	g	h	i	j	k	l	m	n	o	p	q	r	s

2. 모음

ㅏ	ㅐ	ㅑ	ㅒ	ㅓ	ㅔ	ㅕ	ㅖ	ㅗ	ㅘ	ㅙ	ㅚ	ㅛ	ㅜ	ㅝ	ㅞ	ㅟ	ㅠ	ㅡ	ㅢ	ㅣ
1	2	3	4	5	6	7	8	9	10	11	12	13	14	15	16	17	18	19	20	21

58

- 자 : m1
- 전 : m5C
- 거 : a5
- 1+5+5=11 → 1+1=2

59

정답 ④

- 마 : g1
- 늘 : c19F
- 쫑 : n9L
- 1+19+9=29 → 2+9=11 → 1+1=2

60

정답 ③

- e5A : 떡
- h9B : 볶
- l21 : 이

61

정답 ⑤

다섯 번째 결과에 의해 나타날 수 있는 경우를 표로 정리하면 다음과 같다.

구분	1순위	2순위	3순위
경우 1	A	B	C
경우 2	B	A	C
경우 3	A	C	B
경우 4	B	C	A

- 두 번째 명제 : 경우 1+경우 3=11명
- 세 번째 명제 : 경우 1+경우 2+경우 4=14명
- 네 번째 명제 : 경우 4=6명

따라서 C에 3순위를 부여한 사람의 수는 경우 1과 경우 2를 더한 값을 구하면 되므로 14-6=8명이다.

62

정답 ①

마이클 포터(Michael Porter)의 산업구조분석모형(Five Forces of Competition Model)에서는 개별산업의 이익률을 결정하는 가장 중요한 요인들을 5가지로 제시하였다. 5가지는 산업 내 기업 간의 경쟁정도(기존 경쟁자), 공급자(판매자), 구매자, 잠재 진입자(신규 진입자), 대체재(대체품 업자)이며, 경쟁요인들 중 어느 하나의 요인이라도 그 영향력이 커지면, 산업의 전반적인 이익률은 감소한다고 주장하였다.

63

정답 ②

주어진 조건에 따라 A가 해야 할 일의 순서를 배치해보면 다음과 같이 두 가지 경우가 가능하다.

1)

월	화	수	목	금	토	일
d	c	f	a	i	b	h

2)

월	화	수	목	금	토	일
d	c	a	f	i	b	h

따라서 화요일에 하는 일은 c이다.

64

정답 ⑤

모딜리아니 – 밀러 이론은 이상적 시장 상태를 가정했을 때 기업의 자본 구조와 가치는 연관이 없다는 이론이고, 이에 반대하여 현실적 요소들을 고려한 상충 이론과 자본 조달 순서 이론이 등장하였다. 따라서 반박에 직면하여 밀러는 다양한 현실적 요소들을 고려하였고, 그럼에도 불구하고 기업의 자본 구조와 가치는 연관이 없다는 결론을 도출하였다.

오답분석

①・③ 밀러의 기존 이론이 고려하지 않은 것을 고려하였다.
② 개량된 이론에서는 개별 기업을 고려하였지만, 기존 이론에서 밀러가 개별 기업을 분석 단위로 삼았다고 볼 근거가 없다.
④ 기업의 자본 조달에는 타인의 자본이 소득세를 통해 영향을 준다고 하나, 결국 기업의 가치와는 무관하다는 결론을 재확인했다.

65

정답 ③

여섯 번째 문단에 나타난 내용을 요건에 따라, 이론이 부채와 요건 간의 관계를 어떻게 보고 있는지를 나타내면 다음과 같다.

구분	기업 규모	성장성
상충 이론	비례	반비례
자본 조달 순서 이론	반비례	비례

보기에서 A씨는 상충 이론에 따르므로 2행만 참조하면 된다. B기업은 성장성이 높은 규모가 작은 기업이므로, A씨는 B기업에게 부채 비율을 낮출 것을 권고하는 것이 타당하다. 기업 규모가 작은 경우에는 법인세 감세 효과로 얻는 편익보다 기대 파산 비용이 높다고 판단되고, 성장성이 높은 경우에도 기대 파산 비용이 높다고 보이기 때문이다. 이를 통해서 ①, ②, ④가 옳지 않은 것은 쉽게 판단할 수 있다.
⑤의 경우 타인 자본에는 부채가 포함되므로 상충 이론과 배치되는 주장이다. 상충 이론은 부채 발생 시의 편익 – 비용의 비율이 기업 가치에 영향을 끼친다고 주장하므로 이 의견을 다르게 표현하고 있는 ③이 바르게 판단한 것이다.

66

정답 ②

고래는 발이 없고(No →) 물에서 서식하므로(Yes →) □ 인쇄
토끼는 발이 4개이므로(Yes →) ◎ 인쇄
병아리는 발이 2개이고(No →) 물에서 서식하지 않으며(No →) 부리가 있으므로(Yes →) ☆ 인쇄

67

정답 ③

[2번 알림창]은 아이디는 맞게 입력했지만(No →) 비밀번호를 잘못 입력해서(Yes →) 출력되는 알림창이다.

오답분석

① 탈퇴 처리된 계정일 경우 [4번 알림창]이 출력된다.
② 아이디와 비밀번호를 둘 다 잘못 입력했을 경우 [2번 알림창]이 아닌 [1번 알림창]이 출력된다.
④ 아이디를 잘못 입력한 경우 [1번 알림창]이 출력된다.
⑤ 휴면 계정일 경우 [3번 알림창]이 출력된다.

68

정답 ③

지호의 시험결과를 순서도에 넣으면 듣기점수 55점(No →), 쓰기점수 67점(No →), 말하기점수 68점(Yes →)으로 [C반]에 배정받는다. 읽기점수가 79점이지만 말하기점수가 70점 미만이기 때문에 말하기점수에서 처리 흐름이 멈춘다.

69

a	n
$\dfrac{1}{128}$	3
$4 \times \dfrac{1}{128} = \dfrac{1}{32}$	$2 \times 3 + 3 = 9$
$4 \times \dfrac{1}{32} = \dfrac{1}{8}$	$2 \times 9 + 3 = 21$
$4 \times \dfrac{1}{8} = \dfrac{1}{2}$	$2 \times 21 + 3 = 45$
$4 \times \dfrac{1}{2} = 2$	$2 \times 45 + 3 = 93$

$\therefore 2 + 93 = 95$

70

표준시가 도입된 원인인 필요성(지역에 따른 시간 차이에 따른 문제)의 배경과 도입과정을 통해 표준시를 설명하고, 그에 따른 의의도 설명하고 있다.

오답분석

① 장점과 단점을 제시문에서 찾을 수 없다.
② 과학적 원리를 제시문에서 찾을 수 없다.
③ 도입 이후의 문제점과 대안은 제시문에서 찾을 수 없다.
④ 한국에 적용된 시기는 나와 있지만, 다른 나라들의 사례와 비교하고 있는 부분은 제시문에서 찾을 수 없다.

무언가를 위해 목숨을 버릴 각오가 되어 있지 않는 한
그것이 삶의 목표라는 어떤 확신도 가질 수 없다.

- 체 게바라 -

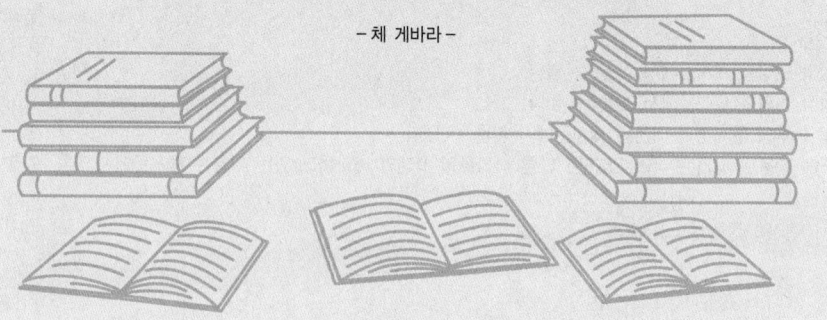

시대에듀

끝까지 책임진다! 시대에듀!

QR코드를 통해 도서 출간 이후 발견된 오류나 개정법령, 변경된 시험 정보, 최신기출문제, 도서 업데이트 자료 등이 있는지 확인해 보세요! 시대에듀 합격 스마트 앱을 통해서도 알려 드리고 있으니 구글 플레이나 앱 스토어에서 다운받아 사용하세요. 또한, 파일 다운로드 서비스를 통해 최신 개정법령 자료를 받아 보실 수 있습니다.

PART 1

NCS 직업기초능력